湛庐 CHEERS

与最聪明的人共同进化

HERE COMES EVERYBODY

用运动改造大脑的
新科学推动者

JOHN RATEY

约翰·瑞迪

运动可以健身，更可以健脑。

THE REVOLUTIONARY NEW SCIENCE OF EXERCISE AND THE BRAIN

揭开运动与大脑秘密的人

运动、大脑、心理健康，这三个关键词几乎可以勾勒出一幅瑞迪教授的人生速描。20 世纪 70 年代，约翰 · 瑞迪曾经居住在马拉松运动最为风靡的城市——波士顿，在这里，几乎人人都在跑步；在全民崇拜马拉松英雄比尔 · 罗杰斯（Bill Rogers）的时代，当时还是实习医生的瑞迪却遇见了另外一群特殊的人：因为受伤而被迫停止长跑的人。

“他们在停跑后，常常出现注意缺陷多动障碍（ADHD）的特征：抑郁、注意力无法集中、拖延、无计划，其中有麻省理工和哈佛大学的教授，有企业领袖，这些状况从未在他们身上发生过。”正是这样的特殊经历，让瑞迪教授专注于运动与心理健康研究 20 余年。如今，瑞迪教授是哈佛大学医学院临床精神病学副教授，是攻击行为、自闭症、多动症、神经精神医学领域的世界级权威，他发现了运动与大脑间令人震撼的秘密。

掀起全球运动新浪潮的领军人

“运动是天然的健脑丸。以前我们常通过药物的方式治疗精神疾病，例如抑郁症、ADHD，而现在我更倡导用运动的方式强化大脑机能。同样，对正常人来说，运动可以让你更聪明！”2008 年，瑞迪教授出版的《运动改造大脑》一书意义非凡。20 年前，肯尼斯 · 库珀的“有氧运动”理念，让我们认识到运动能促进身体健康，而今瑞迪教授揭示了运动带给头脑的所有益处，他是“运动改造大脑”的新科学推动者。

《运动改造大脑》一书的出版奠定了瑞迪教授在大脑 - 运动关系领域的领袖地位。他开始着手在全世界范围内重塑学校、公司的经营理念以及个人的生活方式，使人通过运动达到巅峰绩效和良好的心理健康水平。迄今为止，美国全国性体育教育运动 SPARK 计划已成为一个风靡全球的运动新理念，瑞迪教授的演讲足迹遍布加拿大、美国、日本、韩国、中国、澳大利亚及欧洲等全球 12 个国家和地区。

THE REVOLUTIONARY NEW SCIENCE OF EXERCISE AND THE BRAIN

IN RATEY

锐步“活力儿童”项目形象大使

THE REVOLUTIONARY NEW SCIENCE OF EXERCISE AND THE BRAIN

2011 年，瑞迪教授成为全球知名运动品牌锐步（Reebok）的儿童运动计划“活力儿童”项目（BOKS 项目）形象大使，一改明星代言的模式，成为该品牌首位专业人士代言人。该项目已在美国的多所学校开展，并因此赢得了当时美国第一夫人米歇尔·奥巴马的嘉奖。

“以前，我们只是觉得运动可以让身体更健康，最新的研究成果让我们明白，运动还可以健脑，让我们的孩子更聪明。”瑞迪教授用“运动改造大脑”的思想启迪了万千受不健康生活方式困扰的人，赋予更为喜爱运动的人更坚定的信心。瑞迪教授及他的新科学广受媒体青睐，美国主流媒体 ABC、CBS、NBC、PBS、NPR，以及《纽约时报》《新闻周刊》《华盛顿邮报》《美国新闻》《世界报道》《时尚健康》等刊物竞相报道。

SPARK

运动改造大脑

[美] 约翰·瑞迪 (John Ratey)
埃里克·哈格曼 (Eric Hagerman)

浦溶 译

浙江科学技术出版社

你了解运动是如何改造大脑的吗?

扫码激活这本书
获取你的专属福利

- 小红最近工作压力大，在朋友的建议下，她开始练习自己本就喜欢的跳绳，她在家、办公室里都放了绳，一有焦虑情绪就开跳。你觉得这个方法管用吗?

  A. 管用

  B. 不管用

扫码测一测，
获得题目及解析。

- 在进行重要的会议之前，先进行有氧运动 30 分钟，然后马上开会，这会导致开会的人昏昏欲睡。这是真的吗?

  A. 真

  B. 假

- 在攀岩或平衡练习这类无氧技巧型活动前，做 10 分钟有氧健身操，就能更好地增强大脑的可塑性。这是真的吗?

  A. 真

  B. 假

扫描左侧二维码查看本书更多测试题

运动改变世界

影响十万人

2008 年，《运动改造大脑》首次在美国出版发行，向全世界的人们传递了运动能够改善情绪、调节与优化大脑功能的启示。截至 2013 年，《运动改造大脑》重印了 16 次，被翻译成 10 种语言，在日本、巴西、韩国、中国台湾地区等多个国家和地区风行。

我给超过 12 万人做过 160 多场有关运动益处的演讲，听众中包括颇有影响力的教育家、政府官员、健康专业人士、保险公司人员、首席执行官（CEO）、企业员工以及健身团体的成员。我的书和演讲对许多领域产生了影响。

我在哈佛大学医学院的教学以及面对医学界人士的大量演讲，让运动能够减轻并预防一系列认知障碍这一理念得以推行，其中涉及的认知障碍包括帕金森病、阿尔茨海默病、焦虑症、恐惧症、抑郁症、注意缺陷障碍、成瘾行为（包括游戏成瘾），等等。另外我和我的同事们还认为，运动能够治疗儿童及成年人的孤独症及各类学习问题。与此同时，《运动改造大脑》还进一步证明，在治疗轻度和中度抑郁与无助感方面，运动的效果和抗抑郁药一样好。

2012 年，美国精神病学会终于将运动纳为情绪障碍的治疗方法之一，这标志着这个保守组织的思维发生了非常重大的改变。最近，类似的研究在全球大量涌现，时任美国疾病控制与预防中心负责人的托马斯·弗雷登（Thomas Frieden）博士感慨道，运动是最接近“灵丹妙药”的东西了，因为它的效果广泛且令人信服。我曾在联合国全球健康会议（United Nations Global Health Conference）上做过嘉宾演讲，还在强生公司担任了两年的科学顾问，并与人合伙开办了新型健康与预防公司。

在教育领域，《运动改造大脑》同样产生了意义重大的影响，引发了教育系统许多积极的改变——“活力儿童”项目（简称BOKS项目）的建立便是核心改变之一。这个项目由锐步公司资助，目的是让4~10岁的在校儿童参与每周2~3次、每次40分钟的晨间体育运动。目前，美国和加拿大有多所学校采用了BOKS项目，预计将来会更多。2010年，当时的美国第一夫人米歇尔·奥巴马（Michele Obama）在白宫召开儿童肥胖问题峰会，BOKS项目以及其他三个受《运动改造大脑》启发发起的项目受到表彰。出席颁奖仪式时，我不只是这本启蒙书的作者，也是锐步BOKS项目的大使。玩耍和运动有助于儿童的情绪发展，有助于改善孩子的成绩和考试分数，能让他们的认知获得最优的发展，这一理念在过去3年中，始终受到锐步公司的大力支持和传播。

美国各州政府官员也非常关注《运动改造大脑》提出的理念。在犹他州，我担任了州立法院的官方顾问。我还与伦敦奥运遗产基金会（London Olympic Sports Legacy Foundation）合作，帮助他们改革英国的公立学校，争取奥林匹克运动会的举办权。在加利福尼亚州，我担任州政府体育运动委员会的顾问，并且成为健康联合会的董事会成员。健康联合会是奥兹博士（Dr. Oz）赞助的以学校为基础的组织，目的是培养新一代的健康儿童。我还在美国很多州担任重要的顾问职务，这些州的管理者都希望采纳《运动改造大脑》提出的理念，将它体现在体育教育法案中，伊利诺伊州就通过了这样的法案。正由于出现了这些新的法案，学生们在毕业时才会熟知运动对大脑产生的积极效应。在美国，《运动改造大脑》还成为很多研究项目的基础，涉及很多学校和政府机构，微软教育、闪电自行车（Specialized Bicycles）等组织也参与其中。

从美国走向全球

《运动改造大脑》对教育领域的影响已经超越了美国本土。在亚洲的一些国家和地区，这本书甚至影响了关于在校学生运动量的全国性政策。在韩国，教育部将学生每天的在校时间增加了 1 小时，其中 50% 以上的时间被用于身体锻炼和体育运动，同时还设立了 38 个 BOKS 项目。

《运动改造大脑》提出的理念在日本同样很受欢迎。在两次访问日本期间，我拜会了日本的教育部副部长，并在各大中小学巡回演讲。通过运动有助于治疗心灵创伤的宣传，我还为福岛的震后重建提供了一些帮助。目前，日本已有 12 所学校积极参与 BOKS 项目。随着 Xeibo 体育用品公司开始赞助这个项目，参与学校的数量一定会快速增加。

在加拿大，我在很多省做过演讲，是加拿大媒体的常客。在多伦多举办的青年健身大会（Youth Fitness Conference）上，我担任了主讲嘉宾。在亚伯达省和安大略省，我为省立法机构做演讲以推动校内的体育运动。在新斯科舍省、安大略省、亚伯达省和萨斯喀彻温省，《运动改造大脑》带动了很多研究项目。加拿大足联鼎力支持我们，希望让全国的孩子动起来。与加拿大的情况类似，《运动改造大脑》的理念同样传播到了英国、德国和丹麦。在英国，英国广播公司（BBC）的工作人员与一些奥运会奖牌得主共同筹划了一部纪录片，目的就是在全国的小学课程中增加更多的体育健身活动，而我有幸受邀参与了细致的讨论。

在中国，湛庐策划引进并促成了《运动改造大脑》中文简体字版的出版。2013 年冬天，湛庐还组织了中国的商业领袖与媒体精英访问美国，与我一同体验运动带来的改变。

接下来，我计划再出一本书《改变，从运动开始》(*Spark in Action*)。在这本书里，锐步公司将《运动改造大脑》提出的启示纳入了公司理念，鼓励员工运动、养成健康的生活方式。另外，锐步公司还改变了它的营销策略，不再展示耀眼的体育明星，而鼓励普通人把身体变得更强壮。

小布朗出版公司 (Little Brown) 的编辑在这本书的最后写道:“撒撒野，将你的身体与心灵从文明的束缚中解放出来。”这也是我想说的!

运动，重新建立身心联结

众所周知，运动让我们更健康，但大多数人都不知道其中的原委。我们仅仅认为运动释放了压力、降低了肌肉张力，或者增加了内啡肽（endorphin）。其实，我们血脉偾张时令我们心情愉快的真正原因是：运动使我们的大脑处于最佳状态。而且，除了对身体有益，运动还有其他更为重要和更吸引人的作用。我经常告诉我的患者，强健肌肉和增强心肺功能只是运动最基本的作用，**运动最关键的作用是强健或改善大脑**。

人类天生就要动

如今，我们生活在一个由科技推动的世界中，处处充满电子屏幕，很容易忘记自己是天生的运动家——动物，因为我们的日常计划里完全没有“运动”这一项。人类的梦想、计划及创造出的社会让我们失去了运动的生理天性。颇具讽刺意味的是，梦想、计划和创造的能力恰好源自大脑中负责支配运动的那部分区域。经过 50 万年的进化，我们逐渐适应了这个变化的环境，思考型的大脑也从运动技能的磨炼中进化而来。让我们把我们依靠狩猎、采集而生的原始祖先想象成拥有强健体魄的野兽，为了长期生存下去，他们必须运用智慧寻找和储存食物。食物、体力活动和学习之间的关联性是我们大脑回路系统中与生俱来的特性。

现在，我们已无须去狩猎和采集，但这又成了一个问题。**久坐不动的现代生活方式破坏了我们的本性，而且成为我们长期生存的最大威胁之一。**这种迹象随处可见：美国 65% 的成年人体重超标或过度肥胖，而且在这部分人中，有 10% 患有 2 型糖尿病。这种可预防却很烧钱的疾病源于运动缺乏和营养不良。过去，糖尿病几乎就是中年人的噩梦，现今它已开始成为儿童的梦魇。这简直等于自杀，它不仅仅存在于美国这种超级快餐式的生活节奏中，而且是所有发达国家共有的问题。令人不安的是，人们还没有意识到，缺乏运动也在毁灭我们的大脑——大脑正在发生实质性萎缩。

身、心、大脑的联系

我们的文化把思想和肉体一分之二，而我却想把它们重新联系在一起。身心连接的问题已经令我痴迷了很多年。1984 年，我在哈佛大学向医学专业人员发表了我的第一次演讲，题目就叫《身体与精神病学》(*The Body and Psychiatry*)，主要介绍一种治疗攻击行为的新药。攻击行为对身体和大脑都有危害，这种治疗方法是我在马萨诸塞州州立医院当住院医生时偶然发现的。我曾治疗过病情非常复杂的精神病患者，这一经历让我踏上一条通过治疗身体改变精神状态的研究道路。这是一次扣人心弦的历程，尽管研究还在继续，但是也到了把信息公之于众的时候。仅在过去的 5 年里①，神经学家的研究成果已经描绘出了身体、大脑和精神之间生物学关系的精彩画面。

- **内啡肽**（endorphin）
  一种由身体和大脑产生的激素，它就像是天然的吗啡。当身体和大脑负荷过重时，内啡肽就会被释放出来，以阻止疼痛信号。

为了使大脑保持最佳活动状态，我们的身体需要努力工作。在本书中，我

① 全书描述的时间均以该书 2008 年的出版时间为基准。——编者注

会具体说明身体活动为什么以及如何对我们的思考和感受方式起到至关重要的作用，同时还将解释运动如何促使大脑的学习功能区域开始工作，如何影响情绪和注意力，如何预防压力以及如何逆转大脑中某些老化因素的影响，如何帮助女性避免有时因激素变化而引起的紊乱。我并不是在谈论跑步者的欣快感这种模糊的概念，我谈论的都是已经在实验室的小白鼠身上或人身上得到验证的实质性改变。

我们已经知道，运动可提高体内血清素（serotonin）、去甲肾上腺素（norepinephr-ine）和多巴胺（dopamine）的水平，它们都是传递思维和情感的重要神经递质。你可能听说过血清素，也许还知道抑郁症与血清素的缺乏有关，不过，许多我认识的精神科医生都不了解这两者的关系。他们既不了解压力的毒性水平会破坏大脑中几十亿个神经细胞之间的连接，也不了解慢性抑郁症会缩小脑部一些特定的区域。他们更不知道，运动能释放一连串影响神经系统的化学物质和生长因子，而这些物质能扭转血清素的缺乏状况，并真正维护大脑的基本结构。实际上，大脑和肌肉的反应一样——用进废退。大脑内的每个神经元（也称神经细胞）通过树状分支上的“叶片”相互接触，而运动则可以促进这些分支生长并发出许多侧支，因此能从根本上增强大脑的功能。

神经学家正开始研究运动对脑细胞内部的影响——即基因本身所产生的影响。在生物学层面，神经学家也发现了身体对大脑产生影响的迹象。研究已经证实，肌肉运动产生的蛋白质经血液运送到大脑，这些蛋白质在我们最伟大的思考机制中发挥关键性作用。它们不但有着胰岛素样生长因子 -1（IGF-1）、血管内皮生长因子（VEGF）之类的特殊名字，还在身心联系过程中发挥了重要的作用。仅用了短短数年，科学家就开始着手描述这些因子以及它们的作用机制，而且每一次新的发现都进一步加深了人们对它们的敬畏之心。大脑这个微观世界中还有许多未解之谜，但我深信，我们所了解的东西可以改变人类的生活，也许还能改变人类社会本身。

运动让大脑保持最佳状态

为什么你应该关心自己的大脑如何工作呢？首先，它掌控着一切。就在此刻，你的大脑前部区域正在发射你所阅读内容的信号。你能理解多少，很大程度上取决于连接神经元的神经化学物质和生长因子之间是否有一种适当的平衡。事实证明，运动对这些基本组成要素有显著的影响。大脑建立起这个过程，当你坐下来学习新知识时，这种刺激又强化了相关的连接点。通过反复练习，整个大脑回路形成清晰的轮廓，就好像你正踩出一条穿过森林的路一样。形成这些连接点的重要性将贯穿在本书讨论的所有问题中。比如，为了应对焦虑情绪，你在创建一些替代路径的同时，也需要扩展一些陈旧的路径。了解身体和大脑之间的这种相互作用后，你就可以控制这个过程、处理诸多问题，让你的大脑顺利地忙碌起来。要是今天早晨你花半小时锻炼的话，你就会有好心情安静地坐在这里，把精力集中在这段文字上，而你的大脑也更有能力记住书中的内容。

在过去 15 年中，我所写的文章都是为了让人们了解自己的大脑。当你掌握了关于大脑的实用知识后，你就改变了生活。当你认识到某种情感问题是有生物学依据时，你就不会再有内疚感。另外，当你知道自己可以影响那种生物学因素时，你就不会再有无助的感觉。这是我反复和患者们强调的一个观点。人们很容易把大脑想象成一个坐在象牙塔内发出命令的神秘指挥官，外界无法接触到它，其实根本不是这样的。运动打破了那些屏障。我期望，一旦你了解运动如何改善大脑功能后，你就会把运动当成生活的一部分，而不是把它当成被迫要做的事。当然，你应该运动，但我不想在这里说教。（这很可能没什么帮助。老鼠实验表明，强制锻炼无法起到和自愿锻炼相同的效果。）假如你一直不停地对自己说锻炼是你喜欢的事，做到这一点，你就正在为通往那个与众不同的未来开辟一条道路。那将是一个生机盎然的未来，而不是只求生存的未来。

运动是最佳的健脑丸

2000 年 10 月，杜克大学的研究人员向《纽约时报》介绍了一个研究项目。这个研究证实，用运动治疗抑郁症的效果要好于抗抑郁药物舍曲林（商品名左洛复，Zoloft）。这真是个好消息！然而，它被淹没在《纽约时报》第 14 版的“健康与健身”专栏里。如果运动是一种药丸的话，那它肯定会占据《纽约时报》的整个头版，而且会被誉为是 21 世纪的畅销药。

我上面提到的这则消息最初引起了广泛关注，随后却没有了下文。美国广播公司《世界新闻》（*World News*）报道，运动有可能治愈老鼠的阿尔茨海默病[①]；而美国有线电视新闻网（CNN）立刻发表了一份关于肥胖危机不断扩大的统计学报告；《纽约时报》则对习惯于用昂贵药物治疗儿童双相情感障碍的做法进行了调查，这些药物疗效甚微，却有可怕的副作用。我们所忽略的是，这些表面上看起来毫无关系的线索在生物学的基本层面上有着密切联系。我会通过探索大量尚未公之于众的新研究，来解释这是怎么回事。

在这里，我想以通俗易懂的文字介绍“运动可以锻炼大脑”这个鼓舞人心的科学观点，同时还将阐述运动如何出现在普通大众的生活中。我想强化这种观念，即**运动对人的认知能力和心理健康有着极其深远的影响**。它绝对是我们治疗大多数精神问题的最佳方法之一。

我曾亲历我的患者和我的朋友通过运动改善自己的身体疾病，他们中的大多数人同意我把他们的故事写进本书中。不过本书中的案例不仅仅包括我办公室的研究个案，还包括我在芝加哥城外的一个城郊学区中发现的典型范例，这个具有突破性的体育教学项目展现了新科学研究振奋人心的结果。在伊利诺伊州的内

① 老年性痴呆的一种，是神经系统的原发性退行性脑病，一种持续的高级神经功能活动障碍，即记忆、思维、分析判断、视空间辨认和情绪等方面出现障碍。——译者注

珀维尔（Naperville），体育课让这个地区 1.9 万名学生成了全美国体质最强健的孩子，二年级学生中只有 3% 的学生体重超标，而全美国平均有 30% 的学生体重超标。更令人惊讶乃至震惊的是：这个项目使那里的学生进入全美国最聪明的孩子之列。1999 年，来自世界各国的 2.3 万名学生参加了国际数学和科学研究趋势项目（TIMSS）[①]的国际标准化测试，内珀维尔八年级的学生也参与其中。TIMSS 评估的是数学和科学方面的知识。近些年，中国香港、台湾地区以及日本和新加坡的学生在这些重要学科上的成绩已经赶超了美国学生，不过内珀维尔的学生显然是个例外。他们在 TIMSS 数学测试中获得第六名，而在科学测试中则获得第一名。政界人士和权威专家认为美国的教育岌岌可危，还指出在如今科技主导的经济形势下，美国学生不具备成功的素质。正当他们发出这些警告的时候，内珀维尔带来了一个非同寻常的好消息。

几十年来，我还没有见到像内珀维尔这样令人振奋和鼓舞的项目。每当我们耳畔充斥着青少年体重超标、缺乏动力或成绩较差这类消极消息时，内珀维尔的例子总让我们看到了真正的希望。在本书第 1 章中，我会带你去内珀维尔，它正是我写本书的灵感之源。

---

① TIMSS（The Trends in International Mathematics and Science Study）是国际教育成就评价协会发起和组织的国际教育评价研究和评测活动，主要测试四年级和八年级学生的数学与科学学业成绩。目前，中国大陆没有参加该项目测试。——编者注

THE REVOLUTIONARY
NEW SCIENCE OF
EXERCISE AND THE BRAIN
SPARK

目录

不一样的体育课 |引 言|

在芝加哥西面一片略高的空地上矗立着一座砖块结构的楼房，那就是内珀维尔中央高中（Naperville Central High School）。这幢楼房的地下室有一个低矮无窗的房间，里面摆满了跑步机和健身自行车。这间陈旧的自助餐厅的容量和注册学生的人数一比相形见绌，如今它却已成为学校的“心肺锻炼室”。眼下是早晨7点10分，对一小群在健身器材上锻炼却睡眼惺忪的新生而言，正是上体育课的时间。

身材匀称的尼尔·邓肯是一位年轻的体育教师。他正在布置早晨的任务：“好啦，热身后我们就上跑道跑1 600米。”他边说边拿出一个小黑背包，里面装满胸带和电子手表——这是一种心率监测仪，它是运动爱好者用来测试体能的工具。“每次开始绕圈跑的时候，按下红色按钮，仪器将会为你做出分析。它会告诉你：第一圈、第二圈和第三圈分别跑了多少。如果跑得好，那么你很快就会跑完第四圈，也就是最后一圈，到那时……”邓肯停了一下，环视了一眼那群还没睡醒的学生，接着说，“按下蓝色按钮，看见了吗？手表就会停止计时。你的目标就是设法用最快的速度跑完1 600米。最后，同样重要的是，你的平均心率应该在每分钟185次以上。”

这群高中新生排成一列从邓肯先生面前走过，慢慢地挪上楼，穿过几道厚重的金属大门。在这个凉爽的十月清晨，天空飘着几朵白云，学生们排着松散的队伍来到跑道上。一场变革的最佳条件已经具备了！

“零点体育课”

这并不是老式的标准体育课，而是零点体育课（Zero Hours PE），它是由一群特立独行的体育教师进行的一系列教育实验中最大的一个项目。这群体育教师不但让内珀维尔 203 学区的 1.9 万名学生成了全美国最健康的学生，而且还让他们成了最聪明的学生。零点体育课的目的是希望确定，上文化课之前进行大量的体育锻炼是否能提高学生的阅读能力以及其他学科的学习能力。

最新的研究也许支持这种观点。研究表明，身体的活动能引发生物学上的变化，而这些变化又可以促进大脑细胞彼此间的连接。如果大脑要学习，那么就必须建立这些连接，而且这些连接还反映了大脑应对各种困难的基本能力。越来越多的神经学家发现了这个过程，因此对这个过程的了解也就越来越清楚：**运动给身体提供了某种独一无二的刺激，而这种刺激为大脑创建了一种环境，这种环境使大脑能够做好准备、愿意并且有能力去学习。**有氧运动具有明显的调节作用：调整可能已经失衡的系统，同时优化那些还未失衡的系统——对任何想要发挥出自己全部潜能的人而言，这是一个不可或缺的工具。

运动关键词

- **零点体育课**（Zero Hours PE）
一种通过运动提升学生意识状态，为一天学习做好准备的新型体育课。该课程因被安排在第一节文化课之前而得名。

- **心率**（heart rate）
心脏每分钟跳动的次数。正常成年人安静时的心率有显著个体差异，平均在 75 次 / 分钟左右（60~100 次 / 分钟）。心率可因年龄、性别及其他生理情况而不同。

当学生们跑步时，满脸雀斑、戴着眼镜的邓肯也来到跑道上监督他们。

“我的手表没有读数了。”一个男孩经过邓肯身边时放慢速度说道。

“红色按钮，”邓肯大声叫道，“按红色按钮！结束的时候，按蓝色按钮。”

米歇尔和克莉丝这两个女孩经过邓肯身旁，拖沓着脚步肩并肩地继续向前。

一个男孩跑完全程时，跑鞋的鞋带已经松开。他交还了计时表，表上的读数是 8 分 30 秒。

随后过来的是一个穿着宽松短裤的魁梧男孩。

“来吧，道格，”邓肯说，“说说你的读数是多少。”

“9 分钟。”

“整 9 分钟吗？”

“是的。”

“太棒了。”

当米歇尔和克莉丝终于漫步完全程后，邓肯询问她们所用的时间，米歇尔的计时表还在走。显然，她没有按蓝色按钮，不过克莉丝按了，而且她们两个人所用的时间是相同的。克莉丝朝邓肯举起手腕：“10 分 12 秒。”邓肯边说边把这个时间记录在他的夹纸板上。他并没有说：“看起来你们两个人真像是在闲庭信步！”

事实是，她们并没有悠闲地散步。要是邓肯从米歇尔的监测仪上下载数据后，他就会发现，米歇尔在 10 分 12 秒的时间里的平均心跳为 191 次 / 分钟，即使是对训练有素的运动员来说，这都是一个严峻的考验。那天，米歇尔得到了一个 A。

参加零点体育课的学生都是新生中的积极志愿者。按学校规定，为了让新生的阅读理解能力达到标准，新生要上一门读写能力课。而上零点体育课的学生的运动强度要高于本校上其他体育课的学生。按要求，上零点体育课的学生的心率要保持在其最大心率的 80% 到 90% 内。邓肯说：“实际上我们所做的，是尝试通过严格的体育锻炼来让学生做好学习的准备。实质上就是提升他们的意识状态后，再把他们送入课堂。”

成为邓肯先生的实验对象，学生们的感受如何呢？“我觉得挺好！”米歇尔说，“除了要早起床、满身大汗和狼狈不雅之外，我觉得一整天都更清醒了。我的意思是，去年我从早到晚都迷迷糊糊的。”

除了情绪有所改善之外，事实还证明，米歇尔的阅读能力也有了提高，而零点体育课的其他学生也是如此：到上半学期结束时，他们的阅读和理解能力提高了 17%；与喜欢睡觉及参加标准体育课的学生相比，他们的阅读和理解能力提高了 10.7%。

到上半学期结束时，参与零点体育课的学生的阅读和理解能力提高了 17%；与喜欢睡觉及那些参加标准体育课的学生相比，他们的阅读和理解能力提高了 10.7%。

对于此事，学校管理层受到了极大的震撼，于是他们把零点体育课更名为“学习准备型体育课”（Readiness PE），并将它作为全校新生每天的第一节课。该做法还在持续。所有上读写能力课的学生被分成两个班：一个班的读写能力课安排在第二节课上，那时学生们还能感受到运动带来的效果；而另一个班则被安排在第八节课上。正如人们所料，第二节上读写能力课的学生的学习效果最佳。这项实验不仅对那些需要提高阅读分数的新生有益，而且它还提示老师，可以把最难的学科安排在体育课之后，以便最大限度地发挥体育锻炼的积极作用。

这是真正具有变革性的观念，我们从中可以学到很多东西。

零点体育课不再是内珀维尔 203 学区独享的体育教学方式，它得到了全美国的关注，而且逐渐成为一种体育课的新模式。我猜任何读到这里的成年人可能都觉得，这根本不是体育课。没有一个学生会被躲避球[①]打到、会因没有淋浴而不及格、会整日担心自己成为最后一名。

内珀维尔 203 学区体育教学的精髓在于，它传授的是健身之道，而不是运动技能。其基本原理是，如果可以通过体育课指导学生学会如何监测及保持自身的健康和强健体能，那么体育课将令他们受益终身，而且他们还很有可能更幸福长寿。体育课真正传授的是一种生活方式。学生们在了解他们身体如何运作的同时，也在培养健康的习惯、健康的技能和兴趣爱好。学生们在从事各种各样的运动时，会不由自主地发现自己感兴趣的运动。内珀维尔的体育教师们正在通过这种方法为学生们创造新的前景，他们让孩子们迷恋上运动而不是整日坐在电视机前。这点至关重要。统计数据表明，经常锻炼的学生可能会具备成年人一样的自控力。

不过最初吸引我注意的是，这种以健身为基础的方式在学生学习方面产生了巨大的影响。如今，零点体育课已经走过了 17 个年头，而它的影响力表现在一些人们意想不到的地方，比如教室。

这并不是巧合。教育学家认为，每个学生都有成功的潜能。尽管 203 学区在每一个学生身上投入的费用要明显低于伊利诺伊州其他顶级公立学校的费用，但是在学术方面，203 学区始终位于伊利诺伊州十佳学校排行榜上。内珀维尔 203 学区有 14 所小学、5 所初中和 2 所高中。为了做比较，让我们来看看内珀维尔中央高中，也就是零点体育项目开始的地方。2005 年，这所中学每个学生的管理

① 一种起源于英国并在美国盛行的球类运动，比赛的目的是掷球攻击对方的内场球员。

费用为 8 939 美元，相比之下，埃文斯顿的新特里尔高中（Evanston's New Trier High School）则为 15 403 美元。新特里尔高中学生的 ACT（American College Test）[①] 平均分为 26.8，比内珀维尔中央高中高出 2 分，但是在法定的全州综合考试中，其平均分低于内珀维尔中央高中。不仅是申请大学的学生，每个毕业班的学生都必须参加全州综合考试。2005 年，内珀维尔毕业班学生的 ACT 综合考分为 24.8 分，超过了全州 20.1 分的平均成绩。

这些考试的影响力几乎不能与 TIMSS 项目相提并论。TIMSS 是为了比较世界各国学生在两个重点学科领域的知识水平而设计的一种测试。《纽约时报》专栏作家、《世界是平的》（*The World Is Flat*）一书作者托马斯·弗里德曼（Thomas Friedman）在感慨新加坡等国的学生正在"吃我们的午餐"时，就引用了这个测试。弗里德曼指出，美国和亚洲国家的教育差距正在扩大。在一些亚洲国家，将近 50% 的学生的 TIMSS 分数达到顶级水平，而美国却只有 7% 的学生达到这个水平。

从 1995 年开始，TIMSS 测试每四年举办一次。1999 年，有 38 个国家和地区的 23 万名学生参加了 TIMSS 测试，其中美国学生有 5.9 万名。新特里尔高中和来自美国芝加哥北岸富裕地区的 18 所学校组成一个临时团体，参加了 TIMSS 测试（所以无从得知单个学校的表现），而内珀维尔 203 学区则独立注册了 TIMSS 测试，目的是让学生们的成绩达到一个国际水准。这个学区约 97% 的八年级学生都参加了这次考试，而不仅仅是最好和最聪明的学生。那么，较量的结果如何呢？在 TIMSS 的科学测试部分，内珀维尔的学生首先完成考试，领先于新加坡的学生，而北岸临时团体则排名第三。内珀维尔 203 学区获得了世界第一。内珀维尔数学测试部分的成绩排名第六，仅次于新加坡、韩国、中国台湾、中国香港和日本。

① ACT考试与SAT（Scholastic Aptitude Test）考试均被称为"美国高考"，它们既是美国大学的入学条件之一，也是大学发放奖学金的主要依据之一，还是衡量学生综合能力的标准。——译者注

整体来看，美国学生科学测试部分的成绩排名第 18 位，数学测试部分的成绩排名第 19 位。不过来自泽西城学区和迈阿密学区的学生在科学和数学测试中却分别“垫底”。

TIMSS 项目副主任艾娜 · 穆利斯（Ina Mullis）说：“美国各学区之间的测试结果存在巨大差异。好在我们有几个像内珀维尔这样的学区——它告诉我们，有可以考得好的学生。”

我不会说正是因为参加了一个不同寻常的体育教学项目，内珀维尔的学生们才变得如此聪明，毕竟还有许多因素可以影响学习成绩。显然，内珀维尔 203 学区在生源构成上占据优势：83% 是白种人，而且低收入人群只占到 2.6%。与之相比，整个伊利诺伊州的低收入人群占到 40%，内珀维尔两所高中引以为豪的便是其 97% 的毕业率。另外，落户这座城市的雇主都是一些像美国阿贡国家实验室、费米国家加速器实验室以及朗讯科技之类的科技型公司，这说明许多内珀维尔学生的父母都受过高等教育。无论从环境还是遗传来看，内珀维尔的学生都拥有很大的优势。

另一方面，当我们研究内珀维尔时，有两个因素的确很突出：它不同寻常的体育教学形式和它的考试成绩。这种相关性简直太吸引人了，而且我不由自主地要参观一下内珀维尔，想亲眼看看那里发生的事。尽管我早已了解 TIMSS 测试以及它是如何暴露美国公共教育缺陷的，但仍然心存疑惑：内珀维尔的学生们在测试中成绩优异，这是为什么呢？似乎内珀维尔并不是美国唯一拥有高智商、高学历家长的富区。即使像宾夕法尼亚州泰特斯维尔市（Titusville）这类贫困地区也已经实行内珀维尔式体育教学，其学生的考试成绩也有明显提高（稍后我会提到）。我确信，影响学生学业成绩至关重要的因素是学校对健康体能的重视，这同样也是内珀维尔吸引我的地方。

尽全力比跑得快更重要

事情往往都是这样，内珀维尔的重大变革也是从一半理想化、一半自我保守中开始的。菲尔·劳勒是一位颇有远见的初中体育教师。1990 年，他偶然从报纸上看到一篇讲述美国孩子体质正在下降的文章后，便开始实施这项计划。

劳勒回忆道："报纸上说，孩子们体质差的原因是他们不爱运动。"这位高个男子 50 多岁，戴着无框眼镜，身着卡其服，脚穿胶底运动鞋。他接着说："如今每个人都知道我们这里肥胖成风，但如果你找一张 17 年前的报纸看看，很少有这类关于肥胖的文章。我们曾说，这个国家每天都在产生肥胖儿童。难道我们不应该对他们的健康负责吗？我想，如果国家是一个公司的话，那么它恐怕正在走向破产。"

劳勒早已意识到他的专业没有得到重视，因为许多学校开始在教学设置中取消体育课，现在也是如此。劳勒曾是大学棒球队的投手，由于没能够进入美国职业棒球联盟，这位直率的推销员和天生的领导者为了更亲近运动而做了一名学区的体育教师。除了执教 203 学区麦迪逊中学（Madison Junior High）的体育课之外，劳勒还是内珀维尔中央高中棒球队的教练，同时又担任 203 学区的体育教学协调员。尽管拥有这些值得尊敬的职位，劳勒每次提及自己赖以谋生的职业时，却还是觉得很尴尬。自从那篇文章刊出后，他看到了机会，一次使他的工作得到重视的机会。

劳勒和麦迪逊中学的同事们仔细观察体育课的情况，他们看到多数学生不爱运动。这在团队运动中是很自然的：打棒球时，等待轮流击球；打橄榄球时，等待中锋的快速传球；踢足球时，等待球传到脚下。绝大部分球员在大多数时候只是站在场内。因此，劳勒决定把体育课的重点转移到强健心血管功能上。他创建了一套全新、有特色的体育课程：让学生们在每周一次的体育课上跑完 1 600

米。他的决定遭到学生的抱怨、家长的投诉以及医生的关注。

劳勒并未因此而气馁，不过他也很快意识到这个标准让跑得最慢的人望而生畏。为了让不擅长运动的人有机会获得好成绩，体育组购买了两台健身自行车，允许学生通过骑自行车来获取额外的学分。学生们可以利用自己的业余时间参与，只要骑车 8 000 米就可以提升他们的学分等级。“这样的话，任何一个想要获得 A 的学生，只要为此努力，他就能够得到 A，”劳勒解释道，“在这个过程中，学生们在某些方面可以达到个人最佳成绩。任何时候，只要你达到个人最好成绩，无论是哪方面，你就可以提升一个学分等级。”这奠定了这个教学方式的基本原则。劳勒把这种教学方式称为“新体育教育”（New PE）：**给学生打分的依据是其努力的程度，而不是技能**。在体育课上，你不必像一个天才运动员那样出色。

不过一个老师怎样同时判定 40 个学生的个人努力程度呢？劳勒在他每年春季组织的体育教育会议上找到了答案。他努力把这个会议变成新思想和新技术的交流盛会。为了鼓励更多的人参会，他说服几家零售商捐赠了一些奖品。每年会议开始的时候，劳勒就会推出一辆原本放毛巾的推车，里面摆满球、球拍以及其他运动物品。有一年募集而来的奖品中竟有一个当时值好几百美元的新型心率监测仪。劳勒实在忍不住诱惑，为了他的创新项目而悄悄留下了这个监测仪。“我一看到那东西，”他很坦率地承认，“就觉得它是麦迪逊中学的奖品。”

在进行每周一次的长跑训练的时候，他让一个六年级女孩试用了这个仪器。女孩身材瘦小且一点儿也不强健，但当下载她的运动数据后，劳勒简直无法相信自己的眼睛——“她的平均心率竟有 187 次 / 分钟！”。作为一个 11 岁的孩子，她的最大心率可能会达到 209 次 / 分钟左右，而这意味着她几乎一直处在全力冲刺的状态。劳勒接着说道：“当她越过终点线时，心率达到 207 次 / 分钟，嘀、嘀、嘀！我当时说，你一定是

- **新体育教育**（New PE）
  给学生打分是依据其努力的程度，而不是技能。在体育课上，学生不必像一个天才运动员那样出色。

在开玩笑吧！如果是从前，我可能会走到女孩身边对她说‘你必须快点，小姐’。可是，从那一刻起我们的体育课发生了戏剧性的变化。心率监测仪是所有的起点。我开始重新考虑那些学生，那些没有受到我们肯定而对运动失去兴趣的学生。尽管我的班上没有一名运动员，但所有学生都知道如何像那个小女孩一样努力。”

劳勒明白，**速度快和身体健康之间并没有任何必然的关系。**

劳勒最喜欢的一项统计学资料是：只有不到3%的24岁以上成年人会通过参加集体运动项目保持健康体形，而这个数据也强调了传统体育课的失败。劳勒也知道自己不可能让学生每天都跑1 600米，所以他建立了一个被他们称为“小场地运动”的比赛项目，比如三人篮球或四人足球，学生在小场地比赛时会处于不停运动状态。“我们还是参加运动，”劳勒说，“只不过用一种健康的方式进行。”这个项目不是要测试内珀维尔学生们在正规球场上的运动能力，而是评定他们做任何运动时保持目标心率范围的时间有多久。

劳勒说：“制订这个项目时，我们并不知道自己在做什么。”不过，新体育教育已成功实践了运动与健脑新研究不谋而合的科学原理。

义无反顾的理想

每位带领变革的领袖都需要一名助手，而劳勒不可能找到比保罗·齐恩塔斯基再有能力的推动者了。保罗是内珀维尔中央高中的体育教育协调员，也是该校足球队前教练。学生和同事喜欢叫他Z先生——一个头发灰白、热情似火的男人，有着镇定的目光和直来直去的讲话风格。他将迈克·迪特卡和比尔·帕索斯[①]两个杰出的权威人物的风度集为一身。他的朋友和合作者劳勒说：“为了使他相信

① 迈克·迪特卡是芝加哥熊队的前教练，比尔·帕索斯是美国最成功的橄榄球教练之一。——译者注

这个计划，我做了很长时间的说服工作。不过一旦他接受了这件事，最好别拦着他。因为如果有必要的话，他会强行向你灌输这件事。”

随着整个计划的开展，劳勒开始向外界推广“健身非竞技运动”的理念，不仅在《新闻周刊》(*Newsweek*)，还要在美国参议院给出证明。而保罗则返回其大本营，成为这个任务坚定的执行者，他把内珀维尔中央高中的体育教学项目变成新体育教育顺利实施的典范。2004年，劳勒在被诊断出患有结肠癌后退休，不过即使在和病魔反复斗争期间，他还在为将体育课纳入每日课程奔波游说。

这对搭档已成为运动与大脑方面的草根专家。他们通过各种手段获取新知：他们不厌其烦地向受邀前来参加研讨会的专家提问、参与运动生理学的研讨会、阅读神经科学研究报告，还不停地通过E-mail交换彼此的调查结果。他们还把这些信息传授给自己的同事。对保罗来说，在大厅里拉住一位英语教师并塞给她一摞最新的大脑科学调查资料——那是这位体育教师留给她的家庭作业，也是家常便饭的事。

正因为这对搭档执着的探索精神，让我对他们有了更深的了解。劳勒知道我接受过美国国家公共电台《无限心灵》(*The Infinite Mind*)栏目的采访。那次接受采访时，我特别提到人在运动过程中会提高一种叫作脑源性神经营养因子(brain-derived neurotrophic factor，BDNF)的蛋白质的含量，我称它为“大脑的优质营养肥料”。但我并不知道劳勒在自己接受采访时复述过我的那句话，在和美国纪录片《大号的我》(*Super Size Me*)的导演的访谈中也用过那句话。《大号的我》反映的是美国人肥胖的问题。

之前，我一直在为本书寻找一种具体论述的方式来说明运动对学习产生的影响，而聚焦一个学区就能顺其自然地达到这个目的。尽管本书讲的是学生，但成年人也能从中汲取宝贵的经验。内珀维尔提供的是一项强有力的范例研究，这项研究表明有氧运动改善的不仅是身体还有头脑。同时，内珀维尔恰好成为重塑这个社会的一个完美典范。

所以，我有了这次伊利诺伊州之旅。当我和劳勒以及保罗一同坐在内珀维尔假日酒店的大堂对话时，我从未料到这两位体育老师也能说出那样一番见解。“我们体育老师创造了这些脑细胞，”保罗说，“而其他老师则负责让它们更丰满。”

四肢很发达，头脑不简单

劳勒的方式与美国公立学校的教育趋势截然相反。为了让学生们通过《不让一个孩子掉队法案》（*No Child Left Behind Act*）规定的考试，公立学校会增加数学、科学和英语的学习时间而减少体育课课时，只有 6% 的公立学校每天安排一次体育课。与此同时，学生们每天耗费在电视、电脑或便携式电子设备前的时间平均是 5.5 小时。难怪现在的美国儿童没以前有活力。

这就是为什么内珀维尔如此令我振奋。我第一次拜访内珀维尔学区时，正值学校放暑假前夕，不过，要是观看麦迪逊初中的体育课，你丝毫感觉不到放假的迹象，30 个充满活力和热情的学生跑跑跳跳，那些只有在新学年开学时才能见到的活力随处可见：有的在排队攀岩，有的在争论该轮到谁来使用新型健身自行车，有的在跑步机上狂奔，有的在跳舞毯上跳舞。所有的孩子都戴着心率监测仪，而最为重要的是，他们全都兴致盎然。

美国约 30% 的学龄儿童体重超标，该比例是 1980 年的 6 倍多。另外还有 30% 的学生接近肥胖。而令人难以置信的是，美国疾病控制与预防中心发布的体重指数（Body Mass Index）显示，2001 年劳勒所在的学区有 97% 的新生体重正常，2002 年也是如此。2005 年春天，一项针对内珀维尔 203 学区学生体能的独立评估研究得出了不错的结论。班尼迪克大学（Benedictine University）的运动生理学家克雷格·布勒德（Craig Broeder）和他的研究生小组也加入这项测评。他们从六年级到高中毕业班中随机抽取 270 名学生进行一次测试。布勒德是美国运动医学会的前区域主席，他说："我可以告诉你，他们要比美国国家标准领先许多，而且甩开别人一大截。他们 130 多个人中只有 1 个男生过胖，这简直不可思议！按照美国疾病控制与预防中心的身高和体重标准，内珀维尔学生的身体脂肪的比重远远低于全美国标准，大约 98% 的学生的其他体能参数也符合标准。"

尽管布勒德完全清楚内珀维尔的人口分布特征，但他还是为此震惊。"对内珀维尔来说，这些参数太高了，只是因为这点是难以达到的，"他说，"新体育教育项目本身必定有一种强大的吸引力，鼓励了这里的学生们用另外的方式达到标准。我这样说吧，你不能保证是新体育教育项目做到了这一点，不过这里的学生们的体能确实远远超出国家标准，这绝不可能仅仅因为这里是内珀维尔。"

健身房对学分积点（GPA）的影响，我们到底了解多少呢？弗吉尼亚理工学院的一份研究报告显示：减少体育课而增加数学、自然和阅读课的时间，并不像许多学校预料的那样会提高考试成绩。尽管如此，也只有少数研究人员在着手探讨这个问题。因为体育课可以影响的范围很广，所以这一领域的研究都把重点放在体能和学习成绩的相关性上。最有影响力的研究来自美国加州教育局。**在过去 5 年，加州教育局的调研结果表明，体能成绩好的学生考试成绩也同样好。**

加州教育局把学习成果的标准考试分数和体能测试（Fitness Gram）记录[①]分数关联在一起。体能测试是加州法律规定 100 多万学生必须做的体能评估，它包括六个方面：有氧能力、人体脂肪比重、腹部的力量与耐力、躯干的力量和柔韧性、上身的力量以及整体柔韧性。如果在某一方面达到最低要求，学生就能

① 由库珀研究院（Cooper Institute）开发的综合健康体能测验，被加州教育委员会指定为加州公立学校必须开展的体能测验。——译者注

获得 1 分。因此，体能测试的满分为 6 分。值得注意的是，它并不评估一个学生的体能程度，而只看他在每个方面是否符合要求。换而言之，这是一个及格与不及格的测试。

2001 年，体能好的学生考试成绩是体能差的学生的两倍。比如，在加州 27.9 万名九年级学生中，那些体能测试记录得到 6 分的学生，参加斯坦福成就考试（Stanford Achievement Test）[①]的数学平均分数排在第 67 个百分位[②]，而阅读平均分数排在第 45 个百分位。要是这些分数还不够杰出，请看看那些体能测试记录只得 1 分的学生：他们数学和阅读考试的平均排名分别是第 35 个百分位和第 21 个百分位。

2002 年，加州教育局再次进行调查时，把社会经济情况也计算在内。调查结果显示，生活水平高的学生学习和考试成绩也高，而在低收入家庭的学生中，体能好的孩子学习和考试成绩高于体能差的学生。这是这项研究中一个强有力的数据。它表明，**虽然父母可能无法立刻改善家庭的经济状况，但鼓励孩子保持健康体能的生活方式可以让他们有机会获得好成绩。**

加州的这些研究结果并不是孤立的。2004 年，人体运动学和儿科学等不同领域的 13 位著名研究者组成一个专家小组，对 850 多名学生进行了一次有关体育活动如何影响学龄儿童的大规模调查。大部分研究评估的是每周 3~5 天、每天 30～45 分钟中等强度至高强度运动产生的效果，他们的研究涉及多方面的问题，包括肥胖、心血管健康、血压、抑郁、焦虑、自我概念、骨密度以及学习成绩。根据各方面强有力的大量证据以及专家组的推荐，在校学生每天应该参加 1 小时（或更多）中等强度至高强度运动。具体分析学习成绩后，专家组不但找到

① 是一项用来测试美国中小学生学习成果的标准化考试，包括数学、阅读理解和自然科学等 11个方面的内容。

② 统计学概念。第67个百分位是指比67%的得分都高的分数。——译者注

了支持加州研究结果的充足证据，而且还公开表示，**体育活动对记忆力、注意力和课堂行为都有积极的影响**。专家组并未对体育课做出具体规定，不过你可以看到内珀维尔的学生是怎样得到一个健康助动力的。

全新的赛局：让孩子赢在体育课

“我不是研究人员，我只是一个体育老师。”在内珀维尔中央高中，保罗一边对挤进他办公室的一群教师说，一边递给他们加州教育局研究报告的副本。这些教师一部分来自邻近郊区芝加哥南区的一所学校，一部分来自俄克拉何马州塔尔萨城的一个乡村。他们来这里是因为内珀维尔 203 学区已经成为一家名叫 PE4Life 的非营利性公益组织的培训学院，这个机构采用了新体育教育的理念。伊利诺伊州是美国唯一一个学校每天都上体育课的州，而 PE4Life 正在进行游说，力图改善这种状况以及体育课的授课方式。保罗起身说道：“现在，我们去参观一下。”

保罗像一个经验丰富的潜艇指挥官，从容不迫地甩开大步，带领众人穿过大厅。第一站，有三个学生助手正在用一种名为“三项体能”（TriFit）的计算机系统对二年级学生的健康诊断进行电脑化处理。保罗告知大家，已有研究证实，针对心率、血压以及身体脂肪等指标给学生制定目标，是激励他们保持健康体能的好方法。实际上，研究表明，仅仅保持一定量的晨练就有可能让肥胖的人减掉几千克体重。不过劳勒和保罗的雄心已远远超出对学生体重指数的关心。

“我告诉人们，让学生健康并不是我作为体育老师的工作。”保罗说，“我的责任是让学生知道保持健康所必备的所有知识。锻炼本身并不有趣，它只是一种行为。所以，如果你能够使学生们了解它，而且告诉他们其中的益处，那才是一次彻底的变革。特别对我们这些教练而言，我们就像是控制狂。如果我喊‘立正’，就能让65个孩子齐刷刷地站在一条白线上。瞧，这么多年来我们干的就是这个。”

内珀维尔203学区的学生在接触互联网之前，就有了心率监测仪。如今，当你走进这个学区任何一所学校的体育馆，感觉就像是到了一家设备一流的成人健身俱乐部。每个体育馆都有一台三项体能评估机和几台力量训练器，这些机器都是为初中年龄段的学生定制的。体育馆内有攀岩墙和以电子游戏为主的有氧健身机（大多数设备都是捐赠而来的）。

体育课旨在传授学生理念、经验并告诉他们健身的重要性。学生进入中学后，不但会得到一份选择范围很广的清单——从皮划艇到跳舞、攀岩以及排球和篮球等具有代表性的团队体育项目，而且还将学习如何拟定个人健身计划，这些都是以三项体能评估为核心展开的。从五年级①开始，学生们每年都要完成一次这样的评估。他们从最初开始制订个人健身计划，并不断改进直到中学毕业。到那时，他们会得到一份14页的健康评估报告。这份评估报告综合考虑了他们的体能得分与血压、胆固醇水平之类的因素，以及生活方式和家族史调查结果，以预测疾病的罹患风险，同时提出预防措施。以任何专业的健康标准来看，这都是一份惊人的综合文件，更不要说一个18岁的年轻人可以带着它步入成人世界。要是我们其他人也能如此幸运，那该多好啊！

负责这次内珀维尔学生体能研究的运动生理学家克雷格·布勒德说：“学生可以在18种体育项目中任意做出选择。你必定会发现，18种体育项目中会有1种被众人冷落，而它却令擅长此道的学生感到轻松愉快。他们在运动中如鱼得水。如果你只给孩子有限的选择权，比如打排球之类的运动，那么气氛会变得像受罚或集训营一样，学生根本不会坚持下去。在内珀维尔，学校给学生大量的可选项目，以此突出他们的长处；学校会为学生们设计终身的健身活动。”对那些正在

① 在美国一些地区的学区中，五年级就是初中的第一年级。——译者注

考虑如何保持身体健康的成年人来说，记住这一点很重要。

保罗带领他的参观团来到高年级女生的体育馆，向他们炫耀内珀维尔中央高中体育教育项目的精华部分——一面高 7 米、宽 3 米的攀岩墙，同时攀岩是一门让人引以为傲的课程，是这所学校在新领导力培训班上新开设的课程。保罗以攀爬方式为例说明信任与沟通的价值：蒙着双眼的攀爬者只能依靠同伴的指令到达下一个攀踏点。这面攀岩墙中没有攀爬痕迹的那部分是一块难度较低的区域，是专为体育课上体能和心理能力较差的学生准备的。在解答了大家对责任、义务方面的明显担忧后，保罗表示，学生很少在这里受伤，因为他们相互协作、没有竞争，而这正是他和他的同事们传授给学生的最重要经验之一。

“如果你问别人，当孩子们中学毕业时，他希望他们具备什么知识和能力，”保罗接着说，“他会说，‘我希望他们具备沟通能力，我希望他们具备在小团队中工作的能力，我希望他们有解决问题的能力，我希望他们有抗风险的能力。’那么，孩子们在哪儿能学到这些呢？”保罗反问道，并环顾了一下周围的教师：“难道在自然课上吗？我可不这么认为。”

对身体好的，对大脑也好

距离内珀维尔南部约 217 千米的伊利诺伊大学厄本那－香槟分校内，精神生理学家查尔斯·希尔曼（Charles Hillman）对 216 名三年级至五年级学生进行了一次个人版本的“加州教育局研究”，结果同样发现了体能和学习之间的关联性。他和他的合作者达拉·卡斯泰利（Darla Castelli）发现了一件有趣的事，在体能测试记录的六大评价指标中，有两项似乎与学习成绩的关联显得尤为重要。“在我们的回归方程中，体重指数和有氧健身间的关系的确很突出，”卡斯泰利说，“它们是最重要的因素。我真的很吃惊，结果是这样一目了然。”

不过，希尔曼所做的不仅仅是把数据相互关联，他希望找到这些结果的神经科学依据。所以，他挑选了 40 名学生，其中一半体能好、一半体能差。他评估了他们的注意力、工作记忆[①]以及处理信息的速度。在认知能力测试中，学生戴着一个嵌有电极的类似泳帽的东西，帽子上面的电极用来测定脑电波活动。脑电图显示，体能好的学生的大脑更活跃。这一结果表明，为了完成一项指定的任务，大脑会让更多神经元参与到注意力加工过程上。“我们在那里看到了更完整的效果。”希尔曼解释道。换而言之，**更好的体能等于更好的注意力**，因此也将带来更好的结果。

运动实验室

THE REVOLUTIONARY NEW SCIENCE OF EXERCISE AND THE BRAIN

希尔曼还发现，在评价被试如何对错误做出反应方面，有某种因素起着重要作用。他采用了一种叫“边锋测试”（a flanker test）的方法来测定大脑活动。在这项测试中，屏幕上会出现一组五个大写字母的组合，但被试唯一要关注的是中间那个字母。如果中间那个字母是“H”，被试就按其中一个按钮；如果中间那个字母是“S”，被试就按另外一个按钮。当屏幕上以每秒一次的速度出现像“HHSHH”这样的组合时，被试很容易犯错误，而且一旦犯错，被试立刻就会察觉到。希尔曼发现：“健康的学生会放慢速度，以保证下一个能做对。”在做下一个决定时停下来思考答案，并把一次错误选择当成经验参考。这是一种能力，它和执行功能有关，而控制执行功能的这部分大脑区域叫前额叶皮质（prefrontal cortex）。

① 这是一种系统，为复杂的任务提供临时储存空间和加工所需的信息。——译者注

在随后几章中，我会探讨执行功能。一个患有注意缺陷多动障碍（ADHD，这种疾病部分由前额叶皮质内的缺陷造成）的孩子参加边锋测试，他可能会立刻按下错误的按钮，而不会先停下来或多花时间考虑哪个是正确按钮。不过你能想象出我们所有人对执行功能的依赖程度。从错误中获得经验是每日生活极为重要的事，而且希尔曼的研究表明，运动（或者至少由此达到的健康水平）对这种基本技能产生强有力的影响。

- **前额叶皮质**（prefrontal cortex）
  位于大脑正前方的皮质区域。作为大脑皮质最后发育完成的部分，前额叶皮质监督指导我们人类特性的形成。

追随领导者的脚步

内珀维尔的学生相信运动具有创造奇迹的力量，而杰西 · 沃尔夫鲁姆（Jessie Wolfrum）可能是内珀维尔信仰的完美体现者。这个在内珀维尔中央高中上学时称自己为书呆子的学生是一个全优生，2003 年毕业后，她考入一所大学的工程物理学系。杰西是双胞胎之一，很依赖和孪生姐妹的关系而不太与其他学生相处，所以她一直都很害羞。“三年级的时候，我妈妈让我选择是弹钢琴还是踢足球，”杰西现在回忆起来，不禁莞尔，“一想到和一群女孩子踢足球打发时间我就感到恐惧，而且我不太可能踢得好，因此我挑选了自己根本不喜欢的钢琴。结果我弹了整整 8 年的钢琴！”

当然，杰西进入麦迪逊中学后，劳勒是不会给她弹钢琴这个选项的。就像其他人一样，她必须参加体育课。尽管杰西并不喜欢体育课，但还不至于太害怕，至少这肯定不会造成心理创伤。重要的是，她所学到的关于身体健康方面的经验会帮助她面对今后的岁月。

当杰西和她的姐妹贝琪进入中央高中后，不同的课程表意味着两个人无法再形影不离而彼此依赖了。因此，更多时候，杰西不得不和其他同学交谈，而不是做她喜欢的事。为了克服自己的社交恐惧，杰西报名参加了演讲课，但杰西表示，真正帮助她成长的是参加皮划艇运动。杰西立刻就喜欢上了这项技术要求很高的运动，并且她发现自己也能擅长学业以外的事情，这让杰西有了真正的转变。

“要是别人看到你正在做他们无法做到的事情，你就会赢得关注。”杰西说，“在皮划艇运动中，大家开始注意到我，我再不是那个无足轻重的人。这让我更渴望冒险。如果你很羞怯，别人也一样，你该怎么办呢？你该忘掉自己的羞怯，对自己说：把头转过来，就这样挥动你的桨。”

游泳池也是另类的运动场。“一旦每个人换上了泳衣，就根本无法分辨一群人中谁是谁。”杰西说，“整个年级的人完全跨越了社会地位的种种界限。在参加皮划艇运动之前，我有很多顾虑。”

参加皮划艇运动的经历给了杰西信心，她又报名参加了保罗先生负责的领导力课程。保罗做的第一件事就是，把杰西和她的孪生姐妹以及其他所有关系密切的小团体统统分开。领导力课上的学生要学习如何攀岩，这项运动也特别吸引杰西。她加入了“冒险俱乐部”，这是一项特殊的零点体育课，参加俱乐部的孩子们需要在早晨 6 点 30 分集合，并利用业余时间攀岩或在泳池里练习皮划艇。

草原成就考试（Prairie State Achievement Examination，PSAE）是伊利诺伊州版本的 SAT。实际上，杰西姐妹俩决定在 PSAE 考试的当天早晨去划皮艇，她们充满自信，也做好了充分的考试准备，因为非常了解如何通过运动来提高自己的注意力，所以在一场重要考试前，她们还在泳池里无忧无虑地划水。你觉得有多少中学生会那么做？你觉得又有多少成年人会那么做呢？

“我们浑身湿冷地出现在考场上，”杰西回忆说，“走进教室后，我们发觉自己是唯一两个清醒的人。我们最终出色地完成了答卷。”PSAE 满分是 1 600 分，杰西姐妹俩都得到了 1 400 分，这是拔尖的好成绩。

进入大学后，杰西不断鞭策自己在学业和社交上有所进展。她的成绩一直保持在 A 或 B，而最令人意想不到的是，杰西成了一名住宿顾问，帮助宿舍楼里的低年级学生，并给她们提供一些建议。她不再是一个害羞的旁观者。

从中学进入大学后，很难继续坚持锻炼，但是杰西始终没有背离自己的健身之道。在大一时，杰西每当感到有压力时，都会和室友到宿舍楼顶跑几圈。这是她从内珀维尔学到的一招——让大脑做运动，而这也是我希望本书传递给大家的一个经验。

“这几天，我一小时都没闲着，照管住宿生、各个年级……”杰西讲，“连锻炼的时间都没有。我真希望能有点儿时间。每当知道即将开始大规模考试时，也就是我快要崩溃的时候，我就对自己说‘好吧！你知道该怎么办’。知道自己在陷入困境时有某种东西可以依靠，绝对能让人松口气。要是不知道依靠什么，我很可能只会乱吃一通。可是我知道运动能促进我的大脑活动，所以就去运动一下。如果没有上过体育课，我可能不会知道这个办法。”

是体育课，也是社会技巧磨炼场

像很多人一样，我长大后觉得体育课是一件很有趣的事。我们玩得很开心，但根据我的回忆，体育课并没有特别的教育意义。作为一个成年人，当我开始给老师和医生讲授关于体育运动对情绪、注意力、自尊心和社交技能的积极影响时，我绝对没有把体育课当成是一剂良药。依照我的经历，体育课并不是真正的运动。恰恰相反，体育课并不鼓励运动。而具有讽刺意味的是，那些胆怯、笨拙、身材肥胖的孩子原本可能是运动的最大受益者，却被冷落在一旁。某些像杰西·沃尔夫鲁姆那样的孩子可能会被排斥，独自在羞愧中承受着煎熬。在过去的几年中，众多患者跟我讲述了他们在体育课上受到羞辱的故事。运动的边缘地带已经形成了一张滋生各种“运动就能解决问题”的温床。

内珀维尔学区的魅力部分在于劳勒和保罗敏锐地洞悉了这种动力。“我们过去常常做引体向上，”保罗带着近似反感的口吻回忆说，“我估计，我们的男孩子中约 65% 可能做不了引体向上。在体育课上，这样就会得到不及格的分数。”

保罗从教练成为身体—头脑—心理雕塑家的这种改变让我深为震撼，因为他如此积极地投入重新定义体育课的行列。比如，他在中央高中最有创新的变革之一是，为新生增加一门必修的方块舞[①]课。或许这听起来不像是什么有效的方法，不过这门课的设立让运动成了传授社交技能的基础。从各个层面看，这都是一个极好的主意。在最初几周的课堂上，所有学生都得到和舞伴对谈的开场白脚本，每支舞结束后都要交换舞伴。随着课程的进展，给予学生们即兴交流的时间也从最初的 30 秒逐步延长。期末考试考核的是：经过 50 分钟聊天，学生们是否能准确记住与一位同伴相关的 10 件事。

一些缺乏社交自信的学生没有机会学习与人交谈或结交朋友，因此他们逃避社交，尤其逃避与异性接触。不用特意被挑选或安排到某个专门的社交技能班上，方块舞课的学生就能在良性的环境下练习如何与人交谈和互动。这门课不仅提供了娱乐，还树立了学生的自信心。一些人掌握了这种方法，一些人克服了自己的恐惧感。其实只不过是因为每个人都这样做了，所以尴尬感减少了。

我向同事们讲起内珀维尔的创新举措，同时告诉他们，学生在体育课上学会

---

① 美国最古老的民族舞蹈之一，每组四对男女构成一个方形并跳舞。——译者注

各种社交技能，大家的反应是瞠目结舌。他们就像我当初一样，全都对此敬佩不已。在我的整个职业生涯中，我投入大量时间努力定义和处理我称为“社交大脑”的难题，而保罗却已经找到了一个完美的处方，帮助我们克服现代生活中日益增多的孤独感和寂寞感，而且他竟然是在体育课上找到的！有了这个平台、机会和希望，那些有社交焦虑的孩子会铭刻下这些有益的记忆：如何接近某个人，站立时应保持多少距离以及何时让其他人发言。运动起到社交润滑剂的作用，而且它还缓解了焦虑的情绪，所以运动对学习如何社交来说至关重要。运动让我们的大脑做好准备，并建立起这种经历的记忆神经回路。这种经历一开始可能会令人尴尬，不过在全班都拥有同种经历的情况下，那种感觉会逐渐消失。在这个苦恼的年龄段，每个孩子都会感到羞涩不安，而这种完全凭直觉的完美方法，将带领孩子们走出窘境。

保罗让学生同舟共济，给他们工具和勇气，并帮助他们建立起自信心，方块舞让整个课程发挥了功效。

我相信正是因为有这样的课程，才会有那么多内珀维尔的父母反馈说体育课是最受孩子欢迎的课。奥菲特太太的两个女儿都上过麦迪逊中学和内珀维尔中央高中。她说：“那不仅仅是体育锻炼，那就好像是一种具有激励性质的训练，让我的孩子们有了自信心。现在她们俩都非常自信，而当初她们可不是这样。这全都归功于内珀维尔 203 学区的体育课。”

所向披靡的运动计划

从幼儿园到十二年级，美国公立和私立学校总共有约 5 200 万名学生。如果所有的学生都能受益于内珀维尔式的体育教育，那么下一代美国人将会更健康、更幸福，也更聪明。这就是 PE4Life 的终极目标。这个组织聘请劳勒向其他教师传授“健身非竞技运动”的理念和教学方法。来自 350 所学校的约 1 000 名教师已经完成培训，很多人将着手实施他们自己的项目版本。

有一位完成培训的毕业生名叫蒂姆·麦考德（Tim McCord）。他是宾夕法尼亚州泰特斯维尔学区的体育教育协调员。泰特斯维尔坐落在匹兹堡市和伊利湖之间的绵延山区中，这个早已没落的工业城镇有 6 000 人口。如果倒退到 1859 年，这里曾成功开采出全世界第一口油井。但是油价始终随着经济状况起起伏伏，现在这里的居民年收入中位数为 2.5 万美元。这个城市中 16% 的人口在贫困线以下，而退回到几年前，75% 的幼儿园孩子可以得到政府资助的学校午餐。这些都说明，这里并不是一个富裕的居民区。

1999 年，麦考德参观完内珀维尔回到家乡后，几乎一夜间让泰特斯维尔的体育教育发生了翻天覆地的变化。这个学区有 1 所高中、1 所初中、4 所小学和 1 所学龄前教育中心，整个学区有 2 600 名学生。泰特斯维尔在 2 所中学里都成立了健身中心，购买了心率监测仪，并且在当地医院的资助下购买了三项体能诊断设备。泰特斯维尔甚至还重新调整课表时间，增加了 10 分钟体育锻炼的时间，缩减了文化课的时间。“我们这样做并没有花一分钱。”麦考德说道，“而且这将‘不让任何儿童掉队’运动向前推进了一大步，其他人正通过其他途径做到这一点。”

如今，泰特斯维尔的中学有攀岩墙，而且健身中心拥有最新的培训技术，其中大部分都是捐赠所得。比如，赛百斯公司带来的互动训练系统（Cybex Trazer）是一台外形酷似立式计算机的全新设备，学生们可以在上面追逐闪烁的光源。另外在自行车训练游戏中，学生们可以在屏幕上进行自行车比赛，或者设定环法自行车赛的路线，与虚拟世界中的职业自行车运动员兰斯·阿姆斯特朗一同竞技。麦考德还把健身推广到社区，向老年中心的成员开放学校的健身中心。他还邀请学校其他学科的老师参与其中：英语课上，学生随身带着心率监测仪进行公开演讲；数学课上，学生带着心率监测仪学习怎样画图表。

过去，泰特斯维尔学区的学生的阅读和数学的标准化考试分数均低于州平均分，而自从 2000 年这个项目开始以来，他们的阅读成绩比州平均分高出 17%，数学则高出 18%。

麦考德还注意到，社会心理产生的影响也同等重要，从 2000 年开始，550 名初中生就没有打过架。泰特斯维尔学区自力更生的故事不久便吸引各州代表前来参观，甚至包括美国疾病控制与预防中心的主管。在一次公开展示期间，当麦考德带领参观人群经过初中的攀岩墙时，他留意到一个名叫斯丹芬妮的女孩正在攀岩的半途中，由于她缺乏经验又有点儿笨拙，每个人都能看出她不行。然而她的同学们看到她的奋力拼搏，于是开始为她鼓劲："加油，斯丹芬妮！"最后她终于攀到了顶部。后来麦考德和她聊过这件事，"她哭了起来，简直不敢相信其他同学会为自己加油。"麦考德回忆起谈话时的情景，"她说，正是同学们的鼓励激励了她依靠自己的力量奋勇攀登。"

体育锻炼对学生产生明显效果的话题在政府官员中间传播开来。艾奥瓦州参议员汤姆·哈金（Tom Harkin）最近主持了一场关于在学校中重开体育课的听证会。举行听证会的起因则是内城区[①]一所倡导"为生活而锻炼"的学校违规违纪问题减少了 67% 的新闻。密西西比州堪萨斯城的林地小学（Wood Land Elementary School）中，几乎所有学生都要申请政府的午餐补贴。2005 年，该校体育教研组把每周一次的体育课扩展到每天运动 45 分钟，几乎全部重点都放在有助于心血管的运动上。一学期结束后，学生们的体能水平都有了显著提高，而且辅导员也报告说，包括暴力行为在内的违规事件从每年的 228 起减少到 95 起。

① 指一个城市中年代较久远、房屋陈旧的地区，那里常居住着低收入人群。——译者注

对一所内城学校而言，经历如此迅速而彻底的改变，就如同让泰特斯维尔这样的萧条城镇重现昔日繁荣一样，简直是个奇迹。麦考德试图帮助所有像斯丹芬妮那样的孩子，而不是仅仅建立一支橄榄球队。随着孩子们渐渐长大，绝大部分人还会继续锻炼，并十分积极。他们热衷于皮划艇或自行车，而不是游戏机。在运动时，他们的头脑会更灵活，情绪会更高涨。

变革要靠年轻人，但正如我们从劳勒、保罗以及麦考德身上看到的，即使是成年人也可以有重大转变，只要认识到体育活动对大脑的影响力。如果泰特斯维尔能够发现运动的潜力，那么我们其他人也可以。我希望以这些例子展现一种新的文化模式，最终把身体和大脑重新联系到一起。正如你看到的，它们本就属于一体。

学习 01

越动越多的脑细胞

无论在泰特斯维尔还是在内珀维尔，学生们在体育课上跑 1 600 米，实际上都是在为学习其他课程做更充分的准备：运动提高了理解力，增强了注意力和兴致，减少了紧张不安感，让人更富有激情和活力。这对置身在人生课堂里的成年人也同样适用。我们之所以有机会吸收信息，正是因为这个突破性的新科学在其中发挥了作用。**运动让我们的大脑做好准备，激发了大脑记录和处理新信息的潜能。**

达尔文告诉我们，学习是我们适应瞬息万变的环境的生存手段。而在大脑的微环境中，这意味着在大脑细胞之间会建立新连接以传递信息。当我们学习某个知识，无论是英语单词还是萨尔萨舞步时，细胞都会以多样化的形态来编码信息，让记忆自然而然成为大脑的一部分。尽管这种观点作为一种理论已经存在一个多世纪，但直到近代才在实验室中得到验证。现在我们知道大脑很灵活，用神经学家的术语来说，大脑具有可塑性。它更像是培乐多（Play Doh）[1]彩色橡皮泥，而不是瓷器。大脑是一种有适应能力的器官，就像可以通过举杠铃来锻炼肌肉一样，输入大量信息也可以塑造大脑。越是频繁使用大脑，它的适应力就越强。

要理解大脑如何工作以及运动如何通过增强大脑功能来优化大脑，可塑性

① 世界第二大玩具生产和销售企业，美国孩之宝玩具公司旗下品牌之一。——译者注

（plasticity）的概念必不可少。

我们所做、所想及所感知的每件事，都是通过大脑细胞或神经元的相互连接来控制的。被大多数人视为心理状态的东西，实际上源于这些相互连接的生物学基石。同理，我们的思想、行为和环境也反作用于我们的神经细胞，影响着这些细胞的连接方式。它绝非像科学家曾经想象的是一个固定连接系统，大脑会不断形成新的神经线路。我在这里要告诉你的是，如何成为自己大脑的电工。

运动平衡大脑

所有一切都与交流有关。大脑由 1 000 亿个类型各异的神经元组成，而神经元通过数百种不同类型的化学物质传递信息，以此控制我们的思想和行为。每个神经元从其他 10 万个神经元那里接收信息输入后，才会传递出自身的信号。神经元分支间的连接点是突触（synapse），好比轮胎接触到公路的地面。突触并不是真正地触碰在一起，这里的概念会让人有点儿混乱。因为当神经学家描述突触“连接在一起”时，指的是建立一种联系。神经元的工作机制是：一种电信号沿着一个神经元向外伸展的分支——轴突（axon），一直传导到达突触。在那里，一种神经递质携带化学信号穿过突触间隙。另一端，在下一个神经元的树突（dendrite）或接收分支上，神经递质与那里的特异性受体相结合，就像一把钥匙插进一把锁，由此打开了这个神经元细胞膜上的通道，并将这种信号转化为电流。如果这个神经元接收的电流负荷累计超过一定的阈值，那么它会发射出一束神经冲动信号，并使其沿着自己的轴突传导出去，重复上述整个过程。

- **神经可塑性**（neuroplasticity）由经验原因引起的大脑的结构改变。大脑由神经元细胞和神经胶质细胞构成，这些细胞互相连接。通过加强或削弱这些连接，大脑的结构可以发生改变。

大脑中约 80% 的信号是由两种神经递质传送出去

的，两者相互平衡彼此间的效应：谷氨酸盐（glutamate）刺激神经冲动，开始一连串的信号传导；γ-氨基丁酸（GABA）则抑制冲动。当谷氨酸盐在两个之前没有建立过联系的神经元之间传递信号时，这个过程叫激活启动泵（primes the pump）。当神经学家谈到绑定机制（binding）时，意思就是神经元间的联系越活跃，相互间的吸引力就变得越强烈。正如常说的那样，神经元同步触发，同步连接[①]。这使谷氨酸盐成为学习过程中一个至关重要的因素。

谷氨酸盐像一台可承载负荷的机器，不过精神病学更关注的是一组对大脑传递信号过程或其他举动起到调节作用的神经递质，它们是血清素（serotonin）、去甲肾上腺素和多巴胺。尽管产生它们的神经细胞只占到大脑千亿细胞的 1%，但这些调节器却发挥着强大的影响力。它们可以指示一个神经元产生更多的谷氨酸盐，还可以提高这个神经元的效应或者改变其受体的敏感度。它们可以让进入突触内的其他信号失活，从而减少大脑内的“杂音”；或者正相反，它们会增强那些信号。它们也可以像谷氨酸盐和 γ-氨基丁酸一样直接传递信号，但它们的根本作用是通过调节信息流，把神经化学物质微调至整体平衡。

在后面几章中，你会看到更多血清素的身影。血清素由于有效地掌控着大脑活动，经常被叫成“大脑警察”。血清素可控制坏情绪、冲动、愤怒以及攻击行为。比如我们利用氟西汀［fluoxetine，商品名为百忧解（Prozac）］这类血清素药物来帮助人们改善失控的大脑活动，而失控的大脑活动会引发抑郁症、焦虑症和强迫症。

- **阈值**（threshold）
  又叫临界值，是指刺激生物体时，释放某种反应所需的最小刺激强度。
- **突触**（synapse）
  神经元之间或神经元与细胞、腺体之间通信的特异性接头。
- **血清素**（serotonin）
  一种抑制性神经递质，最早于血清中发现，在脑皮质及神经突触内含量很高。血清素能增强记忆力，保护神经元免受“兴奋神经毒素”的损害。

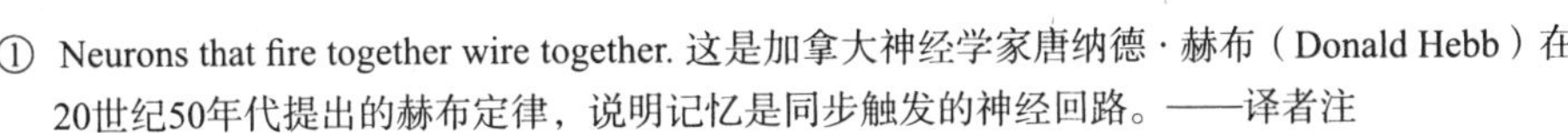
① Neurons that fire together wire together. 这是加拿大神经学家唐纳德·赫布（Donald Hebb）在20世纪50年代提出的赫布定律，说明记忆是同步触发的神经回路。——译者注

去甲肾上腺素是科学家为了解情绪而研究的第一种神经递质。科学家认为它会增强那些影响注意力、认知力、动机以及觉醒状态的信号。

多巴胺被视为是影响学习能力、奖励系统（满足感）、注意力和运动的神经递质，有时候它在大脑的不同部位会起到截然相反的作用。哌甲酯［methylphenidate，又叫利他林（Ritalin）］通过增加有镇静作用的多巴胺，来减轻注意缺陷与多动障碍（ADHD）的症状。

我们使用的大多数改善精神状态的药物通常以这三种神经递质中的一个或多个为目标。但我想明确地说，仅仅提高或降低神经递质的水平并不能直接得出一对一的结果，因为大脑系统非常复杂。在不同的大脑中，即使影响的只是一种神经递质，也会产生不同效果的连锁反应。

我告诉大家，**长跑 1 600 米与服用极小剂量的百忧解和极小剂量的利他林一样，因为与这些药物一样，运动提高了神经递质的水平。**这个比喻言简意赅，通俗易懂；而更深层的解释是，运动使大脑中的神经递质和其他化学物质之间达到平衡。你将会发现，维持大脑功能的平衡可以改变你的生活。

学习是为了成长

如同神经递质是基础一样，过去 15 年左右的时间里，还有一类重要的分子极大地改变了人们对大脑中神经细胞相互联系的看法，特别是对这些联系如何产生和发展的认识。我所说的这个分子是被泛称为因子的蛋白质家族，而其中最有名的是前面提及过的脑源性神经营养因子，即 BDNF。神经递质执行信息传递，而像 BDNF 这样的神经营养物质则建立和保养神经细胞回路，即大脑自身的基本结构。

20 世纪 90 年代，在神经学家开始证实记忆细胞机理后，BDNF 成为一个全新研究领域的焦点。1990 年之前公开发表的关于 BDNF 的论文只有十几篇，1990 年，科学家发现了 BDNF，它就像营养神经元的肥料一样存在于大脑中。参加过瑞典卡罗林斯卡医学院（Karolinska Institute）BDNF 早期研究工作的神经学家艾罗·卡斯特伦（Eero Castrén）说："那之后，一场由实验室和制药公司引发的海啸也加入争论中。"如今，关于 BDNF 的研究文献超过 5 400 篇。海马（hippocampus）是大脑中与记忆和学习有关的区域，经证实 BDNF 存在于该区域，研究人员开始测试 BDNF 是否为这一过程中的必要因素。

学习需要通过一个被称为"长时程增强"（long-term potentiation, LTP）效应的动态机制来强化神经元之间的关系。当大脑需要接收信息时，这种需求自然就引发神经元之间的活动。神经元之间的活动越频繁，这种相互间的吸引力就变得越强烈，而信号的发出和传导就变得越容易。最初的活动是将现存于轴突中的谷氨酸盐输送并穿过突触间隙，与接收端的受体重新结合在一起。突触上信号接收端的电压在静止状态中变得越来越强，像磁铁一样吸引谷氨酸盐信号。如果连续不断地发送信号，就会激活神经元细胞核内的基因，产生更多制造突触的原材料，而且正是有了这种"根基"的支撑，新信息才有机会成为记忆。

比如，你在学一个法语单词。当你第一次听到单词时，很多神经细胞被召集起来，相互之间传递着一个谷氨酸盐信号以形成一个新神经回路。假如你从此再也不使用这个单词，那么与之有关的突触间的吸引力自然会降低，信号也随之减弱。结果，你忘记了那个单词！一个令记忆研究者感到震惊的发现，让哥伦比亚大学的神经学家埃里克·坎德尔（Eric Kandel）赢得了 2000 年诺

- **脑源性神经营养因子**（BDNF）是一种大脑内合成的蛋白质，负责建立和保养神经细胞回路，是"大脑的优质营养肥料"。

- **长时程增强**（long-term potentiation，LTP）给突触前纤维一个短暂的高频刺激后，突触传递效率和强度增加几倍，且效果能保持数小时至几天的现象。

贝尔奖。这个发现就是，不断重复激活或者练习，会让突触自发肿胀，建立更强的联系。一个神经细胞就像一棵树，突触就是生长的分支，而最终树干会长出新的分支，即会有更多的突触进一步巩固相互间的联系。这些变化是突触可塑性（synaptic plasticity）这一细胞适应机制的一种表现形式，而 BDNF 则在其中起到重要作用。

运动关键词

- **突触可塑性**（synaptic plasticity）包括突触传递可塑性、突触发育可塑性和突触形态的可塑性。一般如未作特殊说明，即指突触传递可塑性。其主要表现形式有长时程增强和长时程抑制效应。

很早以前，研究者发现往皮氏培养皿内的神经细胞上撒些 BDNF，细胞就会自发生成新的分支，学习需要相同的构造性成长，这也促使我们把 BDNF 视为“大脑的优质营养肥料”。

BDNF 还与突触上的受体结合，释放离子流，增加电压后迅速扩大信号强度。另外，BDNF 可以激活神经细胞内的基因，制造更多的 BDNF 以及建立突触所需的血清素和蛋白质。BDNF 不但是交通指挥员，还是公路设计师。总之，BDNF 可以增强神经细胞的功能，促使它们生长，同时抵御其细胞死亡的自然进程。另外，正如我想在本书中解释清楚的：**BDNF 是思想、情感和运动之间至关重要的生物学纽带。**

大脑与身体的联结

纽约大学神经生理学家鲁道夫·利纳斯（Rodolfo Llinás）在其 2002 年出版的著作《漩涡中的我：从神经元到自我》（*I of the Vortex: From Neurons to Self*）中提到，只有移动的生物才需要一个大脑。他以海鞘（一种类似水母的微小生物）为例阐明观点：刚出生时，海鞘有一条简单的脊髓和 300 个神经元组成的“脑”。海鞘幼虫在浅海附近游来游去，直至找到一块满意的珊瑚，便会在上面安家。它只有 12 小时来寻找一块礁石，否则就会死去。事实上，在安全附着后，海鞘就会吃掉自己的脑。海鞘一生的大部分时间看上去更像是植物而不是动物。因为既然它不再运动了，那么脑也就没有什么用处了。利纳斯解释道：“所以，我们称思考是由进化产生的内化运动。”

人类在进化时，从生理技能发展出许多抽象能力：预测、排序、评估、计划、复述、观察自我、判断、纠错、转变策略以及记住我们为生存而做的每件事。我们的古代祖先钻木取火的大脑回路，与我们今天学习英语的大脑回路并没有两样。

小脑能够协调运动，使我们做到从网球接发球到抵抗重力作用的任何事。有证据表明，连接人类小脑和前额叶皮质的神经细胞主干要比猴子的更粗。现在看来，这种运动中枢神经对思维、注意力、情感，甚至是社交技能同等重要。我称小脑是节奏蓝调（R&B）中心。当我们在做运动，特别是复杂的运动时，我们同时也在锻炼与一整套认知功能密切相关的大脑区域；我们能促使大脑发出的信号沿着相同的神经细胞网络传导，巩固神经细胞之间的联系。

当我们学习时，一系列相互关联的脑部区域都被调动起来。如果没有前额叶皮质的监督，海马就不会积极参与。总之，前额叶皮质既组织心理活动，也组织生理活动，接收输入并向大脑中最庞大的神经连接网络发出指令。前额叶皮质就是大脑中的“老板”，就其本身而言，除了负责其他事情之外，还通过所谓的工作记忆来监控我们当前的情况，抑制刺激和发起行动，以及判断、计划、预测等所有的执行功能。前额叶皮质如同大脑的首席执行官，不但必须与首席运营官——运动皮质保持密切联系，还要与其他各个区域紧密联系。

海马则有点儿像绘图师，它从工作记忆区域接收信号输入后，与现有记忆相互比对，在形成新的关联之后，再向“老板”汇报。科学家认为，记忆就是分散在大脑各处信息片段的集合。海马担任中转站的角色，从皮质接收信息片段，接着把它们捆扎在一起，然后再把它们汇集成一幅独一无二的、新颖的连接地图。

比如，当我们学习一个新单词时，大脑扫描图显示，前额叶皮质会因活跃而发亮（就像海马和诸如听觉皮质等相关区域所做的那样）。一旦通过谷氨酸盐的释放来建立神经回路，我们就学会了这个单词，前额叶皮质就会逐渐变暗。在完成对这个计划开始阶段的监管后，前额叶皮质会放松对这组优秀“雇员”的监督，继而转向新挑战。

我们就是这样逐渐认识事物的，就是这样让骑自行车这类活动成为一种习惯的。思考和运动的模式被自动储存于基底核、小脑和脑干这些原始区域。就在不久之前，科学家还认为它们只和运动有关。把基础知识和技能交给这些潜意识区域来处理，让大脑的其他区域有时间继续调整适应，这是一个相当重要的安排。想象一下，如果我们不得不停下来，尝试处理每一个思考过程，记住每一个动作，那么，恐怕我们在倒早晨第一杯咖啡前，就已经因精疲力尽而瘫倒了。这就是晨跑如此重要的原因。

运动让神奇的“脑细胞肥料”变多

1995 年，当时我正在为自己的新书《大脑使用指南》（*A User's Guide to the Brain*）收集资料，碰巧发现《自然》杂志上有一篇关于“老鼠运动和 BDNF”的论文。尽管篇幅还没有一篇专栏文章长，但它说明了一切，即运动使整个大脑的优质营养肥料变多了。

这个研究的设计者卡尔·科特曼（Karl Cotman）是加州大学欧文分校脑部衰老与老年痴呆研究所负责人。“我原以为运动皮质、小脑、感觉皮质这些大脑的运动感觉区域会发生较大的变化，或许连基底核都会略有变化，因为它们都与运动有关，”他回忆说，“可是当我们冲洗出首批脑成像胶片时，变化却出现在海马中。这个重要发现的意义在于，海马是大脑中极易受到退行性疾病影响但又是学习必需的区域。在我看来，那一瞬间彻底改变了整个游戏规则。”

这个消息绝对出乎我的意料。根据多年来从很多患者身上看到及了解到的运动对神经递质的影响，我始终对外提倡利用运动治疗 ADHD 和其他心理疾病。但这项研究有所不同，通过证明运动激活学习过程的主控分子，科特曼确定了运动和认知功能之间存在一个直接的生物学联系。这样，科特曼开拓了通往神经科学—运动学研究的道路。

科特曼是在 BDNF 准确位置被发现不久之后进行这项研究的，当时并没有证据显示 BDNF 与运动有任何关系。此后不久，科特曼指导了这项研究，而他的假说完全是一种新的创举。他刚完成一项关于老化的长期研究，想要弄清那些保持头脑最佳状态的人是否有什么相似之处。4 年时间里，通过对认知功能衰退极少的人进行研究，科特曼发现了 3 个因素：教育、自我效能（self-efficacy）[①] 和运动。前两者并不怎么令人惊讶，让科特曼好奇的是最后一个因素。“我开始想，到底发生了什么呢？”他说，“原先的假设是，运动对大脑没有影响。但我猜想，在某种程度上它必定和大脑有关系。”

假如那时候你问是什么可变因素构成了整个大脑健康的基础，那么大多数科学家可能会回答是 BDNF。科特曼说，“因为它们在某种程度上家喻户晓”，每个人都知道它们可以帮助培养皿中的神经元活得更长。虽然变化有点儿太快，但如果科特曼把运动和 BDNF 联系到一起，那么对于“为什么在老化研究中发现了运动因素”，至少他会有一个貌似合理的解释。

① 人们对自己是否能够成功地进行某一成就行为的主观判断。1977年，心理学家阿尔伯特·班杜拉（Albert Bandura）首次提出“自我效能”这一概念。——译者注

运动实验室

THE REVOLUTIONARY NEW SCIENCE OF EXERCISE AND THE BRAIN

科特曼设计了一个实验，测量运动中的老鼠大脑BDNF水平的前提是它们是自愿运动的。如果强迫老鼠在跑步机上跑步的话，他担心同行可能会认为实验结果源于老鼠所承受的压力。不过这不是问题：他可以利用转轮。从这点看这个研究领域是全新的，光是寻找让学校审核用于实验的老鼠设备，就够痛苦的——科特曼必须为这些可能符合实验协议的不锈钢转轮付出每个1 000美元的费用。“我记得自己一边签购货单一边想，真是麻烦啊！我只希望它不会失灵。”他开玩笑道。最糟糕的是，科特曼所有的博士后研究生都不愿意参与这项研究，所以在找到一个物理治疗法专业并喜欢这个实验构想的学生之前，科特曼只得请硕士研究生来进行实验。

与人类不同，啮齿目动物似乎生来就喜欢运动，科特曼的老鼠一个晚上能跑几千米。老鼠被分成四组：一组跑两个晚上，另外两组分别跑四个晚上和七个晚上，还有一组是不参与转轮跑步的对照组。实验中，研究者先给老鼠注入一种能与大脑内BDNF相结合的分子，再对它们进行脑扫描，结果发现，运动组老鼠大脑内BDNF增加幅度超过对照组，而且每只老鼠跑得越久，大脑内的BDNF水平就越高。当科特曼看到这些结果——海马上出现BDNF陡增时，他简直难以相信。“我当时说，‘不，伙计们，我们肯定出错了！海马活跃性增强了。我们必须重新做这个实验，这太不可思议了。’”之后，他们重做了这个实验，但还是得到了同样的结果。

BDNF 和运动产生同步变化的事实，逐渐证明了 BDNF 不仅对神经细胞的存活很重要，而且对神经细胞的生长（发出新的分支）也很重要，因此它对学习也很重要。艾罗 · 卡斯特伦和哥伦比亚大学坎德尔实验室的苏珊 · 帕特森（Susan

Patterson）共同发现，通过让老鼠学习刺激长时程增强效应，它们脑内的BDNF水平就会相应提高。研究者观察老鼠的大脑，发现缺乏BDNF的老鼠失去了长时程增强的能力；反之，直接把BDNF注射到老鼠大脑内，则能促进长时程增强效应。神经外科学家戈麦斯·皮尼利亚（Gomez Pinilla）曾在科特曼那做博士后研究，他证实，如果让老鼠大脑内的BDNF无法正常工作，那么水池中的这类老鼠就难以找到水下暗藏的平台而逃脱。这一切概括起来便成了“运动有助于大脑学习”的可靠证据。

“运动最显著的一个特征是，它能提高学习效率，但有时候人们在研究中会忽略这一点。所以，我认为这绝对是一个非常棒的重要信息，”科特曼说，“因为它意味着，**如果身体健康，你就能更有效地学习和工作**。”

实际上，在2007年的一项人类研究中，德国研究人员发现，人们在运动后学习词汇的速度比运动前提高了20%，学习速度和BDNF水平有直接关系。同理，那些因基因变异导致BDNF缺失的人，更有可能缺乏学习能力。没有优质的营养肥料，大脑就关闭了自身通往世界的大门。

德国研究人员发现，人们在运动后学习词汇的速度比运动前提高了20%，学习速度和BDNF水平有直接关系。

精神病学勉强接受了这个观点：运动可以创造一个有助于学习的环境，从而有助于改善我们的心理状态。不过科特曼的工作为证实“运动能够增强学习的细胞机器”打下了基础。BDNF为突触提供工具以接受、处理、关联、记住信息，并把它放入相关背景中加以理解。这并不意味着，跑1 600米就会让你变成天才。“仅仅靠注射BDNF绝不可能让你变得聪明，”科特曼指出，“学习时，你可以一种不同的方式做出反应，而反应的对象早已经存在了。”

毫无疑问，关键在于这样东西是什么。

大脑真的会变大

现代神经科学之父拉蒙·卡哈尔（Ramón y Cajal）提出，中枢神经系统由独立神经元组成，在被他称为“极化接合点”的地方完成交流，卡哈尔因此获得了1906年的诺贝尔生理学或医学奖。推崇其观点的科学家提出了学习与突触变化密切相关的理论，尽管这一理论受到赞扬，但大多数科学家并不买账。直到1945年，加拿大麦吉尔大学的神经学家唐纳德·赫布在偶然中首次发现了可作为证据的迹象。那时实验室的规定不严格，赫布觉得带几只实验室老鼠回去给孩子做临时宠物可能是个不错的主意。结果，把老鼠重新带回实验室后，赫布发现，与关在笼子里的同类相比，这几只老鼠非常善于学习测试。被孩子们抚摸和嬉戏的新奇体验以某种方式提高了它们的学习能力。赫布认为这种经历改变了它们的大脑。在备受赞誉的教科书《行为的组织：一种神经心理学的理论》（*The Organization of Behavior：a Neuropsychological Theory*）中，他把这种现象描述为“使用－依赖可塑性”（use-dependent plasticity），认为突触在学习的刺激下会重新进行自我调整。

赫布的工作与运动密不可分。因为至少就大脑而言，体育活动算是新奇的体验。20世纪60年代，加州大学伯克利分校的心理学家们把一种叫“环境优化”（environmental enrichment，EE）的实验模型作为测试“使用－依赖可塑性”的手段。这次，研究人员没有把老鼠带回家，而是在它们的笼子里放置了玩具、障碍物、隐藏的食物以及转轮。研究人员还把老鼠们聚集起来，以便它们能够社交和玩耍。

然而实验并非完全是充满和平与爱心的，因为最终这些啮齿目动物的大脑是要被解剖的。实验表明，生活在一个有更多感官刺激和社会化刺激的环境中，老鼠的大脑结构和功能皆发生了改变。相对于那些住在空荡荡笼子里的同类，这些老鼠不仅能更好完成学习，而且它们的大脑重量也重了许多。赫布对可塑性的定义并没有包括神经元的增生。神经学家威廉·格里诺（William Greenough）在读研究生期间，对加州大学伯克利分校的研究有强烈的兴趣，他回忆道："那时候，要是从生理学上提出，大脑确实可以通过某些经历而发生改变，那几乎就等于异端邪说。"

格里诺想对"环境优化"项目做个调查，却被一通警告而打消了念头。他回忆说："我的导师斩钉截铁地对我说，'如果你把那个研究写成毕业论文，那你肯定会四面楚歌'。"随着加州大学伯克利分校的研究结果被不断复制，"运动影响大脑"的观点有了立足之地。哈佛大学的一个小组也用类似的研究从反面证实：环境的缺失会使大脑萎缩。通过手术将猫的一只眼睛缝合起来并饲养它们一段时间后，研究人员发现它们的视觉皮质明显缩小。整项研究证实，用肌肉类比大脑及用进废退的观念是成立的。

这不但打破了生物学和心理学长期各自为政的局面，而且表明"环境优化"的社会意义是完全不同的。加州大学伯克利分校的研究促成了"开端计划"（Head Start）的诞生。这是美国一项提供资金让贫困孩子进入幼儿园的教育计划。为什么必须让贫困孩子离开空无一物的"笼子"？这个研究领域突然间备受欢迎，许多神经学家开始研究用不同的方法刺激大脑生长。

曾安心于在伊利诺伊大学舒舒服服做一名教员的格里诺重新回到这个研究领域。20 世纪 70 年代早期，在一次具有重要影响力的研究中，他用一台电子显微镜展示了"环境优化"可以促使神经元生长出新的树突。学习、运动和社交活动刺激并引发了分支扩张，继而促进其突触形成更多的神经连接，而位于这些神经连接上的许多髓鞘也随之加厚，髓鞘可以使神经连接更有效地释放信号。

现在我们知道，这种增生需要 BDNF。这种突触的改建对神经回路处理信息的能力产生了巨大影响，显然这是个好消息。这意味着，你有力量改变你的大脑，而且你要做的仅仅是穿上你的跑步鞋。

运动能为大脑制造替换零件，诱发神经新生

随着突触可塑性的概念渐渐受到神经科学领域的认可，一种关于增生的更为激进的观点逐渐变得可信。20 世纪大部分时间里，科学界坚持信奉大脑是一个在青春期就完全发育成熟的硬件。也就是说，我们出生时的神经元就是我们将来拥有的全部。我们可以随心所欲地重新调整突触，但神经元只会损耗，而且毫无疑问，我们还会加速神经元的衰退。初中的生物老师可能会提出一个观点，这个观点会吓得你未到法定年龄就不敢饮酒，就是："现在，你给我记住：酒精会杀死脑细胞，而脑细胞是永远不会再生长的。"

你猜结果怎么样？它们真的又生长了——而且达到数千个。科学家逐渐学会了使用那些先进的成像仪器来观察大脑，他们找到了确凿的证据，并在 1998 年公布了一篇有巨大影响力的论文。这个证据来源于一份不可思议的原始资料。癌症患者有时需要注射一种染色剂，它会出现在增殖癌细胞里，便于跟踪癌细胞的扩散情况。观察那些捐献遗体的晚期癌症患者的大脑时，研究者发现他们的海马也充满了染色标记，这证明神经元就像身体其他细胞一样，正在分裂和增殖——这个过程被称为"神经新生"（neurogenesis）。于是，科学界正式认定它为神经科学领域最大的发现之一。

- **神经新生**（neurogenesis）
  从神经元干细胞、祖细胞中再生神经元的过程。

曾经，从斯德哥尔摩到南加州，再到普林斯顿，各地的神经学家们都争先恐后要找出我们的新生脑细胞到底有什么作用，因为它的意义是广泛而深远

的，帕金森病以及阿尔茨海默病之类的退行性疾病的根本病因便源于神经细胞的死亡和受损。老化本身就包括细胞的死亡，然而我们突然认识到，至少在大脑某些区域中存在一个内部的对抗手段。或许一旦搞清如何快速启动神经新生，我们就能为大脑制造出替换零件。

那么这对健康的大脑来说又意味着什么呢？其中一条关于神经新生的线索来自山雀研究。山雀在每年春天会学习新的鸣叫声，而且在短期内，它们的海马上也显示出新细胞的增生。这是巧合吗？新生的细胞暗示其在学习中起到的某种作用，但我们很难得到这类证据。就像突触可塑性一样，“神经新生显然与我们和环境的相互作用有关，不仅仅在情感上，在认知上也有关系”。加州索尔克研究所（Salk Institute）的神经学家弗雷德·盖奇（Fred Gage）说：“设法弄明白神经新生到底有什么作用，这真的是一个有趣的难题。”1998 年，瑞典人彼得·埃里克森（Peter Eriksson）领导了这个关键性研究，而盖奇是和他一起工作的研究人员之一。

新生的神经元是完全空白的干细胞，要经历一个发育过程才能形成神经细胞。在这个过程中，它们必须找到事情做才能生存下来，但大多数都没有成功。**一个新生的细胞要经过 28 天才能加入一个神经网络中。**和已经存在的神经元一样，赫布关于活动依赖性学习的概念将得到应用：**如果不使用新生的神经元，我们就会失去它们。**盖奇重新运用环境优化模型在啮齿目动物身上验证了这个观点。“开始进行这个实验时，我们必须同时处理各种各样的问题。”盖奇说，“我们需要要手段得到实验结果，但令我们吃惊的是，仅仅在笼子里放一个转轮，就能对新生神经细胞的数量产生显著影响。而讽刺的是，跑步组的神经细胞死亡率和对照组一样，所不同的仅仅是前者的细胞储备库比较雄厚而已。一个神经细胞要生存并加入神经系统中，就必须生长出它的轴突。”运动导致大量神经元产生，而环境优化的刺激则有助于神经元的存活。

新生的神经元是完全空白的干细胞，要经历一个发育过程才能形成神经细胞。在这个过程中，它们必须找到事情做才能生存下来，但大多数都没有成功。一个新生的细胞要经过 28 天才能加入一个神经网络中。

第一个在神经新生与学习之间建立明确关联的人是盖奇的同事汉丽埃塔·冯·布拉格（Henrietta van Praag）。他们在一个水池中装满不透明的水，水刚刚淹没水池角落里的平台。老鼠不喜欢水，研究者用实验来测试它们对平台的斜坡，即逃生路线的记忆程度如何。研究者对不运动的老鼠和每晚在转轮上跑 4~5 千米的老鼠进行了比较，结果显示，运动的老鼠记住了在哪里能迅速找到安全地带。虽然两组老鼠的游泳速度相同，但运动的老鼠能径直朝平台游去，而不运动的老鼠则在水中四处乱撞后才找到平台。研究者解剖老鼠后发现，**运动的老鼠海马中新干细胞的数量是不运动的老鼠的两倍**。总结实验结果时，盖奇说："细胞总数和一只老鼠进行复杂任务的能力之间有显著关系。一旦神经新生受阻，老鼠就无法回忆信息。"

虽然研究对象是啮齿目动物，但我们知道这项研究可能与内珀维尔校区的体育课有一定的关联：体育课为大脑提供学习所需的最佳工具，而课堂上的学习刺激又促使那些新生的神经细胞连接到神经网络中。只有在那里，它们才能成为信号传递系统中的重要成员。神经元被赋予一个使命，通过运动更好地激发长时程增强效应，似乎就会新生出大量的神经细胞，它们都是可塑之材。普林斯顿大学的神经学家伊丽莎白·古尔德（Elizabeth Gould）由此联想到，也许新生神经元在保存我们的有意识思维方面起到了重要作用，而前额叶皮质则决定是否要把这些新神经元连接起来作为一个长期记忆。古尔德是首位证实灵长目动物长出新神经元的研究者，她的研究成果为人类神经新生的实验创造了条件。

她和神经科学领域的其他学者一样，还在分析神经新生和学习之间的关系，而运动已经成为一个重要的实验工具。不过有趣的是，很少有科学家会因为对运动感兴趣而去研究它，正如2006年公布的一份关于海马研究的文章标题所说，他们之所以喜欢让老鼠跑步，是因为运动能“大大促进神经新生”，因此可以让研究人员分析这一过程背后的一系列信号。这也是制药公司制造药物所必需的，他们一直梦想有一种治疗老年痴呆的药丸，能复活神经元以保存完整的记忆。哥伦比亚大学的神经学家斯科特·斯莫尔（Scott Small）在以人为对象的研究中，利用磁共振成像（MRI）跟踪拍摄神经新生现象。他说：“海马里肯定有某种感知运动和语言的化学物质，好吧，让我们开始快速制造新细胞吧！如果确定了那些分子途径，也许我们就能想出聪明的办法，从生化学角度诱导神经新生。”

试想一下，要是他们把运动装进一个瓶子里，会怎样呢？

锻炼身体的同时，也在锻炼大脑

如果人类打算生产新的神经细胞，那么我们还需要它们的营养肥料吗？从一开始，研究神经新生的科学家就很熟悉BDNF。这些科学家早已明白，如果没有这种优质的营养肥料，大脑就无法接收新信息，而现在人们又知道，BDNF是制造新细胞必不可少的成分。

BDNF聚集在突触附近的储备库中，随着血液的泵出而被释放出来。在这一过程中，身体内大量激素被调动起来发挥协同作用，由此科学家带给我们一串新的缩写词：IGF-1（胰岛素样生长因子-1）、VEGF（血管内皮生长因子）及FGF-2（成纤维细胞生长因子-2）。在运动期间，这些因子成功穿过血脑屏障（blood-brain barrier，一种由细胞紧密相连构成的毛细血管网，它可以阻挡细菌之类的大型侵入者进入大脑）。近年来，科学家刚刚认识到，一旦进入大脑，这些因子和 BDNF 共同发挥作用，为学习的分子机器做好准备，尤其在运动的时候，大脑内部也会产生这些因子来促进干细胞分化，而更重要的在于，这些因子描绘出了身体到大脑的直接连接路线。

在运动过程中，当肌肉感觉需要更多能量时，它们就会释放 IGF-1。葡萄糖不仅是肌肉的主要能量来源，更是大脑唯一的能量来源。IGF-1 与胰岛素共同合作把葡萄糖输送到细胞里。有趣的是，IGF-1 在大脑中的作用与能量控制无关，而与学习有关，这样我们就能记住在自然环境中哪里能找到食物。运动时，BDNF 不但帮助大脑增加 IGF-1 含量，而且还激活神经元产生发送信号的神经递质，比如血清素和谷氨酸盐。它还会刺激更多 BDNF 受体的产生，增强神经元之间的联系以巩固记忆。特别是 BDNF，似乎对建立长期记忆很重要。

从进化角度看，这完全符合进化理论。如果排除其他一切因素，那么我们需要的学习能力只是为了帮助我们找到、获得并储存食物。我们需要能量来学习，我们需要学会发现能量的来源——身体发出的所有信息都是为了让这个过程延续下去，并且让我们不断适应环境生存下来。

为了向细胞输送能量，我们需要新的血管。当我们的身体细胞缺氧时，就会像肌肉运动缺氧所做的那样：VEGF 开始工作，在身体和大脑中生成更多的毛细血管。研究者推测，对神经新生至关重要的一点是，VEGF 改变了血脑屏障的可渗透性，即在运动期间，打开原来的血脑屏障，让其他因子通过。

我们体内另一个重要成分——FGF-2 也进入大脑。就像 IGF-1 和 VEGF 一样，在运动期间，FGF-2 的数量也有增加，而且它是神经新生所必需的因子。FGF-2 在身体内帮助组织生长，而进入大脑后，它对长时程增强

运动关键词 

- **胰岛素样生长因子 -1**(IGF-1)
  IGF-1 也被称作“促生长因子”，是一种在分子结构上与胰岛素类似的多肽蛋白物质，在婴儿的生长、成人体内合成代谢的持续方面具有重要意义。

效应的过程起到重要作用。

随着年龄的增长，这三种因子和BDNF的数量都会逐渐减少，而神经新生也会随之减少。甚至在我们衰老之前，这些因子和神经新生数量的减少都会体现在紧张、抑郁上，随后我会在书中介绍这些内容。对我而言，这实在是鼓舞人心的消息。**如果能提高身体内的BDNF、IGF-1、VEGF和FGF-2水平，就意味着我们掌握了某种方法控制老化。**

这是生长与老化、活动与不活动之间的较量。身体需要动力，当我们激励身体的同时，也在激励我们的大脑。学习和记忆与运动技能共同进化，运动技能使我们的祖先有机会找到食物。如果我们停止活动，大脑就真正失去了学习的必要。

运动关键词

- **成纤维细胞生长因子**（FGF-2）由垂体和下丘脑分泌的多肽。能促进成纤维细胞有丝分裂、中胚层细胞的生长，还可刺激血管形成，在创伤愈合及肢体再生中发挥作用。

做出运动选择：兼顾技巧训练和有氧训练

现在，你已经知道运动如何在三个层面提高学习能力：首先，它完善你的思维模式以提高警觉力、注意力和驱动力；其次，它让神经细胞准备就绪，并促使它们相互连接起来，这是连通新信息的细胞基础；最后，运动激发海马的干细胞分化成新的神经细胞。不过现在你一定还想知道什么是最佳的运动计划。我倒希望能给你一个强健大脑的理想运动模式和运动量，可是科学家也刚开始探索这类问题。“还没有人完成这样的研究，”威廉·格里诺说，“但据我看，5年后我们的收获会更多。”

不过我们还是可以从现有研究中得出肯定的结论。科学家能确定的一点是，在进行高强度运动的同时，你无法学会复杂的事情。因为这时血液都从前额叶皮质分流出去了，妨碍了你的执行功能。比如，让大学生一边在跑步机或健身单车上坚持 20 分钟高强度锻炼、心率达到最大心率的 70%~80% 的同时，一边进行综合学习测试，结果并不理想。（所以不要一边在跑步机上狂跑，一边准备法学院入学考试。）不过，**一旦你运动完，血液几乎会立刻回流，如果有需要敏锐思维和复杂分析力的事情，这时就正是注意力集中的最佳时刻。**

运动实验室

THE REVOLUTIONARY NEW SCIENCE OF EXERCISE AND THE BRAIN

2007 年有一个著名的实验证实，在跑步机上完成一次 35 分钟、心率达到最大心率的 60% 或 70% 的锻炼后，被试的认知灵活性大大增强。在这个实验中，研究者要求 40 名成年人（50～64 岁）迅速说出普通物品的另一些用途，比如报纸是用来阅读的，但还可以用来包鱼、垫鸟笼、包盘子等。研究者让一半被试看电影，而另一半被试做运动。他们分别在此之前及之后立即接受测试，并且在 20 分钟后再接受测试。观看电影组前后没有变化，而运动组在锻炼刚结束后，讲述速度有所加快，认知灵活性有所增强。认知灵活性是一种很重要的执行功能，它反映出我们改变想法的能力及源源不断地产生创造性思维和答案的能力，而不是照搬常见的回答。在进行一些智商要求高的工作时，这种特性与高效率有关。所以，如果你计划某天下午参加一次需要集思广益的重要会议，那么在午饭时间来一次快速短跑无疑是个妙招。

2007 年有一个著名的实验证实，在跑步机上完成一次 35 分钟、心率达到最大心率的 60% 或 70% 的锻炼后，被试的认知灵活性大大增强。

我在本章中大量提到的这些研究都以运动对海马的影响为主要内容，运动也由于在形成记忆方面起到的作用，成为学习的关键因素。海马并不会到一定程度就自己停下来，不会主动中断新神经回路。学习是前额叶皮质指导、调动许多区域共同参与的过程。大脑必须意识到进入的刺激，随后把它放到工作记忆里，同时给予它情感上的重视，并把它和过去的经历相关联，再把整个信息与海马联系起来。前额叶皮质分析并确定信息顺序，然后把每件事联系在一起。前额叶皮质与小脑及基底核共同合作，保证信息往返的节奏，确保这些功能正常发挥。增强海马的可塑性可以巩固这条信息链中的一个关键环节，但通过学习可以在整个大脑中产生出更浓密、更健康、联结更顺畅的神经元。我们建立的神经网络越多，储存的记忆和经历越丰富，那么学习起来就更容易。我们已经掌握的东西，就是形成日益复杂的思维能力的基础。

那么，你需要多少有氧运动来保持健康的体形呢？日本的一项小规模的科学研究发现，每周慢跑 2 次、每次 30 分钟，那么 12 周的时间就能增强大脑的执行功能。关键是，要综合某种形式的活动，这种活动需要协调的不仅仅是双脚。几年前，格里诺做过一个实验。在实验中，他教一些老鼠学习复杂的控制技能，比如走平衡木、在不稳定物体上行走以及攀爬弹性绳梯等。格里诺对跑步的老鼠和学习杂耍的老鼠进行了比较。经过两周的训练，学习杂耍的老鼠的小脑内 BDNF 增加了 35%，而跑步的老鼠的那个区域却没有任何变化。这扩展了我们从神经新生研究所获得的成果：**有氧运动和复杂活动分别对我们大脑产生了不同的有益影响。好消息是它们之间是互补的。**“重要的是，把两者都考虑进来。”格里诺说，“虽然证据并不完美，但说真的，你的养生之道一定要包括技巧学习和有氧运动。”

运动关键词

- **最大心率**
（Maximal Heart Rate, MHR）
指进行运动负荷时，随着运动量的增加，耗氧量和心率也增加，在最大负荷强度时，耗氧量不能继续增加，心率达到最高水平。在测定心脏最大工作能力和最大耗氧量时，最大心率是一个重要的参考依据。目前最流行的最大心率计算公式为：最大心率 = 220 - 实际年龄。

我要建议大家的是，要么选择一种能同时锻炼心血管系统和大脑的运动——网球就是个好运动；要么在攀岩或平衡练习这类无氧技巧型活动前，做 10 分钟有氧热身操。有氧运动能增加神经递质、建立新的血管来输送生长因子，促使新细胞的生成；通过经强化与拓展的神经网络，复杂的活动让所有这些元素都投入使用。活动越复杂，突触的联系也越复杂。即使这些神经回路是在运动中建立的，在思考时，它们也能被其他区域激活利用。这就是会弹钢琴的孩子为什么学数学更容易。**前额叶皮质会吸纳身体技能产生的心理力量，并在其他情况下发挥作用。**

学习瑜伽的姿势、芭蕾舞的动作、体操的技巧、花样滑冰的基本原理、普拉提的弯曲动作、空手道的招数，所有这些活动的训练都能让大脑的全部神经细胞参与其中。比如关于舞蹈演员的研究证明，与有规则的舞蹈节奏相比，不规则的舞蹈节奏更能增强大脑的可塑性。因为与这些活动有关的技巧都是特别的动作形式，它们起到了活动依赖性学习的作用。这种活动依赖性学习让赫布的老鼠变得更聪明，而且格里诺也证实，它让突触生长得更密集。

当我们不得不学习一种比走路更复杂的运动技能时，实际上这一学习过程刺激了我们的大脑。最初，你会有点儿尴尬和手足无措，但当连接小脑、基底核与前额叶皮质的神经回路开始变得活跃起来时，你的动作就会变得越来越精准。随着不断重复与练习，神经纤维外面会形成更厚的髓鞘。髓鞘能够提高信号发送的质量和速度，继而提高神经回路的效率。以空手道为例，当你将某些招式练得炉火纯青后，你可以把它们组合成更复杂的动作；而不久之后，你又会对新招数产生新反应。这也同样适用于学习探戈，你必须回应舞伴，这对你的注意力、判断力和动作精确度都提出了更高的要求，而情况的复杂性是呈指数级增长的。只要再加点儿乐趣和人际互动，你就能使大脑和肌肉完全参与到整个学习过程中。然后你会准备好迎接下一个挑战，整个过程就是这样。

压力 02

最艰巨的挑战

苏珊非常焦虑。装修队进驻她的厨房已经是一年多前的事了，相比于装修带来的吵闹声，她更恐惧那种间歇性的沉寂。沉寂意味着不知出于何种原因工作停止，装修期可能要延长。她根本不知道何时能重新使用她的厨房，更别提她的正常生活了。任何生活在装修状态下的人遇到下面这些情况都会极度心烦意乱：每天有陌生人在你家晃进晃出，你无法控制自己的时间，家中到处弥漫着石膏板的灰尘，混乱不堪。更要命的是，在整个装修期间，工人一进你家就如若进自家大门。

四十出头的苏珊此前一直是个活泼友善的女人：她是三个正在上学的男孩的母亲，也是家长教师联谊会的会长，又是一位骑师，还是一位日程安排得很满的专业志愿者。可是突然间，她被迫整日留守在家中，等候装修工人的到来，更没想到的是经常等到他们取消预约的消息。换作是谁都会抓狂。苏珊被束缚在千疮百孔的家中，不知道该怎么办。为了缓解这种情绪，她开始选择喝葡萄酒，一杯之后又是一杯。不久之后，她发现自己在午饭前就已经打开了一瓶上等的夏敦埃葡萄酒。“全是夏敦埃酒，”她说，“我只喝它。”

苏珊的世界突然缩小了，而且正如我要提到的，她的大脑也缩小了。由于担心这种应对方式会让自己成瘾，苏珊找到了我。她坐在我的办公室里，我们讨论采用什么方法来改变她一有压力就伸手拿酒的习惯。我希望帮她找到某种在家中就能直接做的事，这件事首先能分散她的注意力，其次还要能释放她的压力。她不太爱去健身房，但她体格相当强健，而且不经意间她还流露出自己对于跳绳的喜爱。这太好了！于是，我建议她每当感觉压力来袭时，就开始跳绳。

当我再次见到苏珊时，她告诉我，她把家中每个地方放置的绳子都跳过了，现在她已经不再借酒解压了。即使这样短时迸发的活动，也能让她立刻感到更有自控力，就像自己是命运的主宰者一样。她还感到一种真正的轻松——不仅舒缓了肌肉的紧张，焦躁不安的情绪也得到了缓解。她把这种减压方式解释成："我感觉跳绳好像重新启动了我的大脑。"

重新定义压力

每个人都知道压力，但我们真的了解它吗？各种压力的形式、大小和时间长短，皆有不同，社会压力、生理压力、新陈代谢引起的压力只不过是其中的几种。大多数人不加区别地给成因和结果统统冠以"压力"这个词。这个世界施加在我们身上的"压力实在太大了"。当我们遇到每件看起来很麻烦的事情时，我们也会有同样的感觉："压力太大了，我都没法清楚地思考了。"科学家自己也并非总能分清心理压力和面对压力的生理反应这两者的区别。

● **压力**（stress）
身体平衡状态的一个威胁。它是一种对反应的考验，一种对适应的要求。

压力是一个颇具延展性的术语。部分原因在于，感觉所跨越的情感范围很广，从轻微的警觉状态到被命运完全击垮的绝望。在这个范围的尽头，就是你所熟知的"备受压力"。那是一个孤独的地方，那里的问题看起来通常都是不可征服的艰难险阻。在那里待久了，压力就成了慢性压力，紧张情绪会变成生理压力。在慢性压力状态下，身体应激反应引发的连锁反应不但会导致诸如焦虑和抑郁等全面的心理失常，还会升高血压、增加心脏病和癌症的发病率。慢性压力甚至还会破坏大脑的结构。

如何理解压力这样一个模糊的概念呢？只要记住它的生物学定义即可。压力是对身体平衡状态的一种威胁，是一种对反应的考验，一种对适应的要求。任何会引起大脑细胞活动的事情都是压力的形式。对一个发送信号的神经元来说，它需要能量，而且燃烧能量的过程还会使细胞受损。压力感是一种我们对大脑细胞承受压力的情绪回应。

你很可能认为从椅子上站起来不是什么有压力的事——它不会令你感到有压力，但从生物学角度讲，它绝对会令你感到有压力。尽管它无法和失业相比，但实际上，这两件事都能激活身体和大脑中相同的神经传导部位。站起来这个动作激活了协调运动所需的神经元；担心失业则引发了大量的活动，因为情感是许多神经元相互间传递信号的产物。同样，学习英语、初次会晤、锻炼肌肉都会对你的大脑产生要求，这一切都是压力的形式。**就大脑而言，压力就是压力，只是程度各有轻重而已。**

压力是必需的，没有好坏

身体和大脑对压力的反应程度取决于许多因素，尤其是个体的遗传背景和个人经历。如今，生物学进化和社会学进化之间的差距在不断扩大。虽然我们不必为躲避狮子而奔跑，但我们也摆脱不了奔跑的天性。“战斗或逃跑”（fight-or-flight）反应并非全都发生在会议室里。如果工作中感受到压力，你是抽老板耳光还是转身离开呢？诀窍在于你如何反应。**你选择处理压力的方式不仅能改变你的感觉，还能改变你的大脑。**如果你只是被动反应或完全走投无路，那么压力可以变成危害。像大多数精神问题一样，慢性压力是由于大脑被同一种情绪模式支配，通常以悲观、恐惧或回避为特征。而积极应对压力可以让你跳出这个地带。让我们把天性先放到一边，我将告诉你，你能控制情绪对你的影响程度！而且，正如苏珊所认可的：关键是控制。

运动不仅控制着情感上和生理上的压力感，还在细胞水平上起作用。如果运动本身也是一种压力形式，那它是如何实现这一点的呢？虽然运动引发大脑活动所产生的分子副产品可以损伤细胞，但是在正常情况下，修复机制会为即将到来的挑战留下更强壮的细胞。神经细胞就像肌肉一样被细分和逐步增加——压力使它们更有适应力。运动就是这样促使身体和大脑来适应的。

压力和恢复——这是生物学的基本模式，它会产生巨大的，有时甚至是惊人的结果。

运动实验室

THE REVOLUTIONARY NEW SCIENCE OF EXERCISE AND THE BRAIN

20世纪80年代，美国能源部进行了一项持续辐射暴露对健康影响的研究。研究人员对巴尔的摩核造船厂两组工人进行了研究。这两组工人的工作大致相同，仅有关键的一项不同：一组工人处理的材料会产生极低剂量的辐射，另一组工人处理的材料不会产生辐射。1980—1988年，研究人员对这些工人的身体情况进行了跟踪，他们的发现震惊了参与的每个人。

辐射竟然使工人更健康。暴露于低剂量辐射下的2 8000名工人的死亡率，比另外32 000名未暴露在辐射下的工人低24%。这是怎么回事？原本每个人都担心会损害健康的有毒物质却没有危害。辐射是一种压力，它会损伤细胞，而且高剂量的辐射会杀死细胞，导致癌症之类的疾病发生。在这项研究中，相当低的辐射剂量并不能把暴露在其中的工人体内的细胞杀死，反而使它们更强壮。

也许压力并没有人们想象的那么糟糕。但由于这项研究的“失败”，它未被公开发表。自此，从生物学压力和身体恢复上得到的启发来看，压力对大脑的作用似乎像疫苗对免疫系统的作用。在有限程度下，压力触发了大脑的过度补偿机制，从而使这些机制做好迎战未来挑战的准备。神经学家把这种现象称为压力接种（stress inoculation）。

纵观减轻现代生活压力的所有建议时，我们似乎忘记了挑战可以让我们奋斗、成长和学习。假定压力不是很严重，而神经细胞有时间恢复，那么神经元之间的连接会变得更牢固，而我们的心理机制也会更有效。压力没有好坏之分，而是一种自然反应。

运动关键词

- **压力接种**（stress inoculation）用积极应对方式来替代可带来焦虑的应对方式，是可以有效帮助患者控制焦虑的过程。

压力能促进记忆力，也能引起应激反应

一种原始的求生欲望会触发身体的应激反应，这是进化过程留下的一份永久的礼物。没有它，人类就走不到今天。根据不同起因，应激反应的程度可以从轻微到剧烈。重度压力激活了通常被称为“战斗或逃跑”的应激反应。这是一种复杂的生理反应，它集合诸多资源来调动身体和大脑，随后把发生的事情铭刻成记忆，这样我们就能远离这种压力。那是头狮子，对吗？一定要有相当严重的威胁才能让身体参与其中，而任何程度的压力都能激活大脑的基本系统——那些控制注意力、精力和记忆的系统。我们根深蒂固的应激反应就是全神贯注于危险、激起应激反应，以及记录下这次经历，供将来参考，我认为这就是智慧。科学家在最近几年才开始认识到和描述出压力在构成记忆和恢复记忆方面的作用。这种理解上的进步令人振奋，因为它更清楚地表明了压力为什么（以及如何）对我们感知世界的方式产生这样深远的影响。

“战斗或逃跑”反应可以调动身体内多种最强效的激素以及大脑内许多神经化学物质。在收到感官传入可能会威胁身体平衡的信号后，大脑的应急按钮——杏仁核（amygdala）会触发一系列连锁反应。被野兽追击绝对是一种压力，但即使是猎手也会有这样的压力。杏仁核的职责是反映外界信息的强度，这些信息不见得和生存有明显关系，除了恐惧，它与任何强烈的情绪状态都有关，包括强烈的幸福感和性冲动。彩票中奖或者与一位超级名模共进晚餐都可以激活大脑中的杏仁核。也许这些事情看起来并没有压力，但请记住，我们的大脑系统不会区分“好”的要求与“坏”的要求。根据进化观点，中大奖与一个浪漫的约会都和生存有关，即丰衣足食与繁衍后代。

杏仁核与大脑的许多部位有联系，因此可接收到一系列信息，有些信息直接通过前额叶皮质的高级处理中枢传递；而有些则绕过前额叶皮质，迂回传递。这就解释了为何即使是一种潜意识的知觉或记忆，也会引起应激反应。

听到警报声的千分之一秒内，杏仁核就发出信息，刺激肾上腺（adrenal gland），使其在不同阶段释放不同的激素。首先，去甲肾上腺素引发快速电脉冲，然后电脉冲通过交感神经系统，激活肾上腺，使其分泌肾上腺激素，而后肾上腺激素进入血液。心率、血压和呼吸随之升高，这导致我们在受到压力时有焦虑不安的感觉。与此同时，去甲肾上腺素和促肾上腺皮质激素释放因子（CRF）所携带的信号从杏仁核传递到下丘脑。在下丘脑，这些信号被传递给一些“坐着慢车通过血液”的信使。这些信使促使垂体激活肾上腺的另一部分，以分泌应激反应的第二种重要激素：皮质醇（cortisol）。这条沿着下丘脑经垂体到肾上腺的传递路线被称为下丘脑 – 垂体 – 肾上腺轴

运动关键词

- **杏仁核**（amygdala）
  位于海马末端，呈杏仁状，是边缘系统的一部分，是产生、识别和调节情绪，控制学习和记忆的脑部组织。
- **促肾上腺皮质激素释放因子**（CRF）
  大脑分泌的一种分子，可以对人体在压力环境下做出的生理及行为上的应激反应进行调节。

（hypothalamic-pituitary-adrenal axis，HPA），它在促进皮质醇释放及关闭反应方面的作用使其成为应激反应的关键角色。同时，杏仁核已发信号示意海马开始刻录记忆，而且另一个信息也被迅速传递到前额叶皮质，由前额叶皮质来决定是否真的应该对这个威胁做出反应。

人类是独一无二的，即使危险没有真正显现或发生，我们也会产生应激反应，因为我们能够预见压力、记住压力以及把它概念化。这种能力使我们的生活明显复杂化。洛克菲勒大学的神经学家布鲁斯·麦克伊文（Bruce McEwen）在《我们所知的压力尽头》（*The End of Stress as We Know It*）一书中写道："我们的头脑是如此强大，只要想象一下自己身处险境，我们就会产生应激反应。"换而言之，我们可以自己陷入一种极度疯狂的思考状态中。

运动关键词

- **皮质醇**（cortisol）
  主要的长效压力激素，有助于调动能量、提醒注意和记忆，同时让身体和大脑做好应对挑战的准备。

有一个与麦克伊文相反的重要观点认为：我们完全能够自己脱离那种癫狂状态。就像头脑可以影响身体一样，身体也可以影响头脑。这种提倡用身体运动来调节我们心理状态的观点还未被大多数医生接受，更不要说大众了。而这个观点正是本书，特别是讲述压力的章节的核心。总之，"战斗或逃跑"反应会促使我们行动起来，身体运动是避免压力产生消极结果的自然方式。**压力会让我们动起来，这是人类几百万年进化的结果。**从某一方面来看，事情就是这样简单。当然，还有许多方面有待我们探索。

压力会让人专注，也会让人上瘾

"战斗或逃跑"反应的首要原则是为眼前的需求收集资源，而不是为将来做积累——立刻行动，以后再询问。肾上腺素（epinephrine）突然在体内聚集，使心跳加速、血压升高、肺部支气管扩张，以便向肌肉输送更多氧气。肾上腺素与肌肉纺锤体结合，这样可增加肌肉的静息张力，让肌肉做好爆发运动的准备。皮肤下的血管收缩是为了防止受伤时流血过多。受伤时，体内的内啡肽得以释放，痛觉迟钝。在这种情形下，像饮食和生育这类的生理需求被搁置一旁，消化系统关闭，平时收缩膀胱的肌肉变得松弛以节省葡萄糖，唾液也停止分泌。

如果你曾面对过一次令人紧张的公开演讲，你就会对心跳加剧、口干舌燥的境况有所体会。你的肌肉和大脑变得僵硬，你失去所有随机应变和发挥长处的机会。如果从皮质到杏仁核的信息传递中止，那么你就无法思考，而且会呈现完全惊呆的神态。从技术上说，极度应激反应被称为“是发呆还是战斗或逃跑”。虽然这种反应机制对站在讲台上的你没有什么特别的帮助，但无论你是在用目光逼视一头狮子，还是做一名不安静的观众，身体反应在本质上都是相同的。

运动关键词

- **肾上腺**（adrenal gland）
位于双侧肾脏上方的小型器官，生产和释放肾上腺素来启动应激反应；并在HPA信号的控制下，释放皮质醇和皮质醇样激素来增强应激反应。

- **肾上腺素**（epinephrine）
由肾上腺髓质分泌的一种儿茶酚胺激素。在应激状态、心脏神经受刺激和低血糖等情况下，释放入血液循环，促进糖原分解，促进脂肪分解，引起心跳加快。

有两种神经递质可让大脑进入戒备状态：**去甲肾上腺素，唤起注意力；多巴胺，提升注意力，并使注意力集中。**一些ADHD患者会给人以压力成瘾者的印象，其原因是这些神经递质失调。他们必须遭受压力才能集中注意力，而这是其做事拖拉的主要因素之一。人们学会做事拖拉，一直到迫在眉睫之际，压力才会打开去甲肾上腺素和多巴胺的闸门，这时人们才会坐下来认真做事。对压力的需要还解释了为什么ADHD患者有时候似乎是在自我折磨。当一切都很好时，他们需要挑起事端，在潜意识里找到一种创造危机的方法。

有一个患者，在经历了一系列乱糟糟的情感关系后，她终于找到了一位她真正爱慕的小伙子，而对方对她也体贴入微。然而每当一切顺利的时候，她就会寻衅吵架。我希望在开始制造麻烦之前，让她回想压力成瘾模式，以帮助她认识自己的倾向，并做到自我控制。

压力能促进能量补给，也能拖垮大脑

为了给肌肉和大脑预期的活动提供能量，肾上腺素立即开始把糖原和脂肪酸转化成葡萄糖，尽管流经血液的皮质醇起效速度比肾上腺素慢，但它的影响范围之广令人难以想象。

在应激反应过程中，皮质醇有许多不同的帽子，其中一顶是管理新陈代谢的“交通警帽”。皮质醇代替肾上腺素履行职责，发信号示意肝脏向血液中提供更多的葡萄糖，同时使非重要组织和器官的胰岛素受体停止工作，并关闭某些交叉路口，这样葡萄糖只会运送到与“战斗或逃跑”有关的重要区域。

这种策略的目的是让身体产生胰岛素耐受性（insulin-resistant）①，从而使大脑获得充足的葡萄糖。同时皮质醇开始重新储存能量，也可以说是补充被肾上腺素的活动消耗殆尽的能量。这是把蛋白质转化成葡萄糖，并开始储备脂肪的过程。

正如慢性压力过程那样，要是整个过程一直持久不衰，那么皮质醇的这种作用会导致以腹部脂肪的形式蓄积过剩的能量。（皮质醇持续不断的作用也解释了为什么有些马拉松运动员尽管一直在训练，却仍有小肚腩，他们的身体从来没有机会充分恢复。）我们继承的应激反应伴随的问题是，它蓄积起来的能量储备没有得到利用。关于这一点随后会详细论述。

---

① 脂肪细胞、肌肉细胞和肝细胞无法对正常水平的胰岛素产生正常响应的状态。——译者注

在应激反应的最初阶段，皮质醇还促进 IGF-1 的释放，这种因子是激活细胞过程中的一个关键因素。大脑是葡萄糖的重要消费客户，尽管只占我们身体重量的 3%，但会消耗掉可用能量的 20%。大脑没有储存能量的能力，所以皮质醇持续输送葡萄糖的作用对大脑正常功能而言是至关重要的。用于运行的能量预算是固定的，因此大脑已进化至在必要时挪用能量资源，这意味着心理过程具有竞争性。身体绝不可能使所有的神经元同时发出信号，所以假如一个神经元网络活跃起来，它的发生必定以抑制另一个神经元网络作为代价。慢性压力的问题之一是，一旦下丘脑 – 垂体 – 肾上腺轴消耗大量能量来保持系统的警觉状态，那么大脑的思维功能所需的能量就会被侵占。

大脑是葡萄糖的重要消费客户，尽管只占我们身体重量的 3%，但会消耗掉可用能量的 20%。

压力教我们的事：人类的集体智慧

把压力处境刻录成记忆的行为，显然是一种具有进化优势的适应性行为。它是人类得以生存下来的共同智慧，而皮质醇在其中起到了重要作用。20 世纪 60 年代，神经学家布鲁斯 · 麦克伊文首次在老鼠大脑的海马上发现皮质醇受体，随后在恒河猴脑内也发现同样的物质。而现在，我们知道人类大脑内也存在皮质醇受体。最初，这个发现让科学家感到害怕，因为当时已有实验证实，在皮氏培养皿内，压力激素会毒害大脑细胞。“在增加这些记忆的过程中，皮质醇到底起了什么作用呢？”他问道，“目前我们只能说：当压力记忆形成时，如果海马上缺乏足够的皮质醇受体，学习的有效性就会减弱。但具体的细节还在探索中。”

就像压力一样，似乎皮质醇也没有简单的好坏之分。少量的皮质醇会促进记忆的形成，而大量的皮质醇会抑制记忆，当皮质醇超负荷时反而会毁坏神经元之间的连接，破坏记忆。海马为记忆提供时间、地点、事件和方式的背景，而杏仁核则提供恐惧或激动的情感内容。在前额叶皮质的指挥下，海马会对各种记忆进行比较，然后说："别担心，那是一根树枝，不是蛇。"因此，只要海马不处于过度激活状态，它就有关闭下丘脑–垂体–肾上腺轴并关闭应激反应的能力。

拉响警铃的几分钟内，大脑内主要的压力因子——皮质醇、促肾上腺皮质激素释放因子和去甲肾上腺素与强化谷氨酸盐的细胞受体相结合。谷氨酸盐是负责海马内所有信号发送的兴奋型神经递质，因此提高谷氨酸盐的活力，可以加快海马的信号传递过程，同时改变突触上的动态。这样，每次发送一个信息时，产生信号冲动越容易，所需的谷氨酸盐量就越少。因此，**应激反应首先增强了长时程增强效应，也就是记忆的基本机制。**

短期记忆可能由海马神经元兴奋性的提高所致。当皮质醇达到最高水平时，细胞内的基因启动了，这些基因可生产更多蛋白质，为更多树突、更多受体及更大突触的形成提供所需的细胞原材料。在这里一切都变得匪夷所思。新增加的细胞巩固了生存记忆，同时使那条回路中的神经元不接受其他需求。一个神经元可能参与无数个记忆，但一个原本可能形成的记忆如果在遭受压力期间出现，那么这时要召集神经元参与形成新的神经回路会更加困难。它需要超过一定的阈值，才能形成记忆。

这很可能解释了为什么在出现应激反应时，与压力因素无关的记忆会受阻。这还有助于我们了解：为什么慢性压力导致皮质醇水平居高不下后，会使人很难学习新知识？为什么心情沮丧的人会出现学习困难？不仅仅因为动力缺乏，还因为海马神经元已经支持它们的谷氨酸盐系统，而排斥次要的刺激。它们已经完全被压力占有。

针对人类的研究还表明，过量的皮质醇会阻碍人类使用已有的记忆，所以真的发生一场大火时，人们会忘记紧急出口的位置，也可以说，那条记忆回路被中断了。压力太大时，我们失去了形成无关记忆的能力，而且也可能无法恢复曾经有过的记忆。下次，你不得不参加消防演习时，不妨想想运动的神经学观点：消防演习是为了让那些神经回路更牢固，从而强化记忆。正如我随后会提到的，在超负荷的压力下，皮质醇在皮氏培养皿中的悲剧——损毁神经元会重现。

现代文明生活简直是在跟人体的本能作对

应激反应是一种既简单又聪明的适应性行为，但它无法让你在今天的世界中获得成功，你所有的能量积蓄无从释放。你必须从一开始就迫使自己进入“战斗或逃跑”的生理状态。

人体是为了从事日常活动而设计的，那多少活动算正常呢？2002年，《应用生理学》（*Applied Physiology*）杂志的一篇论文提到了这个问题的研究结果。研究人员分析了我们祖先的生理活动方式，并把这种方式称为“旧石器时代节律”。从200万年前智人出现的时代开始，到1万年前的农业革命以前，每个人都是狩猎–采集者。那时的生活特征是：剧烈活动数天，再休息数天。人们过着饥一顿饱一顿的日子。通过测算我们祖先的“运动”量并将它与今天的数字做对比，我们很容易看出问题所在：我们每单位体重的平均能量消耗要比旧石器时代的祖先少38%。我认为这完全可以说明，我们摄入的热量已经增加了很多。问题在于，即使遵照美国政府推荐的最大运动量——每天锻炼30分钟，我们的体能开支还是少于我们基因既定指标的一半。旧石器时代的人为了果腹，平均每天必须行走8 000~16 000米。

现在，我们无须耗费那么多能量来寻找食物，也不必动脑筋思考怎样得到下一顿食物。尽管这只是过去一百年左右的时间里才出现的情况，但人类为此在生物学上进化了数十万年，我们的生活方式与我们的基因之间也没有协调一致。人类基因天生精明，所以要等到我们坐在餐桌旁时，才停止热量储备。

从压力角度看，或许现代社会明显矛盾的地方在于，压力没有变得更大，只是有关压力的消息增多了，实在太多了。全天候映入我们眼帘的是众多数字显示器上源源不断的不幸和需求，这些让我们的杏仁核始终处于活跃状态。消极、忙乱以及绝望堆积在压力之上，而我们却认为自己可以应对，因为在一定程度上，我们总是有压力的。接下来，我们只想放松休息一下，喝一杯，倒在电视机前的沙发里，或者坐在某个地方的海滩上。过去20年里，我们的腰围比从前增长了一倍，这不足为奇，因为现代生活方式不但使我们比过去更有压力，也让我们活动得更少。

也许你看到过那种通过抑制皮质醇分泌来减少腹部脂肪的药品广告。其实，腹部只是在尽它的职责：囤积能量储备，以保证应对下次饥荒。在慢性压力下，能量储备最终全都集中在上腹部，因此形成了我们所说的啤酒肚。这不仅影响我们的体形，也危害我们的健康。因为蓄积的脂肪很容易进入心脏动脉，造成栓塞。许多人会质疑压力可致命的观点，其实在这个观点中，压力和心脏病发作之间的生理关联只是其一。

经历一次压力事件后，我们常常想吃方便食品，这会促进脂肪的蓄积。我们的身体需要更多的葡萄糖，而单一碳水化合物以及脂肪，比如外卖盒子里那些闪闪发亮的甜甜圈，很容易转化成能量。而且在现代生活中，已经没有部落的影子，所以我们的朋友越来越少，得到的支持也越来越少。**独处对大脑无益。**

科学家常用一个通用的实验方案来引发老鼠的生理应激反应：把它们与群体隔开。仅仅把老鼠孤立起来，就能激活它们的应激激素。人类同样如此：被冷落和被孤立的人会有压力，孤独感是生存的威胁。这并非巧合，我们活动得越少，就越不太可能接触到别人。研究证实，我们在生活中多参加体育活动，在社交方面就会变得更活跃。因为运动不但增强了我们的自信心，还为我们提供了与别人接触的机会。运动带来的活力和动力有助于我们建立及维持社会关系。

渴望休息的想法很正常，关键在于你选择如何度过这段休息时间。是选择方便食品、快餐、糖或酒精来减轻压力，还是像有些人一样选择毒品或其他后患无穷的嗜好？如果你进行的是运动，或仅仅只是参加社交活动，那么你就是在使用这种进化而来的压力解药。

有时候这只是简单的取代问题，前面提到的苏珊的例子就能够证实这一点。她跳绳并没有规律，她只是在情绪失控时提醒自己运动带来的感受。“当我真正养成锻炼的好习惯后，运动让我重新体验到了之前需要从酒精或食物等东西中才能获得的愉快感或幸福感；它恢复了大脑渴望或渴求的一切；它让我有更多时间思考这之外的事情，让我还可以畅想未来。”

越压越勇，越健康

众所周知，塑造肌肉的方法就是让肌肉疲劳后再休息。同样的模式也适用于神经细胞：**轻微的压力可以激活神经元内在的修复和恢复机制**。而锻炼的重要之处在于它能促进我们肌肉和神经元的恢复过程。它不但使我们的身体和大脑更强健、更有恢复力，还使我们更愿意迎接未来的挑战，才思更敏捷，适应力更强。

常规有氧锻炼可以让大脑保持冷静，能够在心率、应激激素等出现严重反应之前，应对更多的压力。它提高了生理反应的阈值。锻炼产生的轻微压力能激活某种使细胞免受疾病或损伤打击的蛋白质，并以这种方式巩固大脑神经细胞的基本结构。因此，锻炼也同样提高了神经元的压力阈值。

细胞水平的“压力－恢复动态变化”发生在三个方面：氧化、代谢和兴奋。当一个神经细胞发挥作用时，其代谢机制的开启状态就像锅炉里的小火苗。葡萄糖被细胞吸收后，细胞内的线粒体（mitochondria）会把它转化成细胞使用的主要能量类型——三磷酸腺苷（ATP）。和任何能量转换一样，这一过程也产生自由基之类无用的副产品，这就是氧化压力。在正常环境下，这个神经细胞还会产生一些酶，这些酶的作用是清除掉自由基之类的废物。自由基是带有一个游离电子的分子，会破坏细胞的结构，而这些酶会设法迅速中和自由基的这个电子。这些酶就是我们内在的抗氧化剂。

如果这个神经细胞无法吸收葡萄糖或没有分配到足够的葡萄糖，那它就无法产生充足的三磷酸腺苷，此时就会出现代谢压力。

如果有大量谷氨酸盐参与活动，导致三磷酸腺苷无法满足增加的信息流对能量的需求，那么这时就会出现兴奋性压力。一旦长时间处于这种状态而无法恢复，那就会出现问题。这个神经细胞正深陷死亡囹圄，在既没有食物也没有资源可用来修复受伤部位的情况下被迫运行。结果，它的树突开始萎缩，最终这个神经细胞死亡。这就是阿尔茨海默病、帕金森病等神经退行性疾病甚至老化本身的起因机制。科学家发现身体与生俱来就有对抗细胞压力的手段，这一结果主要源于对这些疾病的深入研究。

THE REVOLUTIONARY NEW SCIENCE OF EXERCISE AND THE BRAIN

马克·麦特森（Mark Mattson）是美国国家老化研究所（National Institute

on Aging）神经科学实验室的负责人。神经元退化机制还解释了麦特森为什么在给实验室老鼠食物时如此吝啬。在许多实验中，他采用饮食限制来引发轻微的细胞压力，即没有足够的葡萄糖可用来形成数量充足的三磷酸腺苷。结果他发现，得到正常饮食1/3量的老鼠中，有40%寿命超过平均寿命。身体在经受有氧运动等各种类型的压力期间会释放出保护性分子，而麦特森的成果有助于鉴别这些保护性分子。

在一系列细胞修复过程中最有效的成分是生长因子：BDNF、IGF-1、FGF-2以及VEGF。由于BDNF在能量代谢和突触可塑性中扮演双重角色，研究压力的科学家对它特别感兴趣。BDNF被谷氨酸盐间接活化后，不仅能增加细胞内抗氧化物的产量，而且能增加保护性蛋白的数量。另外，BDNF还激活了长时程增强效应、促进了新神经元的生长并提高了大脑抵御压力的能力。运动保护大脑免受压力危害的优势在于，它促使生长因子增加的量超过其他刺激因素。

除了在大脑内生成这些因子之外，肌肉收缩也可以产生FGF-2和VEGF，而后它们随着血液流进大脑内，进一步维持神经元功能。这个过程是身体影响大脑最好的例子。

生长因子是压力、新陈代谢和记忆之间的一个关键纽带。麦特森说：“我们复杂的大脑主要是进化而来的，它使我们能够竞争有限的资源。很显然，在进化过程中，生物有机体必须在寻找食物方面具有智力上的竞争优势。”

麦特森的最新成果将改变我们对一些最健康食品的看法。一个增强食物抗癌性以及生产抗氧化食品的巨大行业已迅速崛起。按逻辑推理，多食用富含抗氧化物的花椰菜，会使人类更长寿、更幸福。或许的确如此，但这绝不是营销人员用来说服你的理由。

结果证实，这些食物的特别益处不是在于它们富含抗氧化物质，而是含有毒素。“蔬菜和水果等植物中，许多有益的化学物质逐渐成为阻止昆虫和其他动物啃噬植物的毒素。”麦特森说，“它们的作用是诱导细胞产生一种轻微的、可适应的应激反应。比如花椰菜中有一种名为萝卜硫素的化学物质，很显然，它激活了细胞内应激反应的酶促反应，这些酶促反应会增加抗氧化酶的含量。虽然花椰菜含有抗氧化物，但我们通过饮食所摄入的抗氧化物水平，还无法发挥抗氧化的作用。”

就像前面提到的核造船厂的工人一样，轻微毒素产生了一种增强细胞适应性的应激反应。控制饮食和体育锻炼有异曲同工的效果。麦特森的一篇期刊论文的标题总结了一切：《保护神经的信号与老化的大脑：拿走食物，让我们跑起来》。

适应性就是清除废物的酶、保护神经的因子和阻止细胞自然死亡[①]的蛋白质逐渐增加的过程。我喜欢把这些要素看成是时刻保持警戒、准备迎战下一次压力的军队。增加这些要素的最佳方法就是给自己一点儿压力：让大脑学习、限制饮食、运动，或者就像麦特森和妈妈会提醒我们的那样，多吃蔬菜。所有这些活动都在考验细胞，它们产生的代谢废品足以引发压力。这看似有些自相矛盾：没有压力，我们就不会拥有出色的适应和生长能力。**没有小挫折，就不会成功。**

自卑的人更容易产生压力

如同所有发生在大脑里的事一样，应激反应取决于所有我提到过的（和许多

① 生物体发育过程中普遍存在的、由基因决定的细胞主动有序的死亡方式。它在神经退行性疾病中所扮演的角色是目前科学家们讨论的热门话题。

还未提及的）要素之间是否达到微妙的平衡。一旦轻微压力成为慢性压力，大量皮质醇就会持续引发基因的活动：切断突触间的连接，加速树突萎缩和细胞死亡。最终，海马会变得像颗葡萄干一样干瘪。

许多情况下，身体无法切断压力激素的传递途经。最常见的是单纯性持续压力，如果我们从不休息，那么就永远无法开始恢复的过程，而杏仁核会始终处于兴奋状态，皮质醇的含量会超出健康标准，有时“战斗或逃跑”的按钮会卡死在开启状态。根据流行病学调查，这可能是一种遗传的机能。如果让一组随机人群做一次令人紧张的公开演讲，那些父母有过度紧张史的人，演讲后 24 小时体内的皮质醇水平仍居高不下。或许，这种机能源自于环境：一些遭受过重复压力的母鼠，其后代长大后的压力阈值要低于同龄的正常老鼠。换而言之，无论是身体上还是心理上，它们都更容易产生压力感。

自卑的人压力阈值偏低。不过科学家还不清楚自卑与压力阈值两者间的因果顺序。对所有人来说，无论天性如何，无论其受过何种教育，当他们的沮丧之情得不到宣泄、失去控制感以及得不到社会支持时，他们就会显现出慢性压力导致的不良特征。从根本上说，如果丧失了希望，我们的大脑就不会停止应激反应。

每个人对压力的反应阈值各不相同，而且在环境、遗传、行为或者上述任意综合因素的不同影响下，这个临界点会相应改变。与大脑内的神经化学物质一样，我们的压力阈值总是在变化。尽管老化过程自然而然地降低了这个阈值，但通过有氧运动，我们可以把阈值提高好几个等级。科学家无法指出，从哪个特定时刻起压力由蓄势转变为一触即溃。不过，一旦看到压力的转变，科学家肯定会知道结果。

侵害效应：过量的压力

尽管压力可以铭刻下与生存有关的重要记忆，可是巨大压力蚕食的也正是这个刻录记忆的系统。皮质醇在促进海马内谷氨酸盐的传递同时促进脑源性神经营养因子、血清素、IGF-1 等物质的传送，尽管初期可以促进长时程增强效应，但同时也激活了一些基因，而这些基因最终阻止信息到达相同的神经回路。一个重要的背景胜过各种各样的次要背景。当记忆系统的灵活性降低，它会根据越来越呆板的方式按优先顺序进行记忆。

过剩的谷氨酸盐还会对海马造成生理性破坏。这种神经递质的作用就是让可捕获电子的钙离子进入细胞内，促进自由基的产生。如果巡逻的抗氧化物质不够多的话，自由基就在细胞壁上打出许多孔，细胞会因此而破裂死亡。

外面的树突也面临着麻烦。如果长期受煎熬于慢性压力的失衡干扰，这些分支将不再努力参与防止细胞死亡的活动。麦克伊文如此形容它们："就像一只把脑袋缩进壳里的海龟"。另外，因为生长因子和血清素流通不畅，所以神经新生被中断。每日诞生的新干细胞在此时无法转变成新的神经元，因此建材的缺乏，导致了无法变更信号传递的线路，更无法打破这个循环。

运动实验室

THE REVOLUTIONARY NEW SCIENCE OF EXERCISE AND THE BRAIN

密歇根大学的莫尼卡·斯达克曼（Monica Starkman）从事库欣综合征（Cushing's syndrome）的研究。库欣综合征是一种内分泌腺的功能障碍，它导致体内充满大量的皮质醇。这种紊乱的学名"皮质醇增多症"（hypercortisolism）就是有力的证据。它的症状与慢性压力的症状离奇相似：

上腹部变肥，肌肉组织被分解，产生不必要的葡萄糖、脂肪；抑制胰岛素，可能出现糖尿病；惊恐发作，出现焦虑、抑郁并增加心脏病发作的风险。斯达克曼已经证实两者间有许多相互的关联，而其中一个就是：海马萎缩的程度与记忆的丧失以及皮质醇的增加完全成比例。

慢性压力在海马内横行霸道：剪去神经元的树突，杀死神经元，阻止神经新生。当海马受损的时候，杏仁核却是另一番繁忙景象：过重的压力在杏仁核内产生了更多的连接，尽管有大量的皮质醇可供使用，但杏仁核始终活跃，不断产生对皮质醇的需求，而且这种消极情况能自己养活自己。杏仁核越活跃，压力就越强大。最终，杏仁核控制了与海马的合作关系，它抑制着这种合作背景，继而也抑制了与现实的联系，同时把畏惧写进记忆里。压力变得无处不在，我们开始产生一种无缘无故的担忧，这种担忧又转变成一种焦虑。每件事似乎都成了压力的导火索，这使感知产生了扭曲，继而引发更多的压力。麦克伊文说：“动物的认知技能被破坏殆尽，它的焦虑情感却越来越强烈。”

当你遭受慢性压力的折磨时，你已经没有能力把眼前的情形与已有的记忆相比较，也根本想不起可以用跳绳或找朋友谈心来缓解压力，更无法意识到这并不是世界末日。逐渐地，大脑越来越难产生积极和现实性的想法，最终大脑内的化学反应都变成焦虑和抑郁情绪。

慢性压力并不是焦虑和抑郁的唯一原因，它也不一定会引发其他方面的紊乱。但很显然，它是我们生理上和心理上许多痛苦的源头。在后面几章中，我还会再提到慢性压力生物学。

运动关键词 

- **库欣综合征**
  （Cushing's syndrome）
  又称皮质醇增多症，1921年由美国神经外科医生哈维·库欣（Harvey Cushing）首次报告。是由肾上腺皮质长期分泌过量皮质醇（多病因）导致的一组症候群。

我们知道，人应对压力的方式极大地影响了压力对身体和头脑的所作所为。因此，从某种程度上说，慢性压力是许多问题的根源，这一事实是极为重要的信息。人类大部分的进化过程都发生在狩猎－采集时代，尽管当时人类没有什么应对压力的措施，但我们可以利用知识。就如麦克伊文在《我们所知的压力尽头》一书中所写的那样："那个原本用来保护我们的系统，现在却变成了我们的威胁，这绝非必然或正常的事。"

运动：阻断大脑压力反馈回路的推手

我们知道，大脑的功能是传递信息，而信息从一个突触传到另一个突触的过程需要能量的参与。同样，因为运动影响新陈代谢，所以它是影响突触功能的一种有效方式，也是影响我们思考和感觉的有效方式。运动可以增加全身的血流量以及可利用的葡萄糖，它们都是细胞生存的必需品。更多血液携带更多氧气，而细胞需要氧气把葡萄糖转换成三磷酸腺苷以维持生存。大脑把血液从前额叶皮质输送到中脑，那里是我们多次提到的海马和杏仁核的所在地。这种优先顺序模式或许可以用来解释为什么研究人员发现在剧烈运动期间，较高的认知功能会被削弱。

运动优化大脑的作用发生在运动后。除了提升"战斗或逃跑"反应的阈值之外，运动还触发了细胞恢复过程。同时，运动提高了细胞间的能量生产效率，以便在不增加有毒氧化压力的情况下，使神经元有机会满足能量需求。虽然这个过程的确造成了废物的堆积，但同时我们也得到了分解废物的酶，更不用说得到了辛苦清除 DNA 碎片和细胞正常运作产生的副产品的清洁服务。酶的作用和清洁服务被认为有助于预防癌症和神经元退化。尽管运动会引发应激反应，但如果不是极度强烈的运动，就不会让身体充满皮质醇。

运动优化能量利用率的方式之一是刺激机体产生更多的胰岛素受体。在人体内有更多的受体，代表着血糖利用率更高，细胞更强健。最重要的是，受体留在哪里就表示哪里产生了新的效益。如果你有规律地运动，胰岛素受体的数量就会增加，所以即使血液中只剩一滴血糖，细胞依然能释放出足够的葡萄糖进入血液中，以维持身体机能。运动还增加了 IGF-1，它可协助胰岛素控制血糖水平。

在大脑中参与输送能量的IGF-1并没有参与调节全身葡萄糖的IGF-1那么多。令人不可思议的是海马发生的事：IGF-1 **增加了长时程增强效应和神经元可塑性，促进神经新生**。这是运动巩固神经元连接的另一种方式。运动还促进了 FGF-2 和 VEGF 的产生，这两种因子会促进生成新的脑部毛细血管，扩大脑内的血管系统。高速通路更多、更广意味着血流量发挥的作用更大。

与此同时，**有氧运动增加了 BDNF 的产量**。这些因素综合在一起，齐心协力让大脑焕发出活力，同时抑制慢性压力的破坏性作用。除了开启细胞修复机制之外，这些因子还限制皮质醇的增加，同时提高血清素、去甲肾上腺素和多巴胺这些调控性神经递质的水平。

在身体方面，运动不但使肌肉纺锤体的静息张力松弛下来，而且还打破了传向大脑的压力反馈循环。假如身体没有感受到压力，那么大脑会认为也许它也可以放松下来。久而久之，有规律的运动增强了心血管系统的功能，同时降低了血压。近年来，心脏病学家发现了一种能促进心肌产生的心钠素（atrial natriuretic peptide, ANP），这种激素可通过抑制下丘脑 – 垂体 – 肾上腺轴以及大脑中的噪声来直接缓解身体的应激反应。特别有趣的是，在运动期间，心钠素会随心率的增加而增加，为体育运动以另一种方式缓解压力情绪和身体压力反应给出了证明。

运动是你可以自主的行为，所以运动的压力是可预知和可控制的，而且这是心理学的两个关键变量。通过运动，你得到了一种征服感和自信心。当你逐渐认识到自己具备控制压力的能力而不用依靠被动应对机制的时候，就说明你“摆脱压力”的能力提高了。你渐渐相信自己能够处理好它——对苏珊来说，这一点是极为重要的因素，她通过跳绳抑制了对压力的情绪反应，并阻止大脑接受压力的失控行为。“了解自己大脑的化学性质，这对我来说再好不过了。”苏珊说，“我积极地摆脱了压力。一旦我处于有利地位，就更容易提高自己的积极性，跳绳几乎成为我的一种需要。”

- **心钠素**（atrial natriuretic peptide, ANP）一种由心房合成、贮存和分泌的活性多肽，具有强大的利钠、利尿、舒张血管、降低血压，以及对抗肾素-血管紧张素系统和抗利尿激素的作用。

我希望把苏珊的这种理解输入每位读者脑中。**从微细胞到心理的每个层面，运动不仅预防了慢性压力的不良影响，而且还能彻底转变它们。**实验证实，如果让那些已患有慢性压力的老鼠开始运动，就能让它们已经萎缩的海马复原。通过这些机制，运动在改变我们的想法及感受方面，要比甜甜圈、药物和酒精更有效。游泳或者快走后，你感觉压力减少的时候，压力就真的减少了！

用身体来处理我们的情感

罗伯特·派尔斯（Robert Pyles）背负着沉重的压力。时间倒退到1969年，当时他已经结束了住院医生实习，而且刚从海军退役。在波士顿海军基地服役期间，他负责询问那些患有炮弹休克症（shell-shocked）的士兵，他们刚从越南直送到基地。派尔斯是一位年轻且相当有能力的心理分析师。问题并不出在他的工作上，而出在一些私人的事情上：他的父亲和岳父在很短时间内相继去世；而他十几岁时母亲就离世了，但那段尘封已久的情感突然奔涌而出，就像一柄大锤重重砸在他的心头。

他的身体也受到了重创。由于压力过大，他开始莫名其妙地突发窒息，连呼吸都很困难。在此之前，他与病毒性脑膜炎抗争了一年，最近才刚刚康复。病毒性脑膜炎是一种扩散性的大脑炎症，往往会致命。这次，他又住进了医院。他觉得自己可能患了喉癌。当时根本没有任何迹象表明，以后他会成为美国精神分析协会的主席、哈佛大学教授以及全美职业棒球大联盟新秀职业发展计划的顾问。实际上，对罗伯特·派尔斯来说，当时没有任何迹象表明他能活过 33 岁。

X 线检查显示他的肺部有一小片絮状阴影，那是已扩散的结节病。这是淋巴系统中一种类似癌症的疾病，通常它会持续发展，侵犯其他器官，最后致人死亡。“我毫不怀疑所发生的这些事情，因为那时我处于极大压力和抑郁中。”派尔斯回忆说，“我认为正是我的免疫系统受到严重影响，所以才导致我再度患病。”

我已经谈论过慢性压力对大脑的影响，不过它对身体的影响也同样巨大。慢性压力与一些最致命的疾病有关。一旦血压反复陡增，引起血管破裂，那么血小板就会在那些区域聚集，继而导致动脉粥样硬化。就像我之前提到的，失控的应激反应可以把脂肪储存在上腹部。已有研究证实，脂肪蓄积在上腹部是最危险的。慢性压力下，过量的皮质醇减少了正在维持血糖水平的 IGF-1 的数量，由此出现新陈代谢失衡，这可能会导致糖尿病的发生。概括地说，源源不断产生的皮质醇抑制了免疫系统，使身体失去了对任何疾病的防御能力。结果往往是致命的。

看来派尔斯是没有希望了。当时对已经扩散的结节病没有任何治疗手段，他只能靠自愈。前一秒，他还是个受过哈佛大学教育、刚要成家立业的年轻医生；后一秒，他就接到了死亡判决书。他说：“当时我束手无策，只是感到更恐惧、更紧张。我所能做的，就是开始跑步。”

学生时代的派尔斯是个出色的运动员，但他松懈的结果是，175 厘米的身高承受了 86 千克的体重。“就像其他人一样，走出大学校园后，我就不再做任何运动了。”他说，“大概我只能跑 400 米或 800 米。如果我能跑那么远，我就会对自己说，我今天大概不会死了。不久以后，我增加到了 1 600 米，之后是 4 800 米，后来是 8 000 米和 12 000 米。在某个时刻真的特别难受，但我发现如果自己跨过了这个临界点，就好像有某样东西让我的心灵豁然开朗，之后我又可以坚持很长时间。”

派尔斯坚持跑步，他不是为了健身而是为了健全心智在跑步。患有已扩散结节病的患者唯一可做的事就是每三个月做一次 X 线检查，计算絮状阴影的大小。后来，派尔斯的病情似乎稳定下来了。渐渐地，派尔斯跑步的里程数变成了马拉松的里程数，而 X 线片也重新变得清晰。大约 5 年以后，派尔斯完全好了。

那个时代，一旦生病了，医生首先会建议你休息。当时，肯尼斯·库珀（Kenneth Cooper）博士刚刚提出了“有氧运动”这个词，人们还没有开始接纳心血管功能健康的益处。尽管接受过医学教育，但派尔斯并没有认识到压力已经转变成抑郁症，他的心理医生也没有意识到这一点。“我认为跑步带给我的是某种控制感，我可以控制某件事。”帕尔斯说，“但对于抑郁症和其他疾病，我感到完全无助，仿佛我什么都做不了。那时，根本没有办法战胜它们。”

派尔斯的医生认为他的康复是一个治疗奇迹，于是把他的病例写入医学文献里。派尔斯回忆说，当他提到这有可能和跑步有关时，他的医生“对此完全不屑一顾”。

派尔斯从来没有打算把跑步变成生活中的重点。他放弃了抽烟，也不再吃肉，因为那使他觉得自己很笨重。他把自己日益浓厚的个人兴趣与专业结合在一起，开始从事运动心理师的工作，治疗那些由于受伤无法再运动而罹患抑郁症的运动员。当然，他自己身上也有伤，不过自从他开始每年跑两次马拉松以来，除去一次因腿骨骨折而退出比赛，他总共参加了 47 场马拉松比赛。

“回想那时，医生们对运动各方面的益处没有表示任何赞赏。”派尔斯说，“到目前为止，我依然认为，运动完全没有得到正确的评价，尤其是在精神病学方面。对于那些知识分子来说，他们对运动几乎有一种反感情绪。”

派尔斯认为，这种现象的部分原因在于弗洛伊德精神分析法的基本原理。为了避免谈及我们的情感而做出的反应被称为“潜意识显露”（acting out）。心理分析师的沙发就是这样诞生的。这个观念是要让患者静止下来，迫使他们用言语清晰地表达出那些情感。从这个观点来看，**运动是付诸行动的典型例子——用身体来处理我们的情感，而不是用语言。**最终，心理分析师的沙发不能解决我们的所有问题。

派尔斯截然相反的行动最终被证明是正确的。现在，他已经 72 岁了。他活跃的应对机制完全改变了他的生活和职业生涯。“运动拯救了我的生命。”派尔斯说，“我认为确实是跑步让我恢复了头脑和身体合二为一的天性。它们是浑然一体的，我们不能把它们分开。”

员工爱运动，公司倒不了

对许多人而言，自从办公室成了压力的主要发源地后，它也成了寻找运动益处的一个好地方。越来越多的公司鼓励员工充分利用公司内部健身房或健身俱乐部的会员资格，还有一些从事健康类保险的公司为客户报销健身俱乐部的费用。一些研究破解了这些公司的慷慨之谜。**研究表明，运动可以减少压力，从而提高员工的工作效率。**

运动实验室

THE REVOLUTIONARY NEW SCIENCE OF EXERCISE AND THE BRAIN

2004年，英国利兹都市大学的研究者发现，那些使用公司健身房锻炼的员工工作效率更高，处理工作压力更加得心应手。210名参与调查的人中，大部分人在午餐时间参加45分钟～1小时的有氧健身操，而另一些人则进行30分钟的举重或瑜伽练习。每天下班后，他们都会填写一份问卷，内容包括，与同事交流的程度如何、时间管理的情况如何、按时完成工作的进展如何。如果当天进行过锻炼，65%的人在这三个方面会做得更好。总之，运动后，工作更顺利，压力感更少。尽管午餐时间消耗了能量，但下午的疲倦感反而减少了。

另一项研究证实，能有规律锻炼的员工病假的天数更少。参加联合健身计划的北方天然气公司（Northern Gas Company）员工的病假天数比锻炼前减少了80%。通用电气公司的航空部进行过一次调研，属于部门健身中心会员的员工，其医疗保险报销的费用减少了27%；而非会员的员工，其医疗保险报销的费用增加了17%。20世纪90年代后期，可口可乐公司公布的一份报告显示，与未参加的员工相比，参加公司健身项目的员工医疗保险报销的费用平均减少了500美元。

更广泛的研究支持这个观点：运动减少了与压力有关的疾病。显然，这些疾病让人无法工作。压力和久坐不动是现代生活的一对孪生特征，它们会引发关节炎、慢性疲劳综合征、纤维肌痛以及其他自身免疫性疾病。这些疾病是由免疫系统功能低下造成的，不过就像罗伯特·派尔斯病例所证实的那样，运动可以显著增强机体免疫系统功能。近年来，医生们已经开始建议癌症患者进行体育锻炼，这样既有助于提高免疫力，又可以预防压力和抑郁情绪。没有人认为运动可以治愈癌症，但研究表明，在有些类型的癌症中，运动显然是一个关键因素。在 35 项研究中，有 23 项证实，不运动的女性罹患乳腺癌的风险增加了；经常运动的人患结肠癌的风险降低了 50%；65 岁以上经常运动的男性患晚期致命性前列腺癌的风险降低了 70%。

重新回到那个具有变革性的矛盾观点上，如今，尽管生存变得更容易，但我们承受的压力也更多。而我们比人类祖先活动的时间更少，这只会使问题更加严重。要记住，我们受到的压力越大，我们就更需要用运动来保持大脑的顺利运行。

在 35 项研究中，有 23 项证实，不运动的女性罹患乳腺癌的风险增加了；经常运动的人患结肠癌的风险降低了 50%；65 岁以上经常运动的男性患晚期致命性前列腺癌的风险降低了 70%。

焦虑 03

没什么好担心的

律师从常规提问开始，询问我的背景、我写过的书、我的专业领域，这些完全无伤大雅。法庭单调乏味、气氛沉闷，与其审理的戏剧性案件形成鲜明对比。被告是我的一位患者，我姑且称她为艾米。对正在与丈夫打离婚官司的艾米来说，除了通常的财务纠纷之外，几个孩子的监护权也吉凶难料。我应邀作为证人加入她的律师团内，为她的精神状态作证。现在，我正在接受对方律师的盘问。

艾米是一个聪明且有魅力的女人，但很害羞和焦虑。任何时候，她对于每件事都忧心忡忡。由于富有的丈夫对她越来越没兴趣，从整日不断的指责上升到暴风骤雨般的责骂，艾米开始极度担心自己童年的一幕又重新上演了。离婚完全不是艾米希望的事，然而当清楚认识到离婚是不可避免的时候，她无法想象自己该如何应对这种局面，于是处于恐慌中的她以自杀相要挟，并且躲到约 4 800 千米之外的地方。艾米这种冲动反应成了她败诉的原因。法庭授予她的丈夫在判决结果出来之前行使对孩子的监护权，同时规定艾米每周只能探视孩子两次，其余时间禁止她见孩子。更糟糕的是，法庭怀疑艾米可能有精神问题，因此她的探视必须在法院指定监督人的监控下进行。

艾米丈夫的律师把焦点集中到她的治疗上。

“被告人正在服用药物吗？”律师问，其实她心里对答案一清二楚。

“不，现在没有。”我回答道。

“你曾经给被告开过药吗？”

“开过，百忧解。”

“那是抗抑郁症的药。”

“对。不过它对治疗广泛性焦虑症（generalized anxiety disorder）也非常有效。”

“你的患者患有广泛性焦虑症吗？”

“对。”

“我明白了。目前她没有服用百忧解。是你让她停药的吗？”

“不是的。她请求停药，而我告诉她可以。”我明白，这里就是关键的地方：这位律师正努力把艾米描述成一个不想恢复健康的人。在法官的眼里，治疗就意味着吃药，停药的话，就表示她肯定不想恢复健康。如果一个人连自己都照顾不好，怎么能照顾好自己的孩子呢？

“但是，她目前在进行体育运动。”我插嘴道，“而且她做得非常棒。”

“运动？那不是一种公认的治疗手段，你觉得呢，医生？”

“它绝对是。运动的作用就像百忧解和其他大多数抗抑郁药物以及抗焦虑药物一样……”

“那是你的观点，”律师打断我的话，“但它究竟有什么作用呢？”

“你真的想知道吗？”我笑着反问道。

“是的，我很想知道。”

也许，她以为我解释不清运动为什么对焦虑和抑郁有效，但正相反，我引用了一些临床试验来证明运动与某些治疗焦虑和抑郁的药物一样有效。随后，我又滔滔不绝地发表了20分钟关于运动对大脑有哪些作用的长篇大论，并特别提到在成为我患者的9个月中，运动如何化解了艾米的焦虑情绪以及如何使她控制住了自己的混乱情绪。如果这位律师想要在法庭上指控运动的话，那我完全可以应战。

焦虑：糟糕表现的元凶

在应激反应中，焦虑是对某一时刻发生威胁的一种自然反应，此时，交感神经系统和下丘脑－垂体－肾上腺轴进入高速运转状态。当你面对一场即将到来的演讲或酝酿一次与老板的争执时，焦虑可以提高你的注意力，有利于你应对挑战。

焦虑时生理症状的范围从紧张、烦躁、呼吸急促到心跳加快、浑身冒汗，一旦恐慌全面发作，还会伴有胸部的极度疼痛，在情绪上，你会有忧虑感。如果你乘坐的飞机突然间下降几十米，你和飞机上的每个人都会十分紧张，而且极度担心：我们能安全着陆吗？神经系统会暂时处于警戒状态，并对进一步的风吹草动都高度敏感。这完全是正常的。

如果你为不存在的威胁而焦灼不安，那么此刻你将处于焦虑的状态中。焦虑症压迫着你的意识，使你的大脑失去了洞察力，让你无法正常思考。

每年大约有 4 000 万美国人患有焦虑症，人数占到美国总人口的 18%，而且焦虑以多种形式表现出来，包括广泛性焦虑症、恐惧症（panic disorder）。它们都伴有严重应激反应的生理症状，而且还有一个相似的大脑功能障碍，即认知误解。它们共同的特征就是莫名的担忧，而区别主要是担忧的对象有所不同。

每年大约有 4 000 万美国人患有焦虑症，人数占到美国总人口的 18%，而且焦虑以多种形式表现出来。

患有广泛性焦虑症的人容易对正常环境产生焦虑反应，就好像他们真的处于危险之中，比如害怕自己影子的胆小鬼或者感觉威胁无处不在的忧虑者。大多数时候，患有恐惧症（包括特定恐惧症）的人表面上看似很轻松，但会突发具有严重后果的恐惧感和生理性疼痛，而这种疼痛有可能被误诊为心脏病发作。

恐慌是焦虑症最强烈的表现形式，而且是所有特定恐惧症的根源。特定恐惧症是指对某一特定事物或情况产生足以令人呆若木鸡的恐惧感，它使人逐渐形成一种要躲避刺激源（比如引发蜘蛛恐惧症的蜘蛛、引发广场恐惧症的空旷场地）的强烈冲动，而这种冲动往往是不合情理的。

最常见的特定恐惧症大概要算社交恐惧症（social anxiety disorder）了，我把它看成是日常交流中的焦虑表现。我们大多数人在某一时刻或某种场合下，都经历过社交方面的担忧，但这种社交恐惧症不仅仅是偶尔的害羞，它的表现会更为强烈。这是一种在任何社交场合下都会产生的强烈恐惧感，可能是在开会或者与人交谈时，甚至只是在别人看到你时出现，而且这种社交障碍比我们大多数人以为的更常见，在美国有 1 500 万人患有社交恐惧症，它严重影响了人们的生活质量。

焦虑症的所有形式可以相互影响、相互依存，而且还经常催发抑郁症等其他障碍。尽管患有恐惧症的人很可能没有广泛性焦虑症，反之亦然，但由于对下一次恐惧来袭的担忧，恐惧症往往会转变成广泛性焦虑症。有些人还对焦虑敏感，这会使任何一种障碍更加复杂化。

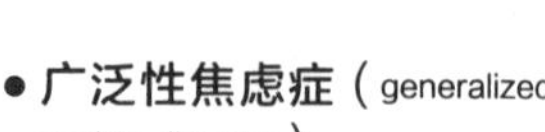

- **广泛性焦虑症**（generalized anxiety disorder）
  主要临床表现是持续性担忧，其特征是过分和不切实际的担忧，表现出一系列躯体和心境症状。
- **社交恐惧症**（social anxiety disorder）
  恐惧症的一种亚型，以过分和不合理地惧怕外界某种客观事物或情境为主要表现。

你可能会因为某个无关的理由而心跳加剧、呼吸急促，而且当你察觉到这种生理兴奋时，这种意识足以激起一种焦虑或恐惧状态。一旦你感觉正在失控，那么你就真的会失去自我控制能力。如果你开始害怕、恐惧，无论是生理上还是心理上的恐惧，焦虑感都会疯狂地急剧增加。

艾米是广泛性焦虑症合并轻微恐惧症（包括社交恐惧

症）的典型病例。她不仅表现出状态焦虑（state anxiety）——过度警觉和紧张，总是做最坏的打算，又表现出特质焦虑（trait anxiety）——一种更持久、更稳定呈现状态焦虑的倾向。艾米一直对焦虑敏感，而婚姻破裂让她对焦虑更敏感。她开始对每样东西都产生焦虑，无论它们是否对她构成真正的威胁，仿佛这会关系到她的生死存亡。在这个过程中，她反应过激，做出很多伤害自己和亲人的事。

艾米陷入了最有可能产生焦虑的环境中。她的丈夫实际掌控着她探视孩子的时间；她必须去法庭指派的心理医生那里看病，这位医生会向法庭汇报情况；而那座小镇上的每个人都知道了这件事。基本上，她不得不在法庭指定的监督员的监视下看望孩子。在这种监视下，她的社交恐惧症全面暴发了。法院正在评估她的精神健康状况，她担心一旦自己出差错，会在某种程度上增加她丈夫打赢官司的筹码。而越是担心自己的表现，她表现得就越糟。在这样的环境下，哪怕艾米曾经是一位完美的母亲，她也要开始怀疑自己在这方面的能力了。她不顾一切想要拯救自己，想重新要回自己的孩子们。

然而，艾米的身体条件太差，她无法进行这样的抗争，她就像是一个无法控制自己焦虑情绪的精神脆弱者。这是一个令人讨厌的漩涡：经常性处于恐慌暴发的边缘，艾米觉得无法自我保护，也无法完成任何事。

当我们处于这种状态时，我们开始预感每件事都会成为一个灾难，于是竭力回避每件事，结果我们的世界逐渐缩小。自婚姻破裂后，艾米就躲避在自己的新公寓里，逐渐与朋友和家人完全断绝联系。

服用运动药丸，让大脑走出焦虑陷阱

事实上，艾米并不像律师描述的那样，她极其渴望恢复健康。艾米不想吃药的想法并不违法，甚至还很平常。不过，至少她还是尝试服用了一段时间的百忧解。药物尽管平息了她的紧张感，但令她无精打采，所以她才停止服药。艾米已经养成了练习瑜伽的习惯。虽然那也能使她镇定下来，但她依旧遭受着痛苦的折磨，因此我鼓励她参加有氧运动。她为自己的公寓添置了一台走步机，这个选择绝对比到安全区之外锻炼更称她心意。

艾米的运动逐渐有了规律，每天早晨锻炼 30 分钟。那段时期，极少能享受到什么乐趣的艾米逐渐拥有了运动的快乐。艾米描述着她怎样使上身的转动与椭圆机上的踩踏动作协调一致；她还提到在有氧运动后，怎样进行 1 小时的瑜伽练习（有证据表明瑜伽能减少焦虑感）。她逐渐获得了对焦虑状态的控制感，这是克服疾病的关键一步。艾米很快学会了这招：一旦在家中感到焦虑或恐慌，她就在走步机上锻炼 10 分钟，立刻就能消除焦虑或恐慌的感觉（这与苏珊采用的方法相同，苏珊用跳绳克服了压力感）。

艾米从运动中再次找回了生活的动力。她不但结束了惶惶不可终日的状态，而且对待问题也变得积极起来。艾米不再封闭自己，又重新参与其他日常活动。她恢复了自己的爱好以及和朋友的往来，这些让她重新找回了属于她的美好。现在，她不再觉得自己是躲在街角的一只老鼠，不再一有什么风吹草动就惊慌失措。不知内情的人可能会说艾米变得活泼了，不过运动带给艾米个性上的连锁效应更加深远。她整个人充满了踏实感。

事实上，她的处境并没有很大的变化，只是她对此的反应以及由此产生的态度发生了变化。艾米认为，她用锻炼来平息紧张情绪，这与别人喝一杯威士忌或服用强效镇静剂阿普唑仑（又叫赞安诺，Xanax）的效果是一样的。她的应对方式已经明显降低了焦虑敏感性，这可以让她的大脑学会自我摆脱困境的方法。

运动让大脑知道，焦虑是一种认知错误

运动实验室

THE REVOLUTIONARY NEW SCIENCE OF EXERCISE AND THE BRAIN

2004年，南密西西比大学的研究人员乔书亚·布罗曼-福尔克斯（Joshua Broman-Fulks）对运动是否能降低焦虑敏感性进行了测试。福尔克斯找来54名患有广泛性焦虑症的大学生。这些每周锻炼不到一次的学生的焦虑敏感性得分都偏高。福尔克斯把这些久坐不动的被试随机分成两组，并且在两周内，安排两组进行6次20分钟的运动课。第一组在跑步机上进行心率达到最大心率的60%～90%的高强度运动；第二组则以每小时1 600米的速度在跑步机上行走，运动时心率大致为最大心率的50%。

尽管这两组的强化训练都有助于减轻焦虑症，但第一组的高强度运动发挥的作用更快、更有效。只有高强度运动的那组减少了对焦虑生理症状的担忧，而且这种差别在第二次运动课后就开始表现出来。其原理是：当在运动的背景下增加心率和呼吸频率时，我们知道这时的生理信号肯定不会导致焦虑症发作。我们逐渐喜欢身体被激发起来的感觉，不会自然而然地认为这种激发是有害的。

这是一个意义重大的发现，它告诉我们：**焦虑想法是一种认知上的错误解读**。你可以利用运动的方式减少焦虑症状，而且随着你自身机能水平的提高，你可以逐渐摆脱这种症状。久而久之，你教会大脑懂得：这些症状并不总意味着厄运当头，而且你能够活下去；你正在重新规划认知上的错误。

许多年前，这个事实就已经完全得到了证实：有氧运动能迅速起效并抵御焦虑状态。直到最近，研究人员才刚刚开始弄清它的作用机理。

在生理上，体育运动不仅降低了肌肉的静息张力，还由此中断了传向大脑的焦虑循环。一旦身体平静下来，大脑的担忧情绪就更少了。不但如此，运动还引发了有镇静作用的化学反应。当肌肉开始工作时，身体分解脂肪，并激活它们释放脂肪酸进入血液。游离脂肪酸与人体内的八种氨基酸之一的色氨酸争夺转运蛋白上的结合位点，并以这种方式增加血液浓度。为了达到同等浓度，色氨酸强行通过血脑屏障进入大脑。一旦进入后，色氨酸就立刻成为制造血清素的原材料。除了得到色氨酸的补充之外，伴随运动产生的更多脑源性神经营养因子也同时提高了具有镇静作用并增强我们安全感的血清素水平。

运动还触发了 γ-氨基丁酸的释放。它是大脑主要的抑制型神经递质（也是大多数抗焦虑药物的主要目标）。在细胞层面上，正常浓度的 γ-氨基丁酸对终止焦虑的自证预言（self-fulfilling prophecy）至关重要——它中断了大脑内强迫性的反馈循环。当心跳加剧后，心肌细胞会产生心钠素，它可以抑制过度兴奋的状态。心钠素还是我们身体用来调节应激反应的另一个工具，关于这一点我稍后会介绍。

运动实验室

THE REVOLUTIONARY NEW SCIENCE OF EXERCISE AND THE BRAIN

大多数研究证实，有氧运动能显著改善任何一种焦虑症的症状。不过运动也能帮助普通人减少正常的焦虑感。2005年，研究者在一群智利高中学生中开展了一项为期9个月的有趣研究，用来评价运动对身体和大脑的影响。研究人员把198名15岁学生分成两组：对照组继续保持每周一次的90

分钟的体育课；而另一组开始实行实验本身设计的计划，即在一学期内，每周上3次90分钟的高强度体育课。研究本意是评估健康人群正常的情绪变化，但测试中与焦虑有关的得分特别引人注目。实验组的焦虑得分下降了14%，与之相比，对照组焦虑得分下降的3%并不具有统计学意义（下降可以解释成安慰剂效应）。这并非巧合，实验组体能水平提高了8.5%，相比之下，对照组提高了1.8%。显然，运动量与焦虑感之间存在联系。

关于恐惧的那些事

焦虑就是恐惧，那恐惧又是什么呢？在神经学术语中，恐惧就是对危险的记忆。一旦我们患上某种焦虑症，大脑就不断给我们输出会产生焦虑的记忆，迫使我们生活在恐惧中。当杏仁核发出生存召唤后，一切就开始了。与正常应激反应不同的是，在焦虑状态下，解除警报的信号发挥失常。我们的认知处理程序不能告诉我们“问题解决了，我们可以放松了”。我们头脑中来自生理和心理紧张的感觉输入太过于嘈杂，以至于影响了我们明确判断环境的能力。

认知错误的部分原因是前额叶皮质对杏仁核失去了有效的控制。科学家已经在患有广泛性焦虑症的人群中发现了其中的一种相关性。科学家对这些患者的脑部进行扫描，发现其前额叶皮质内负责向杏仁核发送“结束–停止”信号的区域比正常人小。若不进行干预，过度兴奋的杏仁核就会把很多情况视为是生存问题而烙下深刻的记忆。恐惧的记忆相互连接在一起，结果焦虑感就像滚雪球般地增加。最终，海马试图把恐惧感放到特定背景下以减轻战斗或逃跑反应的努力彻底被杏仁核压制了。随着“雪球”不断增大，和恐惧有关的记忆越来越多，患者的世界也在不断萎缩。

我有位患社交恐惧症的患者就是一个很好的例子，她让我们了解，恐惧感如何像滚雪球似的增加以及我们如何渐进地制止它。这位年近三十岁的办公室经理对社交聚会、和陌生人见面甚至与熟人聊天都会感到害怕。我们暂且叫她艾伦。只是想到要参加酒会，艾伦就会心慌意乱、口干舌燥；一旦到了酒会现场，艾伦就会迫不及待地喝上第一杯酒。就像大多数患有社交恐惧症的人一样，艾伦总是担心公开露面时会做出一些令人尴尬或丢脸的事。随后，回到家中她可能会为自己的“表现”而自责。

这一切使艾伦在管理她的七名下属时有极大的压力。她希望自己不再为安排工作任务而道歉，可是焦虑感让她的表现根本不像一个上司。艾伦知道，恳求员工做他们的本职工作是不正确的方式，但是要求员工做任何事都会让艾伦极度内疚，而且她很担心自己的要求是否太多。因为她的权威感已被消磨殆尽，艾伦最终变得越来越焦虑，而且由于害怕别人看出她的弱点，她开始回避办公室里的每个人。

运动可以减少焦虑感。一组研究结果显示，运动组的焦虑得分下降了 14%，体能水平提高了 8.5%。

焦虑症如此难以治疗的原因是，与生存有关的记忆超过了实际存在的记忆。比如，你每晚下班回家时总是会经过一所房子，有一天晚上，一条狗从房子里冲出来袭击了你。从那时起，你就会绕开那所房子而选择其他道路，因为和你每次安全经过那所房子的记忆相比，与袭击有关的记忆太深刻了。哪怕你已经有所防备，哪怕你是地球上逻辑思维最强的人，经过那所房子时，你还是会有点儿提心吊胆。一旦恐惧的记忆被建立，这个特别的回路就会永驻在大脑中。换言之，恐惧是永久性的。

与科学家最初的假设正好相反，一些研究比较了有焦虑症和无焦虑症成年人脑部活动的磁共振成像结果。结果显示，面对产生正常恐惧感的刺激因素，两组人脑部杏仁核的反应没有区别（比如，惊恐万状的脸部表情的照片具有巨大的影响力，因为人类天生就把脸部表情理解成生存信号）。

区别在于，他们对不具威胁性刺激因素的反应有所不同。看到一张无威胁的照片时，大多数人杏仁核的活跃度陡降，而焦虑症患者的杏仁核的活跃度与遇到恐惧事件时的水平相同，因为他们无法区分危险与安全。精神病学研究专家丹尼尔·派恩（Daniel Pine）是美国国家心理卫生研究所发展与情感神经科学部门的负责人，他对此的看法是：焦虑症患者缺乏学习能力。

焦虑状态下学习系统功能障碍也许是由遗传因子造成的。近年来，科研人员发现有一种影响脑源性神经营养因子对神经连接促进作用的变异基因可导致记忆受损。在这个研究中，两组老鼠被放到一种会引发焦虑反应的环境中。携带脑源性神经营养因子变异基因的老鼠服用百忧解后的焦虑情绪并没有得到应有的缓解，而在同样环境中的正常老鼠服用抗抑郁药后效果很好。这个结果表明，也许脑源性神经营养因子是对抗焦虑的一种基本成分，这极有可能是因为它协助把各种有益的记忆连接在一起，形成了一个绕开恐惧记忆的旁路。

我认为，这就是运动可以治疗焦虑的最重要原因：它不仅能通过缓解肌肉紧张以及增加血清素和 γ-氨基丁酸来治疗状态焦虑，而且还能治疗特质焦虑。运动提供了神经元相互连接所需的一切条件，而且一旦我们控制了这个过程，就能在传授大脑应对恐惧方面发挥巨大作用。

艾伦来找我开抗抑郁药：选择性血清素再吸收抑制剂（selective serotonin reuptake inhibitors，SSRIs）。尽管

- **选择性血清素再吸收抑制剂（SSRIs）**
  抗抑郁药物的总称，是治疗抑郁症、焦虑症、强迫症及神经性厌食症的常用药物，以取代较旧及副作用较多的三环素类药物。

这种药很有效，却无法解决根本问题。我自然和她谈到了运动。艾伦承认跑步后焦虑感有所减少，但她说自己太忙了，无法把运动作为首选方式。我告诉她，如果她能抽出时间运动，就不会感到那么忙碌了。我多少用了点激将法（并微调了她的药物治疗）之后，艾伦开始在工作前去健身房运动。很快，运动效果变得明显起来，一旦哪天她错过锻炼，就会感觉更慌乱，工作时也不太愿意与任何人交流，包括新客户。随后，她变得积极起来，每天早晨必定要锻炼。要是错过了最喜爱的有氧健身操课程，她就会在跑步机上跑 20 分钟。她已经坚持一年左右了。

现在，艾伦感觉自己在员工面前更自信、更坦率，而且与员工交流得越多，她就变得越勇敢。无论是像艾伦那种程度的恐惧还是较轻的社交恐惧，其问题的关键都在于，我们越退缩，练习交流的机会就越少，结果，我们想象中的社交场面就越令人恐惧。某个人要练习如何很自然地走到众人面前，这听起来似乎有点儿滑稽，但实际上并不可笑。这就是内珀维尔中央高中体育老师保罗指导的方块舞课的特色：所有学生都在相同的环境中练习聊天。随着学期的结束，学生们可能会有的任何恐惧感都烟消云散了。对艾伦来说，运动是平息她的紧张情绪，让她能勇于去尝试的有效工具。就像焦虑能够自给自足一样，勇气也可以如此。

治疗恐惧症的两种药物

恐惧是焦虑症中最令人痛苦的形式，它充分地证明了各种形式的焦虑症是如何产生破坏作用的。当我首次接触恐惧症的病例时，我很震惊它怎么会使人衰弱到那种程度。那时，我已在马萨诸塞州心理健康中心（Massachusetts Mental Health Center）担任了三年的精神科住院医生，其间还在偏远的社区服务部接待患者。一位妇女被她的丈夫硬拖进来，因为她很沮丧，几乎足不出户。此前，她不止一次因有类似心脏病发作的感觉而被送进急诊室。她绘声绘色地描绘着自己快要死掉的细节。每次检查后，医生都说她的心脏很好，这让她怀疑自己是不是疯了。

恐慌不会导致心脏病发作，但确实会让人产生那种感觉。肌肉紧张和过度换气会引发胸部的严重疼痛。接下来，快而浅的呼吸排出了过量的二氧化碳，导致血液酸碱度（pH）水平下降，并激发脑干的报警机制，从而导致肌肉更剧烈地收缩。（这就是为什么对着一个纸袋呼吸可以避免过度换气，这样可以迫使我们重新吸入二氧化碳。）

生活在恐慌中意味着，你要避免任何可能引发下一个恐惧经历的事情。你在情感上倒退成胎儿般的蜷缩姿态，这种恐惧导致了一种对控制的迫切需求，不管这种控制是不是维持稳定安全的环境所必需的。这种控制有不同的表现方式：被动攻击型（passive-aggressiveness），是一种试图控制别人的方式；强迫型（compulsiveness），用来防范恐惧因素；固执型（inflexibility）。尽管我的患者们知道自己出了问题，但恐慌已经深深扎根，因此恐慌引起的一系列症状彻底歪曲了事情的真实面目。

在 20 世纪 70 年代，治疗焦虑症和抑郁症的主要方法就是精神治疗，不用任何药物。渐渐地，这个领域开始通过生物学的观点解释心理健康，突然间涌现出许多用丙咪嗪（imipramine）治疗焦虑症的研究。这种三环类抗抑郁药已使用了 20 年。它控制着脑干蓝斑（locus coeruleus）中的去甲肾上腺素和血清素的相互作用。蓝斑调节诸如呼吸、觉醒、心率和血压之类的基本生理功能。由此看来，蓝斑监控血液的 pH 水平，而且它是刺激杏仁核进入惊恐发作报警的信号源头。丙咪嗪使大脑的这个觉醒系统稳定下来，这样就不会轻易打开恐慌按钮。对我的患者来说，丙咪嗪几乎立竿见影，几天或几周后，随着焦虑症状的消失，他们高度紧张的

运动关键词

- **蓝斑**（locus coeruleus）
  亦称青斑核，是位于脑干的一个神经核团。其功能与应激反应有关，参与唤醒与警戒。

神经也慢慢放松下来。

我们在控制恐惧方面的治疗手段取得了进步。丙咪嗪让患者们重获自由。

与此同时，在治疗各种焦虑症领域，另一种被称为 β-受体阻滞剂的药物也开始广受欢迎。这类药物对交感神经系统具有镇静作用。在压力和焦虑感袭来时，它们阻断大脑和身体内的肾上腺素受体，由此使肾上腺素无法升高血压及提高心率和呼吸频率。过去常用于给心脏病患者降压的 β-受体阻断剂，现在可以中断大脑的焦虑反馈循环，否则这个循环会让杏仁核始终保持警觉状态。另一方面，β-受体阻断剂在惊恐发作之前，就已经大大减弱其程度了，从而消除了身体的焦虑症状。此类药物还用于治疗社交焦虑或怯场。另外，对古典音乐家来说，演出前服用 β-受体阻滞剂是非常普遍的现象，因为它能避免出汗和紧张，而此类现象会真正干扰音乐家的演出。（僵硬的双唇怎么能吹长号啊！）

运动关键词 

- **β-受体阻滞剂（β-blocker）**
  β-受体阻滞剂的主要作用机制是通过抑制肾上腺素受体，减慢心率，减弱心肌收缩力，降低血压，减少心肌耗氧量，防止儿茶酚胺对心脏的损害。

有时候，恐惧症患者同时服用丙咪嗪和 β-受体阻断剂，丙咪嗪抑制恐惧感，β-受体阻断剂则缓解身体症状。了解这些药物作用机理的真正意义在于，它解释了运动的作用机理。也就是说，运动的作用途径与这些药物相同，它提供了安全的双保险。

焦虑症患者，向前跑

几十年来，医学常识建议恐惧症患者应该避免运动。因为运动可能很危险！看到 20 世纪 60 年代后期的研究结果，我们大概都会这样认为。有些患者讲述运动时的心率加快、血压升高、呼吸急促的生理表现增强了他们的恐惧感。原因很可能是，他们觉得这些生理表现就像焦虑的症状。结果证实，与没有焦虑症的运动者相比，一些焦虑症患者血液内的乳酸水平偏高，而且研究人员发现，给焦虑症患者注入乳酸，会诱导惊恐发作。因此，医生开始建议任何焦虑症患者都要避免运动，以免引起疾病发作。

不论后续的大量研究如何驳斥了这种假说，这种逻辑推理仍然存在。虽然医学文献告诉我们有少量患者在运动期间会惊恐发作，但绝大多数患者得到了与此相反的效果。实际上，1960—1989 年间公布的 104 项运动与焦虑关系的研究证实，运动可以缓解焦虑。但是，其中的大多数研究并不符合随机、双盲以及安慰剂—对照组的实验标准。而这些标准是科学家把研究结果视为医学事实的必要条件。心理分析研究人员可能会说，并没有充分证据表明运动可以减轻焦虑，不过其他人会告诉你，对这个问题不用费神做什么研究，只要靠感觉即可。

运动实验室

THE REVOLUTIONARY NEW SCIENCE OF EXERCISE AND THE BRAIN

1997 年，首项针对运动与药物对临床恐惧症的疗效的随机、安慰剂—对照组的比较研究开始了。德国精神病学家安德里亚斯·布鲁克斯（Andreas Brooks）主持了一项为期 10 周的实验。他把 46 名轻度恐惧症患者分成三组：有规律运动组、每天一片氯丙咪嗪（丙咪嗪的近亲）组以及每天一片安慰剂组。

最初两周，三种治疗方式都改善了恐惧症状，安慰剂竟然也有效！氯丙咪嗪起效最快也最显著，它迅速而又稳定地缓解了症状。运动组被试的焦虑得分最初的变化并不大，直到最后 4 周才明显出现骤降。（随着实验的推进，安慰剂组的被试又回到之前的症状。）第 10 周结束时，在各方面测试中，氯丙咪嗪组和运动组停留在相同的改善水平上。两组的被试都有了好转。

为什么运动起效更晚？安德里亚斯·施特罗尔（Andreas Ströhle）2005年的一项科学而缜密的研究表明，事情本不该那样。施特罗尔证实，与安静休息相比，在跑步机上跑30分钟，明显减少了惊恐发作次数（两者之比是2∶1）。这一现象表明，在某些情况下运动立刻就能起效。在布鲁克斯的研究中，运动姗姗来迟的缓解作用很可能与其设计的实验方案有关。在运动组中，除了一人之外差不多都患有广场恐惧症，其中有些人还相当严重；而且还有些人把运动看成是“危险”的行为。这表明，被试认为这种户外的行走和跑步是很难的事。在遵循实验指令时，他们不得不面对自己恐惧的事。你不能简单地告诉一个患有广场恐惧症的人去跑6 000米后，一切就好了。所以，布鲁克斯的研究设计是：让患者逐渐适应这个锻炼规则。实验要求：他们在家附近找到一条6 400米的路线，而且一周只要完成3或4次，必要的话，先从行走开始。接着，他又鼓励被试在整个路线中增加短途跑，然后逐渐把跑步的距离拉长。第6周结束之前，被试们并不需要跑着完成整个路线。有两名被试跑步时恐惧症确实发作了，但坚持跑下来后，他们便慢慢平静了下来。

在布鲁克斯的实验中，尽管氯丙咪嗪会带来口干、盗汗、眩晕、震颤、勃起功能障碍及恶心等明显副作用，但这个组中的每个人都坚持治疗到研究结束。运动组和对照组中都有几名被试退出了实验。运动组报告有肌肉和关节等较轻微的疼痛，不过人们在开始一项新运动时都会有这类反应。

6个月的后续随访中，运动组的患者最健康，而且他们的焦虑得分最低。最终，运动组和氯丙咪嗪组达到了同样的健康状况，而且他们全都自愿遵守实验原则。服用药物绝对没错，但假如通过运动达到相同的效果，你就能够对自己的应对能力充满自信。这不仅给广泛焦虑症患者带来了相当大的益处，对正常人亦是如此。所有人在每天的生活中都会遇到令人恐惧和焦虑的事情。就像艾伦所说的那样，诀窍就在于你如何反应。

身体真的可以影响心理

任何合理的治疗焦虑症的方法必定包含药物，这种想法并不只出现在离婚诉讼的法庭上。2004 年，《新英格兰医学杂志》（*The New England Journal of Medicine*）发表了一篇对广泛性焦虑症治疗方式的评论，文中根本就没有提到运动。文章主要概述了最常见的抗焦虑药物，认可其理疗和放松的作用。这篇评论通过图表列举出 13 家制药厂的抗焦虑药物，它们都有潜在的、可怕的副作用，而且美国食品药品监督管理局（FDA）没有认可这些药物对孕妇有明确的安全性。FDA 提出这个观点并非偶然，因为女性患焦虑和抑郁的风险是男性的两倍。

作为对医生的建议，这篇刊登在医学研究“圣经”杂志上的评论文章，怎能完全把运动排除在外呢？我把这种情况称为“临床失明”。关于运动对神经学和心理学益处的研究越来越多、随处可见，但它们似乎被屏蔽了。

有趣的是，仗义执言的却是几位心脏病学家。《新英格兰医学杂志》刊登了新奥尔良市奥克斯纳诊所基金会（Ochsner Clinic Foundation）两位医生卡尔·拉维（Carl Lavie）和理查德·米兰尼（Richard Milani）的来信。两位医生认为，“文章探讨了广泛性焦虑症以及它的药物和心理治疗方法。然而令我们惊讶的是，文中并没有提到运动也是治疗焦虑的一种补充手段。”这封信提到，心脏病学家特别注意到焦虑是心脏疾病的危险因素，随后又指出，“已经证实，体育锻炼可以使焦虑症状的发生率减少 50% 以上。这个证据支持体育锻炼是减轻慢性焦虑的一种方法”。

体育锻炼是减轻慢性焦虑的一种方法，它可以使焦虑症状的发生率减少 50% 以上。

这封信委婉地指出了原文中令人遗憾之处。拉维已经写了 70 多篇关于运动与心脏方面的论文，其中有 11 篇重点研究焦虑。他的每一项研究都证实了运动对焦虑和抑郁有显著的改善作用。

这次交流的重要意义在于，心脏病学家（“真正的”医生）指出精神病学家应如何治疗病患。追溯到“医学之父”希波克拉底，他的至理名言是：情感皆由心生，医治心理病症还需从心开始。现代医学已经把心理和身体分开，而事实却以一种非常明确的方式证明了，希波克拉底从一开始就是正确的。就在近十年里，科学家逐渐认识到，一种来自心脏的分子是如何牵动着我们的情绪。

心肌在我们运动时分泌出的心钠素会进入血脑屏障。一旦进入脑内，它就与受体结合，从而改变 HPA 的活性。（通过大脑内的蓝斑与杏仁核内的神经元，大脑内可直接生成 HPA。蓝斑与杏仁核在压力和焦虑中起到关键作用。）针对动物和人类的研究都已证明 HPA 具有镇静作用，研究人员推测，HPA **是连接运动和焦虑之间的重要环节**。2001 年，其中一项首次验证 HPA 对焦虑作用的研究对患有恐惧症的人与无恐惧症的人进行了比较。所有被试被随机注射 HPA 或安慰剂，然后又接受了一种被称为胆囊收缩素 4 肽（cholecystokinin tetrapeptide，CCK-4）的腹部激素，CCK-4 可诱发焦虑和恐慌。在两类患者中，HPA 组显著减少了惊恐发作次数，而安慰剂组却没有。

在惊恐发作期间，促肾上腺皮质激素释放因子大量增加。这种因子不仅本身就可诱发焦虑，而且还让神经系统内充满皮质醇。它让我们进入一个癫狂状态，而心钠素的作用正好与之相反，心钠素就像 HPA 上的一个刹车闸。还有一些针对女性的研究表明，怀孕期间心钠素水平是未怀孕时的 3 倍，这意味着人体有一个内在的生存策略，以避免胎儿发育中的大脑受到压力和焦虑毒素的潜在威胁。

一项针对严重心衰患者的研究显示，体内心钠素水平最高的患者的焦虑感也最少，他们中没有一个人患有焦虑症，而医生之所以对患者的焦虑症如此感兴趣，是因为焦虑症对做心脏手术患者的康复有重要影响。通过阻断肾上腺素的流动，心钠素直接抑制交感神经系统的反应，降低心率；而且它好像还能缓解焦虑的情绪，这是最重要的。由此我们知道，在恐惧症患者中，那些恐慌频繁发作的人血液中的心钠素含量不足。

2006 年，柏林的一群神经精神病学家在安德利亚斯·施特罗尔的带领下着手研究心钠素是不是让有氧运动发挥镇静作用的关键因素。因为接受可诱发恐慌的 CCK-4 注射后，10 位健康被试在跑步机上（以中等步速）行走 30 分钟，心钠素的浓度就显著增加，与此同时焦虑和恐慌症状也减轻了。施特罗尔指出，这种相关性并不等于因果关系，但他写道："心钠素或许是心脏与焦虑行为之间的生理连接。"

面对恐惧

如果恐惧是永恒的，那么我们如何才能找到机会消除焦虑呢？答案就存在于被称为"恐惧消退"（fear extinction）的神经机制内。尽管我们无法抹去原始的恐惧记忆，但我们实际上可以通过建立一个新的记忆并不断强化它，来覆盖掉恐惧记忆。通过逐步建立一个与恐惧记忆相类似的神经回路系统，大脑产生了一个中性记忆来替代预期的焦虑，它会记住一切都很安全。通过连接正确的认知解读，把触发器与典型的反应断开，也就是说，看到蜘蛛与感到恐怖及心率加快之间的联系被减弱了。科学家称之为**重新归因**（reattribution）。

我们通过一种叫"认知行为疗法"（cognitive behavioral therapy, CBT）的心理学方式，用中性或有益的记忆替代大脑中的恐惧记忆。研究证实，在治疗焦虑方面，认知行为疗法与 SSRIs 几乎有相同的功效，然而各不相同的结果表明治疗质量是关键。认知行为治疗的策略是：在治疗师的陪同下，让患者接触小剂量的恐惧源。我们在没有恐惧感的情况下体验这些身体反应后，大脑会经历一次认知的重建过程。我们在前额叶皮质内建立了有助于镇静杏仁核的连接后，就会产生安全感，随后大脑会把那种感觉刻录成一段记忆。把运动纳入治疗项目后，我们就能让神经递质和神经营养因子不断巩固前额叶皮质到杏仁核之间的神经回路，以此加强控制，同时产生一个积极的滚雪球效应。

心理学家基思·约翰斯加德（Keith Johnsgard）也是长跑运动员，他发现在运动前提下接受认知行为疗法的治疗可以得到特别显著的效果。他在《通过运动征服抑郁和焦虑》(*Conquering Depression and Anxiety through Exercise*）一书中，解释了自己如何把跑步作为一种认知重建的方式来治疗广场恐惧症的。经过多次与患者建立融洽关系后，他选择在早晨的时段，陪患者们来到一个购物中心的空旷停车场，让他们做了一连串的快速短跑。没有人试图逃避，因为有他在，患者们都感觉很安全。约翰斯加德已经算好他们跑多久才会精疲力尽。他的高明之处在于，他站在远离购物中心主门的地方，然后让患者从他这边朝购物中心方向跑去。思路是：在完全生理觉醒状态下、处于最畏惧的时候，患者没有恐慌感。如果患者感到惊恐发作就要来临时，他们可以停下，转身走回到他身边。他们朝恐惧奔去，同时也迈向了安全。

最终，患者能克服进入购物中心的焦虑，而且也敢于在里面越走越远。约翰斯加德说，通常六次课程后，他就能发现患者的症状有所改善。“本质上来说，”他在书中写道，“我的方法类似从哪里跌倒就从哪里爬起来。”战胜焦虑的关键就是让别人知道大脑该如何生存。

纽约大学神经学家约瑟夫·勒杜克斯（Joseph LeDoux）是著名恐惧症研究专家，他的观点与之类似。2001 年 911 恐怖袭击事件后不久，勒杜克斯与杰克·戈尔曼（Jack Gorman）在《美国精神病学杂志》(*American Journal of Psychiatry*）上共同发表了文章《行动起来：主动应对，战胜焦虑》（*A Call to Action*：*Overcoming Anxiety Through Active Coping*）。实质上，主动应对（active coping）的意思是，无论引发焦虑的是怎样的危险或困难，都应以“做点什么”来回应，而不是被动担忧。它并不是特指身体活动，而是可称得上积极应对的运动。而且结果也表明，运动绝不是主动应对可有可无的次要方面。

勒杜克斯提出，面对焦虑时，我们应懂得如何借助行动决策来真正地转变大脑内的信息流，打造新的神经通道。杏仁核上有一处叫中央核（central nucleus）的地方，负责产生消极的滚雪球效应，把不构成威胁的刺激与真正构成威胁的刺激联系在一起。因此而形成的恐惧记忆是连接触发器和焦虑的纽带。

勒杜克斯通过老鼠实验证明，这种神经信号可以改变方向，可以不穿过杏仁核的中央核，而通过与身体运动回路相连的基底核。如果人类也是如此，那么只要行动起来，我们就能绕开产生恐惧记忆的部位。基底核是行动的通道，我们甚至用思考就可以激活它。

我的一位患者曾遭受事业和失恋的双重打击，于是我建议他每天去健身房，远离创伤煎熬。列出一份潜在的雇主名单，再打电话过去，或许同样可以从恐惧线路转到行动线路上。这是主动应对的一个更为普遍的例子，但这个举动对大脑的影响就没有那么明显了。“做点什么”而不是忧心忡忡地发呆，我们就可以重新建立一条绕开被动反应中心的思考线路，从而减少恐惧。与此同时，优化大脑学习新场景的功能。每个人在遇到焦虑时最初的本能都是逃避，就像一只困在笼子里的老鼠。但积极行动的效果正好与之相反，我们进行认知的重建，用我们的身体来治愈我们的大脑。

运动关键词

- **中央核**（central nucleus）
杏仁核核团，接受基底核、外侧核和副基底核的传入，其传出神经广泛分布于大脑的各个部位。它参与情绪反应。

跑赢恐惧

运动是我们应对每天生活中各种焦虑的简易方法，它对身体和大脑都十分有效。它是如何发挥作用的呢？

1. 分散注意力。千真万确，运动让你的心思都集中到另一件事情上，就像走步机帮助艾米摆脱了严重的焦虑状态一样，她的注意力集中到其他的事情上，而不是整日担心下一次惊恐发作。研究表明，焦虑的人对任何有针对性的消遣方式，比如静坐、沉思、与大家共进午餐或看杂志，都有很好的回应。不过运动抵抗焦虑的持续时间更长，而且还能提供已知的其他效果。

2. 缓解肌肉紧张。运动就像 β-受体阻断剂一样，具有打破循环的作用，它中断了从身体传向大脑、有增强焦虑作用的消极反馈循环。追溯到 1982 年，由研究人员赫伯特·德·弗里斯（Herbert De Vries）主导的一项研究表明，焦虑者的肌肉纺锤体内有过度活跃的电信号模式，而运动可以缓解那种张力（就像 β-受体阻滞剂一样），他称之为“运动的镇静作用”。他发现，缓解肌肉张力可减少焦虑感，就如我之前解释过的那样，运动扑灭的不仅是状态焦虑还有特质焦虑，这才是关键之处。

3. 增加大脑资源。到目前为止，我们知道运动不仅会短时内提高血清素和去甲肾上腺素含量水平，而且还具有长期性影响。血清素几乎对焦虑回路系统的每个环节都有作用：调节脑干的信号，增强前额叶皮质抑制恐惧的功能，以及镇定杏仁核本身。由于去甲肾上腺素是兴奋型神经递质，降低其活性对中断焦虑循环可起到关键作用。同时，运动不仅增加了抑制型神经递质 γ-氨基丁酸，还增加了对巩固替代性记忆至关重要的脑源性神经营养因子。

4. 提供不同的结果。焦虑与其他障碍的不同之处在于其生理性症状。由于焦虑激活了交感神经系统，因此当你感觉心跳和呼吸加剧时，这种觉知可以触发焦虑或一次惊恐发作。不过有氧运动本身就存在这些相同的征兆，而且是有益的。所以，一旦你开始把焦虑的生理症状与某种积极行为、某种你主动发起并可控制的行为相关联，那么恐惧的记忆就会衰退，而崭新的记忆会逐步形成。你可以把这些症状当成是生物学上的一个诱饵和开关——你的头脑正期待一次惊恐发作，但不同的是，它最终停留在对这些症状的积极关联上。

5. 变更神经回路。凭借运动激活交感神经系统，你就可以摆脱被动焦虑等待的困境，从而阻止杏仁核的失控运作，阻止它不断强化周围事物充满危险的想法。当你用行动来回应时，你反而可以沿着杏仁核的另一条通路传递信息，由此开创出一条安全旁路，养成一种好习惯。在改善警报连接系统的同时，你也在积极学习一种与以往不同的现实。

6. 提高恢复能力。你知道自己可以有效地控制焦虑，避免其转变成恐慌，心理学术语称其为“自我掌控”（self-mastery）。形成自我掌控的能力是预防焦虑和抑郁极其有效的手段，因为焦虑也能导致抑郁。自觉选择为自己做些什么，你就会认识到你可以为自己做什么。这是一句非常有意义的命题。

7. 让你自由。科研人员为了研究压力而困住老鼠。人类也是一样，假如你真的被困住而无法动弹或处于某种困境，你就会感觉越来越焦虑。处于焦虑中的人更容易自我束缚，他要么像胎儿一样蜷缩着，要么就找个安全的地方躲避世界。有广场恐惧症的人感觉像被困在自己的家中，不过从某种程度上讲，任何一种焦虑症都像是一个陷阱。与之相反，行动起来，外出探险，克服困境也是一种治疗手段。运动吧。

反击计划：找人一起运动

运动结合抗焦虑药物与单独使用抗焦虑药物之间很大的不同在于：尽管像苯二氮䓬类这些药物——和某些人自行治疗时使用的酒精一样——可迅速平息焦虑，但它们无法保证你能学会一种应对恐惧的特定方式。有焦虑症的人往往很难知道或选择他们生活中的所需。实际上，绝大部分慢性焦虑者最希望的是：不再焦虑。活动或者运动可以帮助他们朝这个目标前进。

我没对运动和药物做过二选一的研究课题，运动是另一种可供你使用的方法。它的方便之处在于，**不管你是患有某种明确的焦虑症还是感到焦虑，运动就是你给自己的处方，就像大多数人所做的那样。**我既没有告诉患者要自力更生渡过难关，也不认为依靠药物治疗是一种罪孽或软弱的表现。

最近，我收治的一位恐惧症患者是个高中生。他首次发病的时候才6岁，这表明他有易患恐惧症的体质。后来，因为考大学的压力，他的病情越来越严重。每次跑步，只要心脏开始怦怦直跳，他就立刻担心可能会发生恐惧，还担心自己会因心脏病突发而猝死，更担忧没有人察觉他发病。有时候，他会停下来开始哭泣。不过事实上他也明白，如果努力忍过自己生理觉醒的敏感期，那么他的这种感觉就会慢慢得到缓解。难道我会建议他停止服用左洛复（Zoloft）吗？绝对不会。

首先，他对即将到来的惊恐发作有很深的恐惧感。由于恐惧症非常可怕，所以通常在治疗伊始，我会选择药物治疗。服用一颗药丸并不需要耗费大量的精力。但正如我所提到的，药物不见得能一劳永逸，为了得到长远的解脱，患者势必要经过一番重新学习。何不双管齐下呢？我认为把药物与运动相结合可能是一种创举。药物提供即刻的安全感，而运动则直接作用于焦虑的根源。

这对儿童来说尤为重要，因为有焦虑症的儿童比他们的同龄人更有可能在今后出现抑郁症。有一项长期研究，对 700 名儿童进行跟踪随访，直到其成年。那些童年有过焦虑症的人，成年后大多数再也没有发生过焦虑症，但那些成年后患有某种情绪障碍的人，有 2/3 在青春期前就有焦虑症了。更糟的是，尽管焦虑症是相对容易治疗的疾病，但在儿童中往往被漏诊。感到焦虑的孩子正安静地坐在教室后排，这太可怕了。没有人发觉有什么不对劲，因为这些孩子的表现都很好。但与此同时，焦虑正在他们的大脑中形成一种消极思考的模式，而且这种模式逐渐根深蒂固，最终让孩子们在未来陷入麻烦中。

我告诉那个高中生，他首先要做的事情就是与某个人一起运动，这个办法适用于任何有恐慌感的人。它提供了一种安全感，但就算有另一个人在旁边，运动也会立刻增加患者体内的血清素。根据他的病情，我建议他在家中或者在家附近锻炼，直到他开始把心跳加快与积极经验联系到一起。他需要找到一种他喜欢的运动方式，他的恐慌似乎有很强的遗传倾向，我告诉他，他必须努力运动。他每天必须进行至少 15 分钟的剧烈有氧运动——跑步、游泳、骑自行车、划船或任何让他心脏狂跳的运动。对他来讲，运动强度显得尤为重要，因为有证据表明，只有剧烈运动才能降低其对焦虑的生理觉醒的敏感度。

就像我所见过的绝大多数成年人一样，他也不想服药。他问我是否可以停药，但我告诉他，随着时间的推移，如果他能投入运动或接受认知行为疗法的治疗，那么他就能减少焦虑感。我估计到那时他可以减少药量，也许完全不用服药。没有人真的知道运动是否可以彻底替代药物。我们的大脑实在太复杂了。

许多得到治疗的恐惧症患者可以转而开始一种崭新的生活。离最后一次惊恐发作越远，他们就越不会发生新的恐慌，这同样适用于任何种类和任何程度的焦虑症。你的生活改变得越多，你与这个世界的联系就越多，你就更有可能永久地忘却焦虑。运动对轻度焦虑症的效果尤为明显，尽管轻度焦虑症还没有严重到需要吃药的地步，但仍然是一个恼人的问题。

我的那位高中生患者需要互补性的治疗：药物、运动和谈心疗法。但对艾米而言，仅仅运动对她就有巨大帮助，无论是一瞬间还是日复一日。运动还为谈心疗法铺平了发现问题根源的道路。有氧运动与瑜伽相结合，还提供了审视观察自我所必需的镇静作用，而不必把所有的情感能量耗费在打不垮的目标上。她开始比以往更多地了解自己的内心和行为；她逐渐认识到自己的问题和消极情感有一个自然起伏的过程；她知道必须驾驭这种波动，而且还明白自己能做到。同样重要的是，她注意到自己内在的改善，并能很好地表达出来：离婚就像一场地震，几乎把她的生活夷为平地，但运动巩固了她的地基；她知道未来还会有余震，不过她感到自己有足够的力量来面对它们。

艾米的变化令人震惊。她的律师、父母、家庭治疗师都说她好像变了一个人，甚至连她的丈夫在某种程度上也这样认为。她对自己和自己的处境有了更多的发言权，她表现出令人耳目一新的自信和实实在在的乐观。虽然离婚官司可能还要持续好几年，但她再也不会被击垮，因为运动已是她最好的防御措施。

抑郁 04 让沉睡的大脑苏醒

比尔并不知道自己错过了什么。50岁的时候，他突然发现自己超重了9千克，于是他决定节食并开始跑步。不久后，他的体重开始下降，而且他注意到运动还带给自己一些特别明显的额外收获：他逐渐减少了自责及对其他人的挑剔，也很少发牢骚了。他的妻儿都注意到了他的转变，也愿意花更多的时间与他在一起，这使比尔感觉很好，他的心态也得到了调整。比尔从来没有过哪怕是一秒钟的抑郁，但毫无疑问，自从养成了跑步的习惯后，他感觉对生活更有激情了。无意间，他发现自己可以更幸福。

情绪障碍其实有生物病因

我们对抑郁症的了解也有相类似的过程。抗抑郁药的发现纯属意外。那是在20世纪50年代，当时科学家发现一种处于实验阶段的抗肺结核药能带给人“不正常的快乐”。几年后，一种新的抗组织胺药也有类似改善心情的作用，进而催生出一批三环类抗抑郁药剂。突然间，抑郁症有了药物疗法，这也让人们首度认识到：那些被认为完全是心理问题的疾病或许可以用生物学来解释。由此引出了人们对大脑控制情绪的探索研究，整个心理学领域发生了翻天覆地的变化。

从那以后的50年里，情绪障碍（mood disorder）成为心理学研究的焦点。尽管我们依然不了解抑郁症的病因，但在描绘大脑活动如何构成情绪基础方面取得了巨大的进步。我们对情绪的生物学了解越多，就越清楚有氧运动是如何改善不良情绪的。事实上，有关运动对大脑的作用，抑郁症研究中心了解到的与我们实际知道的一样多。运动几乎改善了抑郁症患者的每个方面。

如今，英国的医生把运动作为治疗抑郁症的首选。而在美国，运动还没有被充分利用，这实在令人惋惜。根据世界卫生组织的统计，在美国和加拿大，抑郁症是人们丧失行为能力的首要原因，超过了冠心病、癌症以及艾滋病。美国大约17%的成年人曾患过抑郁症，他们为此而花费的医疗费用每年高达261亿美元。你无法知道有多少人企图自杀，但可悲的是，美国每17分钟就有1人自杀身亡。除此之外，74%的抑郁症患者还伴有其他某种障碍，包括焦虑症、滥用药物以及痴呆。鉴于上述两种原因，抑郁症已经成为一个迫在眉睫的问题。不幸的是，情况并没有得到改善。

美国每17分钟就有1人自杀身亡。除此之外，74%的抑郁症患者还伴有其他某种障碍，包括焦虑症、滥用药物以及痴呆。

攻克抑郁症的一大阻碍是，这种情绪障碍有一系列极为广泛的症状，我们每个人都曾有过其中的绝大多数症状。谁没有发牢骚抱怨、消极悲观、急躁易怒、无精打采、缺乏兴致、自我苛责、心情抑郁的时候呢？悲伤是人类一种正常的生理状态，是对失去东西的一种反应。但悲伤与抑郁并不相同，除非悲伤持续存在，或者伴随一些其他症状。

那么，症状与人格特质之间有哪些不同之处呢？前面提到的比尔在大多数时候都很挑剔和消极。严格地讲，他并没有什么病，但他身上有一种我称为“影子综合征”（shadow syndrome）的病，他绝对需要进行一番生活方式的改变，以拯救他那副愁苦的外表。利用药物会使人感觉比平常更好，这一直是伦理学长期争论的话题；而在这一点上，运动的优势远远超出了抗抑郁药物。正因为你不会占全所有抑郁症的症状，也就意味着你能追求更好的感觉。自从开始跑步以后，比尔就成了一个感觉更幸福的男人。正如我解释的那样，即使比尔真的患有临床抑郁症，运动这种方法也同样适用。这些抑郁症状无论是单独出现，还是以轻度发作的形式出现，或者共同组成一种疾病，有氧运动对所有症状都有积极的影响。总的来说，我认为抑郁是一种连接的破坏，它不仅破坏了你的生活，也阻断了你的脑细胞之间的联系，而运动却能重新建立那些连接。

所有这些症状，都是迥然不同的抑郁症类型。有些患者不吃也不睡，而另一些则暴饮暴食并且感到极度疲惫，早晨都起不了床；有些患者无法做出哪怕最简单的决定，他们带着无助的心态离群索居，而一些患者则高调招摇，挑衅每件事和每个人。这些截然相反的症状加大了治疗的难度。假如你患有乳腺癌，那么活体采样检查就可以确定最佳治疗方案。但是如果患有抑郁症，你可能就得先接受一次心理测试，然后完全依靠试错法才能找到一种可能有效的药物。抑郁症是无须化验血液的。

这把我们带回到寻找生物学根源的研究上。通过对最初偶尔发现的抗抑郁药的分析，我们发现这些药物增强了被称为“单胺”的神经递质，例如去甲肾上腺素、多巴胺和血清素的活性。去甲肾上腺素的一个分解产物叫羟基苯乙二醇（methoxy hydroxyphenylglycol，MHPG）。1965 年，马萨诸塞州心理健康中心的精神病学研究专家约瑟夫·希尔德克劳特（Joseph Schildkraut）发现，抑郁症患者体内的 MHPG 含量较低。人们对抑郁症或许可以量化的想法开始充满期待。如果能够量化这种失衡，我们应该就能诊断这种疾病，同时从生物学根本上予以诊断并抗击。约瑟夫具有开拓性的研究促成了单胺假说的形成。这种假说认为，抑郁症是由这三种神经递质的不足造成的。自此，我们大部分的治疗和研究都试图逆转这种不足。

治疗抑郁症的新思路

1970 年，刚从大学毕业的我在马萨诸塞州心理健康中心争取到了一份工作，当时恰逢精神病学领域的这场巨变。约瑟夫是我的良师益友，我十分有幸能直接参与情绪障碍生物学理论的科学调查。两年后，我去了匹兹堡大学医学院。在那里，我除了开展自己日常的心理分析工作之外，还投入新兴的大脑科学研究中。匹兹堡医学院的每个人都在研究 MHPG，因此我选择测定红细胞内锂元素的摄取量，作为一种鉴别不同情绪问题的可能手段。我还把精神分裂症患者的尿样冰冻起来，并将其送到斯坦福大学化学家莱纳斯·鲍林（Linus Pauling）那里；我学会如何编制计算机程序来进行数据分析；在一次心理生理学会议上，我陈述了自己的研究结果。在整个研究中，我完全陷入努力让精神病学成为“真正”科学的激情中。

与此同时，我偶然看到一篇文章，它介绍挪威一家医院正在为抑郁症患者提供抗抑郁药物和每日锻炼这两种治疗方案。这令人震惊：这些药物刚上市使用，其疗效正迫使我们改变治疗思路，然而这里却有一家医院向严重抑郁症患者提供运动治疗，且这种方法正在起效！不过，这些结果却在忙乱中被漏掉了。当我们对大脑的探索处于低谷时，研究它就成了自然科学的义务。

在马萨诸塞州心理健康中心做住院医生实习时，我搬到了波士顿。在那里，我陷入另一个热点中——当时正好刚刚兴起长跑热。我们有奥林匹克金牌得主弗兰克·肖特（Frank Shorter），他与全球最顶尖的长跑运动员在他的家乡角逐马拉松比赛；我们有比尔·罗杰斯，他呼吁每个人参与其中；我们还发现了一种新现象，它叫“内啡肽快感”（endorphin rush）。

马拉松：内啡肽旋风

美国约翰斯·霍普金斯大学的神经学家坎迪斯·珀特（Candace Pert）发现，大脑内存在阿片受体。这表明，身体有一个内在的止痛分子机制，其效果就像吗啡。就像人们逐渐认识到的，内啡肽会减轻身体的疼痛，同时在心理上产生欣快感。研究人员在一组长跑者的血样内检测到内啡肽水平有所提高，看来似乎一切都相符。运动让大脑充满吗啡样物质的理论与每个人得到的愉快感正好匹配。它带给我们“跑步者的欣快感”，这是运动效果的终极版。对我而言，这是我首次接触到运动与情绪的观念。

- **内啡肽快感**（endorphin rush）类似内啡肽带来的心理上的欣快感，甚至像内啡肽一样，可以减轻身体疼痛。

压力激素有 40 种，它们的受体遍及全身（包括大脑）。内啡肽也被视为压力激素，在我们剧烈运动期间，它们能够镇静大脑并缓解肌肉疼痛。它们就是英雄行为的灵丹妙药，当我们生理负担过重时，它们帮助我们忘却疼痛，让我们能够完成手头的工作。

我在前文提到的精神病学家罗伯特·派尔斯提供了一个很好的例子。作为一位马拉松选手，他为自己总能跑完全程而自豪，但有一年的波士顿马拉松赛成为他的巨大挑战。在起跑线附近，一个塑料袋缠住了派尔斯的双脚，结果他膝盖着地摔倒在人行道上。他猛地跳起来继续跑，没有比这更令他愤怒的了。不过跑着跑着，派尔斯的步伐开始变得费力，跑到接近 29 千米的时候，肿胀的膝盖开始罢工。他的大腿骨骨折了，每迈开沉重的一步都会引发削弱意志的剧痛。派尔斯说：“我当时根本没有注意到这个情况。”这必定是内啡肽在起作用。

疼痛与抑郁有关。继珀特的发现之后，其他人进行了一些实验来研究内啡肽是否真的是运动和变好的情绪之间的纽带。研究人员期望看到内啡肽类阻断药物能防止跑者过于兴奋，但得到了相互矛盾的结果。后来研究者发现，体内产生的内啡肽——就是在长跑者体内检测到的这种内啡肽——无法进入大脑。于是，对内啡肽快感的研究热情逐渐减退了。内啡肽显然不是唯一的答案，于是它们很快被丢弃在实验室里。而现在，我们又回来关注它们。研究显示，大脑内直接产生的内啡肽会令人产生愉悦感，这种感觉常常伴随运动一起出现。不过，我们还不能确定内啡肽对愉悦感能产生多少贡献。

完全用生物学来诠释心理学的难点在于，有时候我们忽略了心理、大脑和身体相互影响的事实。当我们运动时，除了感觉愉快之外，还会自我感觉良好，另外运动对我们还有一种积极的影响，只是你无法追溯到大脑内的某种特殊化学物质或某个区域。如果你已经情绪低落，运动一下就会让心情变好，那种知道自己就要好起来和自力更生的感觉将彻底改变你的心态。只要养成这种习惯就能显著改善你的情绪。显然，一些改变正在发生。

运动实验室

THE REVOLUTIONARY NEW SCIENCE OF EXERCISE AND THE BRAIN

最好的例子是加州大学伯克利分校人口学实验室进行的一项具有里程碑意义的研究：阿拉米达研究（Alameda County Study）。研究人员从1965年开始跟踪随访8 023名年轻人长达26年，调查其生活习惯及健康有关的众多因素。他们回顾比较了受访者在1974年和1983年的情况。起初，所有人都没有抑郁的迹象。在这些受访者中，9年内渐渐减少运动的人患抑郁症的风险是经常运动的人的1.5倍。而那些起初不运动的人开始逐渐增加运动量，到1983年，与一直运动的人相比，他们罹患抑郁症的风险并没有增加。换而言之，改变运动的习惯，就能改变患抑郁症的风险。

另外几项具有深远意义的研究从几个略微不同的角度分析了这种相关性，所有研究都得出了相同的结论。2006 年，荷兰公布了一项针对 19 288 对双胞胎及其家庭的大规模研究。**结果表明，运动者很少焦虑、抑郁或神经衰弱，而且更乐于与人交往。**1999 年，一项涉及 3 403 人的研究结果显示，与那些很少运动甚至不运动的人相比，每周运动两到三次的人会更少有抑郁、愤怒、压力感、愤世嫉俗、怀疑一切的心态。这是一项包括情绪问题在内的心血管疾病风险因素调查，也就是说他们研究的是一系列比临床抑郁症更广泛的症状。2003 年，哥伦比亚大学的流行病学系公布了一项涉及 8 098 人的研究，结果证明运动与抑郁之间成反比关系。

运动促使大脑增强自尊感

畅销药百忧解上市时，它是第一种能够改善单一神经递质失衡的抗抑郁药物，同时也是 SSRIs 类药物的鼻祖。这类药物阻止血清素被神经突触吸收再循环利用，以留出更多可以利用的血清素，理论上恢复了大脑中这种神经递质的正常水平。百忧解的出现令人欢欣鼓舞，因为许多人服用后都有效果，而且它意味着抑郁的诸多问题可以得到解决。百忧解的巨大影响在于，它不但消除了消极情绪，还增强了自尊，而缺乏自尊正是抑郁症的一个典型特征。

20 年后的事实表明，百忧解和它的 SSRIs 后代并不是对每个人都有效，那些针对去甲肾上腺素、多巴胺或三种神经递质任一组合的抗抑郁药也是如此，问题之一就是副作用。比如，那些服用 SSRIs 类药物见效的患者在几个月后出现了性生活问题。有些评估表明，有五成以上的人抱怨他们有过这类困扰，其程度涵盖缺乏兴趣到性功能障碍。（这或许意味着可以让性侵者服用 SSRIs 类药物。）

人们很容易忽略或排除考虑性方面的问题，尤其当他们在其他方面感觉良好时，但这些问题会向我们悄然逼近并引发其他问题。性感受和性欲是我们每个人最重要的驱动因子，对其进行遏制会导致我们对生活失去激情、缺乏亲密行为或者可能失去很多机会。总之，尽管这些副作用肯定不会比抑郁症更严重，但对许多人来说，它们影响了生活。现在需要警惕的是，SSRIs 类药物可能会增加儿童和青少年出现自杀念头及自杀行为的风险。这一结论还在争议中。但是，患者很难停止服用这类药物，尤其是文拉法辛（商品名郁复伸，Effexor）。

最近，我正在对一位事业成功的企业家进行治疗。他因婚外情和妻子分居，生活一团糟。同时，他还丢下了自己的工作。他来找我是想进一步了解在婚姻治疗中意外出现的一个问题，而且他一直是 ADHD 患者。

因为他坚决反对任何“非自然”东西进入自己身体，所以他拒绝吃药。但妻子的压力以及他因欺骗伴侣而产生的内疚感，使他最终同意使用药物治疗。我们试了好几种不同的药，但很快就都停用了，因为他出现了头痛、胃痛及肌肉疼痛的症状。

我告诉他，将注意力问题暂放一边，他的首要问题是抑郁情绪。他不爱运动，没有积极性，而且对任何事情都会感到失望，也没有付出任何努力来调整自己的工作状态。尽管这种状态已经持续数月，但他拒绝承认这是一个问题。有一天，他来到我这里，情况看起来变得更糟糕了。平时特别整洁的他，那天胡子拉碴，头发凌乱。他告诉我，他挣扎了好久才起床。

我坚持让他尝试一种抗抑郁药，并向他介绍 SSRIs 类药物——草酸艾斯西酞普兰（商品名来士普，Lexapro）。他闻听此言，立刻开始恶心、呕吐。他说他不想再试新药了。

他过去一直进行体育锻炼，所以我告诉他，实际上应该坚持每天运动。其实，我之前就一直这样说过，不过有了来士普这个插曲后，我开始向他解释运动对大脑的巨大影响，并且给他看相关研究，以唤起他的专业敏感性。

两周后，他看上去像另一个人。他面带微笑，充满自信，而且他对自己几乎每天长跑的这个事实感觉很满意。又过了一个月，我看到他开始认真寻找工作，同时在与妻子和解方面也有了很大的进展。这是他第一次告诉我，他对与妻子重归于好充满希望。最令他惊讶的是，他感觉自己如此不同，而且他能够保持这种感觉。

除了会增加内啡肽以外，运动还会调节所有抗抑郁药锚定的神经递质。首先，运动可以瞬间提高大脑某个区域内去甲肾上腺素的水平，那是希尔德克劳特最喜欢的神经递质。运动唤醒大脑，并促使大脑增强自尊感。低自尊是抑郁症的一个组成要素。

运动还促进多巴胺分泌，而多巴胺能改善情绪和幸福感，并启动注意力系统。多巴胺与动机和注意力都有关。研究证实，长期运动可增加大脑内多巴胺的储存量，而且促进大脑奖励中枢内制造多巴胺受体的酶大量生成，由此产生一种类似成功完成某件事后的满足感。一旦出现这种满足感的需求，多巴胺基因立刻被激活，产生更多的多巴胺，以便让这些通道获得更稳定的调节，而这也是控制成瘾的关键。

运动与抗抑郁药物同样有效

运动实验室

THE REVOLUTIONARY NEW SCIENCE OF EXERCISE AND THE BRAIN

不久前，我们才了解运动和抗抑郁药影响的化学物质是相同的，但还没有人把这两种方式系统地进行面对面的完整比较，直到 1999 年，杜克大学的研究人员开始了这个工作。这个具有里程碑的研究被亲昵地称为“微笑”（SMILE），即“标准医疗干预和长期运动”（Standard Medical Intervention and Long-term Exercise）的缩写。在这个为期 16 周的实验中，詹姆斯 · 布鲁曼索（James Blumenthal）和他的同事对运动与 SSRIs 类药物舍曲林（商品名左洛复，Zoloft）进行比较。他们把 156 位患者随机分成三组：左洛复组、运动组及联合治疗组。安排运动组在监督指导下每周 3 次行走或慢跑 30 分钟，强度为其有氧运动能力的 70%～80%（不包括 10 分钟的热身运动和 5 分钟的缓和运动）。结果如何呢？这三组患者的抑郁症都有了显著改善，而且每组都有约一半的人完全走出抑郁的森林，进入缓解期。另外有 13% 的人症状减轻，但仍没有完全恢复。

布鲁曼索得出结论：**运动与药物同样有效**。我的有些患者对运动可以通过改变脑内化学物质来治疗抑郁症的观点持怀疑态度。于是我把这个研究的资料复印给他们。因为它清楚指出精神病学界希望传递的信息，至少到目前为止确是如此。这些成果不只应该在医学院内传授，更应该让所有医疗保险公司充分了解，还应该张贴在全美国每一家养老院的公告栏内。因为在养老院里，接近 1/5 的患者有抑郁症。如果每个人都知道运动的效果和左洛复一样，我想我们就可以真正减少这种疾病的发生。

仔细琢磨“微笑”研究的言外之意，可以发现某些复杂的问题，正是它们阻碍人们把运动视作一种医疗方法。就像安德利亚斯 · 布鲁克斯在 1997 年针对运动与抗焦虑药氯丙咪嗪所做的比较。尽管两组的改善水平最终相同，但服药组患者得到了更快速的缓解。乍看之下，这似乎与制药公司提醒抗抑郁药可能需三个星期才能起效的说法相矛盾，但这只是一个统计数据。过去几年中，我有很多患者服用抗抑郁药才几天就有了效果。

反过来，对那些仅一次运动就能改善情绪的研究，大家会怎么看呢？例如，2001 年，北亚利桑那大学的心理学教授谢丽尔 · 汉森（Cheryl Hansen）指出，短短 10 分钟的锻炼就能快速增强健康被试的活力，改善其情绪。不过，假如汉森在数小时后重新检查被试的情绪，她很可能会发现它们又回落到基线水平。所以，我们不但要知道一次运动就可以改善我们的情绪，还要记住若想长期改善情绪，需要长期坚持运动。这两点同样重要。

运动实验室

THE REVOLUTIONARY NEW SCIENCE OF EXERCISE AND THE BRAIN

布鲁曼索在研究中每周评估一次被试在运动前的情绪。他发现有些患者的情绪很快就有了改善，但效果并不像药物那样显著。抑郁症康复的一个关键指标是，你可以预测 5 分钟后仍然会感觉良好，然后 5 小时后，你会很自信地预测第二天早上你的感觉一样好。若希望间断性运动达到这个效果可能需要更长的时间。

这项研究结束后第6个月，布鲁曼索和他的同事对当初的被试做了调研，以了解他们的情况。结果发现，运动的长期效果比药物还要好。运动组中大约有30%的人仍有抑郁症状，服药组中的比例是52%，而联合组中的比例则是

55%。（布鲁曼索对联合组的这个结果提出了一个有趣的解释，稍后我会介绍。）而那些在研究初期进入好转期的患者中，运动组只有3%复发，而服药组的复发比例是38%，它们的差距相当明显。

最初 4 个月的实验后，被试可以自由选择任何治疗方法（或不治疗），这使结果更为复杂。有些患者参加心理治疗，有些服药组的患者开始运动，而有些运动组的患者开始服药，由此使大量可变因素开始起作用。布鲁曼索的研究团队发现，预测某个人是否感觉更好的最重要方法就是看他们的运动量。尤其是，每周运动 50 分钟和抑郁概率下降 50% 之间的联系。布鲁曼索认为现在还不能断定运动是抑郁症好转的原因。或许反过来也成立：那些患者之所以继续运动，是因为他们的抑郁情绪减少了。当运动与情绪之间存在相关性的时候，科学家面对的就是“鸡生蛋还是蛋生鸡”的经典问题。不过，究竟是运动使你情绪好转，还是你情绪好转了才运动，这真的很重要吗？不管怎样，你的感觉越来越好。

那么对联合组那个出人意料的结果，又做何解释呢？布鲁曼索原本设想，既运动又服用左洛复的效果应该最理想，但这组患者的复发率却最高。他推测可能有些被试不赞成服药的观点，他们认为自己来参加的是运动对抑郁症影响的研究。当发现自己还要服用药物时，有几位患者显得特别沮丧。在实验期间，有些患者表示，药物破坏了运动的有益之处。从生理学角度看，这是不太可能的事。但是，服用药物削弱了运动赋予被试的自我掌控感，这是有可能的。布鲁曼索在研究中解释道：“患者并不相信‘我全身心投入而且努力实现了运动计划，尽管这不容易，但我战胜了抑郁症’。相反，他们可能相信‘我是通过服用抗抑郁药才好起来的’。”

用运动消除抑郁情绪

当谈论抑郁症时，我们不用“治愈”这个词，因为我们对行为和情感只有主观的评价标准。大约有 1/3 的抑郁症患者服用抗抑郁药后，他们的症状达到了完全好转的程度；而另外 1/3 的服药患者感觉好了许多，但他们还是存在缺乏积极性、倦怠和疲劳的问题。尽管已经没有了最消极的想法，但即使他们能够起床，也还是无法寻找一份新工作或做他们本该做的事。他们的感觉还没有完全正常，仍徘徊在抑郁症的阴影下。最新版的《精神疾病障碍与统计手册》(*Diagnostic and Statistical Manual of Mental Disorders*) 列出了抑郁症的 9 大症状。如果你有其中的 6 种，那么你就可被诊断为抑郁症患者。如果你说自己注意力无法集中、失眠、感觉自己毫无价值、对任何事都缺乏兴趣，这仅有 4 种，严格地讲，你并没有得抑郁症。那么你到底是怎么了呢？只是感觉不舒服吗？我的观点是，无论是什么程度的抑郁情绪，你都必须彻底消灭它。在这一点上，运动开始受到极大的重视。

运动实验室

THE REVOLUTIONARY NEW SCIENCE OF EXERCISE AND THE BRAIN

麦哈卡尔·特里维迪（Madhukar Trivedi）是一位临床心理医生，而且是得克萨斯大学西南医学中心情绪障碍研究计划（Mood Disorders Research-Program）的负责人。他一直在从事通过运动增强抗抑郁药有效性的研究。2006 年，他公布的一项初步研究表明，服用抗抑郁药无效的患者经过 12 周运动后，标准抑郁症测试的得分降到了 10.4 分，该测试最高分是 17 分，这是一个很大的降幅。参与研究的 17 位患者都患有严重的抑郁症，而且至少服用过 4 个月的抗抑郁药物。虽然药物没起作用，但为了这次实验，患者还是服用了药物。

特里维迪得到库珀研究院的帮助，草拟了运动方案。他们让那些最初不运动的患者在家中运动、走路或骑健身车，运动次数和强度则根据个人情况而定。研究者对患者的唯一要求是，患者每周必须消耗一定的能量。多数人选择每周 3 天每天平均 55 分钟的行走。有 9 个人退出了实验项目，这并不令人吃惊。在 8 位完成运动计划的患者中，有 5 人的病情达到了完全好转。即使那些只坚持了一周运动计划的患者，也表现出症状有所改善。

虽然被试的数量很少，但特里维迪的研究结果影响巨大。至少对那些服药无效的患者来说，运动是有效的。为什么在实验最初没有选择运动呢？尤其是当你用其他药物进行试错实验的时候，为什么不选择运动呢？尽管这颗神奇药丸的魅力是巨大的，但它还是经过很长一段时间才彻底改变了人们的态度。只要问问拜拉姆·卡拉苏（Byram Karasu）便知。他是美国精神病协会（American Psychiatric Association，APA）重度抑郁症防治小组的负责人。他积极推动 APA 正式把运动纳入抑郁症治疗指南，同时建议精神科医生让每一位患者每天行走 4 800~6 400 米，或者进行其他类型的剧烈运动，但是他的提议遭到了 APA 的拒绝。大概是因为多数医生尽管认可有关运动改善情绪的一些轶事证据，但他们认为其都缺乏足够的科学依据。这是一个解析大脑、揭开细胞生与死之谜的时代，你很难让精神科医生把运动这样的医学策略当成一种治疗方法。

任何医生都会告诉你最难对付的患者就是其他医生。因此，可想而知，要让患者相信运动在治疗抑郁症方面占有医学地位，是多么困难的事。格蕾丝有轻度抑郁症病史，她恰好又是一位医学知识丰富的精神科医生。尽管如此，我们还是无法找到一个无副作用的抗抑郁药。SSRIs 类药物似乎对她最有效，不过她可能试一下就会放弃，因为这类药物让她的体重迅速增加。她才华横溢，而且精通运动生物学，至少她了解一些，但她就是不爱运动。

由于后背受伤，她只能在床上待一段时间。后来完全是为了身体康复，她开始游泳。这是她当时唯一能够做的事，而且游泳的感觉很好，因为水的浮力使她的疼痛感有所缓解。她享受到了游泳的乐趣，于是开始每天在泳池里游 3 小时。结果，不仅疼痛感减少了，格蕾丝还见到了久违的肌肉线条，这让她产生了强大的自信感。

然而，冬天游泳馆关闭后，她的背痛复发，情绪也再次一落千丈，她开始大发脾气。很少有什么运动项目能令她达到仰卧的效果。她开始练举重物，每天多次练习——以足够快的速度提起、放下仅 1 千克重的哑铃，以提升心率。即使是轻微的活动对她也有帮助，更重要的是，这种经历促使她的大脑和思想发生了转变。我与格蕾丝相识多年，但这次一定是有某种东西在促使她正确看待运动。

格蕾丝不但解决了背部痉挛的毛病，还养成了非常稳定的游泳习惯。她说自己的思维和写作都变得更有创造性，而且她感到自己有一种从未有过的活力，连家人和朋友也注意到她的这种转变。不过格蕾丝本不该那样惊讶：她回忆自己大学时代在跆拳道队每天参加训练时，她创造了个人的最高纪录。后来，作为波士顿的一名年轻医生，她还参加了马拉松。就像许多人一样，她在成家后放弃了运动的习惯。“我实在是太忙了，早已忘记了锻炼的好处。”格蕾丝说，“不过现在，我感觉大脑又恢复了活力。”

抑郁症：出现连接麻烦的大脑

直到有了清晰的大脑成像技术后，我们才真正开始了解各种不同的药物治疗和运动如何帮助人们摆脱抑郁症的束缚。20 世纪 90 年代初，利用磁共振成像技术，我们注意到某些抑郁症患者的大脑扫描照片上有几处小的亮斑。我们知道那是脑白质内的高强度信号。脑白质是脑内密集成束的神经元轴突的一部分，在大脑皮质灰质区域轴突的作用是连接神经元。进一步放大大脑扫描照片后，我们发现抑郁症患者大脑皮质容量有变化，即灰质发生了生理性萎缩。灰质就是薄而有皱褶的大脑皮质。大脑皮质由无数细胞组成，它们控制着我们的注意力、情绪、记忆、意识等所有复杂的功能。磁共振成像结果证明了一个基本观点：慢性抑郁症可能导致这块大脑思考区域的结构性损坏。

运动实验室

THE REVOLUTIONARY NEW SCIENCE OF EXERCISE AND THE BRAIN

相关研究表明，抑郁症患者的杏仁核以及海马内也有重大变化，这两个部位在应激反应中起到关键作用。我们知道杏仁核是我们的情绪中枢。不过我们刚发现，记忆中枢也和压力及抑郁有关。1996 年，华盛顿大学圣路易斯分校的伊薇特 · 雪兰尼（Yvette Sheline）对 10 名抑郁症患者与 10 名健康人进行了比较了，两组被试具有相同的身体状况和教育背景。结果发现，与对照组相比，抑郁症患者的海马缩小了 15%。她还证实，海马萎缩的程度与患抑郁症的时间长短有直接关联，这是一个新信息。也许这能解释：为什么许多抑郁症患者会抱怨有学习困难和记忆困难？阿尔茨海默病患者的情绪为什么会恶化？这种神经退行性疾病首先损害的就是海马。

高水平的压力激素、皮质醇毁坏了海马的神经元。如果在注满皮质醇的皮氏培养皿中放置一个神经元，这个神经元上与其他细胞联系的那些关键部位就会萎缩。不但突触基本停止生长，树突也大都枯萎，导致神经元的交流被阻断。这可能在一定程度上解释了为什么抑郁症患者的大脑总是处于消极思维的状态下——循环出现消极记忆，也许是因为患者大脑无法扩展旁路来形成替代性记忆。

脑神经成像豁然间打开了一个全新的抑郁症生物学视野。尽管成像仍然粗糙模糊，但与快照技术相比，现在的正电子发射断层显像（PET）和功能性磁共振成像（fMRI）技术能提供更多机会让科学家观察到运行中的大脑。同时我们还知道，不但海马中每天都有新的神经细胞产生，前额叶皮质可能也是如此，而抑郁症患者的这两个区域都有缩小的现象。新工具和新发现引导我们重新阐释神经递质理论。

我们并没有丢弃传统的理论，而是扩展它。现在，我们把抑郁症看成是大脑情绪回路系统的物理变化。如果相应位置上的正常连接点数量不足，要想在突触间传输信息，那么去甲肾上腺素、多巴胺和血清素就是不可或缺的神经递质。对大脑本身来说，它的职责就是传递信息并不断地自我产生新的神经回路以帮助我们适应和生存。患抑郁症时，似乎在某些特定区域中，大脑的适应能力逐渐丧失了。在细胞层面，抑郁症将学习的大门缓缓关闭。大脑不仅陷入一个自我憎恶的怪圈中，而且还失去了凭借自我力量摆脱窘境的灵活性。

重新把抑郁症定义为一种连通性问题，有助于解释人们表现出的广泛症状。不仅是感到空虚、无助和绝望的问题，它还影响着学习、注意力、精力和动机。这些迥然不同的系统涉及大脑思考区域的不同部位。不但如此，抑郁症还影响身体，它熄灭了睡欲、食欲、性欲甚至是照料自己的天性。精神病学家亚历克山大·尼库莱斯科（Alexander Niculescu）把抑郁症看成一种在无望环境中保存资源的生存本能。2005 年，他在《基因组生物学》（*Genome Biology*）杂志上的一篇文章中提到，“这是一种保持不动以避免危险的生存本能”。这是一种冬眠的方式：当情绪状态进入寒冬，我们的神经生物系统告诉我们要待在室内。它唯一能做的就是持续比冬季时间更长的冬眠。就好似我们整个身体都说：外面世界对我没有任何好处，所以还不如放弃算了。结果就是萎缩、神经可塑性以及神经新生的停滞和连通性的整体缺乏。毫无疑问，我们不会把抑郁症定义成一个单纯的问题。

有氧运动是天然的放电法

如果抑郁症的主要病因是通信故障，或大脑适应能力的丧失，那么对运动的价值而言这是一个好消息。20 世纪 90 年代初，我们就已经知道脑源性神经营养因子（BDNF）可以保护海马等情绪控制区域内的神经元免受皮质醇的干扰。BDNF **是促进神经元相互连接和生长的肥料，对神经可塑性和神经新生至关重要。**极高水平的皮质醇会减少 BDNF，而抗抑郁药和运动的作用正好与皮质醇相反。BDNF 就是慢性压力和适应力之间进行拔河比赛的那根绳子。这种生长促进剂开始成为新的血清素，于是我们开始用想象到的每一种方法来测量、阻断、增加以及调整，以观察它对老鼠和人类情绪的影响。

- **习得性无助**
（learned helplessness）
美国心理学家马丁·塞利格曼[①]于 1967 年提出的一个概念。指一个人长期或反复经历挫折和失败后，面临问题时会产生无能为力的心理。

我们无法问一只老鼠是否感到抑郁，不过我们可以观察它对无法避免的压力的反应。当它的双脚受到电击，它是逃跑还是呆若木鸡呢？这是习得性无助（learned helplessness）的实验模型。它是描述人类抑郁症的一种通常方法。抑郁症意味着人失去了生存和健康成长所必需的克服逆境及采取行动的能力。如果实验中的老鼠放弃逃跑，那么我们就认为它患上了抑郁症。

---

① 马丁·塞利格曼的作品《真实的幸福》《活出最乐观的自己》《认识自己，接纳自己》《教出乐观的孩子》《持续的幸福》均由湛庐引进。——编者注。

运动实验室

THE REVOLUTIONARY NEW SCIENCE OF EXERCISE AND THE BRAIN

在这类实验中，一旦将 BDNF 直接注入老鼠的海马内，它们就会比没有接受治疗的老鼠产生更快的逃跑反应。BDNF 针剂对老鼠行为的作用似乎与运动及抗抑郁药相同。相反，科学家让老鼠服用 BDNF 因子，所产生的 BDNF 量比针剂量减少了 50%，效果不如抗抑郁药。这个结果表明，成分是药物起效的关键。与那些 BDNF 正常发挥作用的同类相比，这些老鼠的逃跑反应相当慢。

在人体实验中，科学家仅被允许测量血液中的 BDNF，而这只能粗略提供大脑内 BDNF 的一个近似值。一项针对 30 名抑郁症患者的研究表明，每个患者的 BDNF 水平都低于正常值。在另一项研究中，抗抑郁药将抑郁症患者的 BDNF 恢复到正常水平，不过这项研究也表明，BDNF 水平越高，症状就更少。研究者在一些抑郁症自杀患者的尸检分析中发现，患者大脑内的 BDNF 水平明显下降。即使在健康人群中，较低 BDNF 水平也被认为与个性有关。比如，神经过敏和敌对状态的个性特质更容易使人患上抑郁症。

运动增加老鼠海马的 BDNF 含量，其效果至少与抗抑郁药相同，有时还更多。一项研究证实，运动结合抗抑郁药可使 BDNF 水平猛增至 250%。我们知道运动至少可提高人类血液里的 BDNF 水平，而且增加的量与抗抑郁药物一样。

就像 20 世纪 60 年代的去甲肾上腺素，BDNF 可能只是那座冰山的一角。如今的研究不仅集中在 BDNF 上，同时还聚焦于血管内皮生长因子（VEGF）、成纤维生长因子 -2（FGF-2）、类胰岛素样生长因子 -1（IGF-1）及所有与促进神经可塑性和神经新生有关的化学物质。同时，各大制药公司正出资对所有这些因子进行评估，并绘制出受其影响的基因图谱，以便弄清如何模拟出这些因子的活动。BDNF 和其他神经营养因子处于血清素的上游，更接近源头。不过最终，它们还是靠基因启动。

神经递质通路理论的假说从神经细胞外部转到了内部。就像血清素一样，除了作用于突触之外，BDNF 不但刺激基因产生更多的神经递质和神经营养因子，还遏制细胞的自杀式活动，释放出抗抑郁物质，更为制造轴突和树突提供了蛋白质原料。这些受基因控制的 BDNF 的调节作用对解释抗抑郁药物起效缓慢有极大的帮助。

通常抗抑郁药物需要三周时间才能起效。神经新生，即海马中一个干细胞从诞生到连通神经网络所需的时间几乎与此相同，难道这仅仅只是巧合吗？许多研究者不这么认为。通路理论的最新观点是，神经新生的停滞也许是抑郁症的一个因素。有些研究已经表明，阻止老鼠的神经新生就能使抗抑郁药失效，因此这有可能是事实。鉴于运动明显增加了 BDNF 和其同宗的营养因子，而这些都是参与神经新生所必需的因子，所以上述观点为运动和抗抑郁药效果之间提供了更为有力的联系。还没有人证明 BDNF 的缺乏会导致抑郁症，但不缺这样的研究。1997 年，耶鲁大学精神病学家罗纳德·杜曼（Ronald Duman）在《普通精神病学文献》（*Archives of General Psychiatry*）上发表了《抑郁症的分子细胞理论》（*Molecular and Cellular theory of Depression*）一文。从那以后，罗纳德和同事们一直致力于破解 BDNF 的秘密。2006 年，他详细记录了各种治疗方法对 BDNF 的影响，不仅包括全部现有的抗抑郁药物，还有电休克疗法（electroconvulsive therapy，ECT）和经颅磁刺激（transcranial magnetic stimulation，TMS）等不太常用的治疗手段。这些方法全都提高了海马的 BDNF 水平，而杜曼特别指出，电休克疗法是最有效的治疗方法，它使 BDNF 增加了 250%。

电休克疗法让一束电流通过大脑来诱导痉挛的发生。然而像这类不敏感的物理疗法怎么会像药物、理疗和运动那样有效呢？我认为，电休克疗法提供了一个有益的象征。如果我们把抑郁症看成是一道禁锢大脑的闸门，那么所有这些治疗方法之间都有一个共同的思路：从某个角度说，它们都是冲击电流。它们释放四处飘散的电火花，改变大脑的原动力。有些原动力始终陷于忙乱中，而另一些被限制在原地无法动弹。我想，这把钥匙唤醒了大脑和身体，让你有力量从漩涡中自拔。有氧运动之所以如此强大有效，就在于它正是那种能释放出火花的创新性方法。它激活了大脑的每个层面，从点燃神经元的代谢熔炉到锻造突触间信息传递的每个结构。

挣脱抑郁枷锁：别让大脑留在离线状态

当分子学家正开始用工具撬开大脑闸门之际，埃默里大学的神经学家海伦·梅伯格（Helen Mayberg）则打算把它完全砸开。几年前，她对“深部脑刺激”（deep brain stimulation，DBS）的基本原理进行过检验。她把一个电极植入 6 名重度抑郁症患者大脑的膝下皮质（subgenual cortex）。此前这些患者接受过的其他治疗方法均告无效。“这些患者都无法动弹。”梅伯格说，“大脑运转失灵导致他们失去了把思想付诸行动的能力。形象地说，我们需要找到一种方法把他们从束缚的状态中解脱出来。”她选择了电压，结果非常显著。就在操作台上，6 名患者都主动表示有类似“空虚消失”的感觉，而那一刻电极还通着电。最终，有 4 名患者完全好转。

梅伯格对准的大脑区域是前扣带回（anterior cingulate）的末端。前扣带回是一个主要的中转站，前额叶皮质的信息经由这里传出，而边缘系统的信息又传到这里。它就是我们情绪楼梯天井里连通上下楼梯的平台。坐在执行功能的位置上，它不但优先处理你所关注的事，还间接调节边缘系统，同时将认知和情绪信号融为一体。对抑郁症患者来说，一旦前扣带回未能将注意力从消极的事情上转移开，那么患者就无法思考任何事。“你不能开始、不能清晰地思考，不能关心家庭，你的注意力被内在信号引导到某样东西上。与之相比，其他都变成了次要的，但那是错误的信号。”梅伯格说，“你可以纠正这个问题，但随后其他问题更有可能乘虚而入。”

运动关键词

- **前扣带回**（anterior cingulate）位于大脑额叶的内表面，参与人类一系列的行为，包括认知控制、基于强化的学习、疼痛、情绪、动作功能等。

深部脑刺激真正的目的是重新接通前额叶皮质，这样你就可以使用执行功能来处理核心问题。它让你有时间理性地对待某些问题，比如“我不是一个坏人，我的孩子爱我，我的生活并非无可救药”。这里还有一个运动有效性的例子。2003 年，德国一组神经学家开展一项研究，以 24 名正接受药物治疗的轻度抑郁症患者作为实验组，以 10 名健康人作为对照组。所有被试都接受了一组用来评估执行功能的神经心理学测试。随后，被试使用健身自行车，以最大心率 40% 的强度维持 30 分钟后再重复那组测试，再以维持最大心率 60% 的强度重复上述过程——让乳酸水平降低到失衡状态。在两种运动强度下，抑郁症患者的四种心理测试结果中有两种得到显著改善。这证实，运动可以即刻改善最高的思维形式，即使一次锻炼也足以影响前额叶皮质。10 名没有抑郁症的志愿者的状态并没有得到改善，当然他们也不需要改善。

梅伯格可能是第一个认为执行功能只是冰山一角的人。她把服用抗抑郁药物见效的患者和接受认知行为疗法见效的患者的 PET 扫描结果相比较后发现，这两种方法改变大脑边缘系统活跃度的顺序正相反。抗抑郁药似乎是通过自下而上的一系列活动来发挥作用的。也就是说，它最先作用于脑干，然后波及边缘系统并一直传到前额叶皮质。这可能解释了抗抑郁药物为什么首先缓解生理症状，即我们先感到体力充沛，然后才感觉忧伤减少。而在认知行为疗法和心理疗法中，则先出现自我感觉变好，然后才感觉体力充沛。这种疗法的作用从前额叶皮质开始，再一路下传，先改善我们的思维，使我们能够克服习得性无助，从而自己跳出这个绝望的漩涡。

运动的魅力在于，它同时从两个方向出发解决抑郁症这个问题。它使我们自然而然地行动起来，激发脑干，让我们更有精力、激情、兴趣和动机。我们感觉更加精力充沛。通过调节前额叶皮质内的血清素、多巴胺、去甲肾上腺素、BDNF 和 VEGF 等我提及的所有化学物质，运动自上而下地转变了我们的自我概念。与许多抗抑郁药物不同的是，运动不是选择性地影响哪种物质，而是调节整个大脑的化学物质来恢复正常的信号传递。它把前额叶皮质解脱出来，使我们能够记住有益的东西，从而摆脱抑郁症的悲观模式。运动还证明了我们可以主动改变某些事情。运动的作用模式也适用于改善日常的情绪，哪怕我们是感到沮丧或是要对付某些令人心烦的事情，甚至是遇到一个坏天气。

双管齐下解决抑郁症的观点可能再重要不过了。“即使是那些接受过大脑刺激疗法的患者，一旦你让患者大脑系统回到现实状态中，他们也需要心理修复。”梅伯格说，“修复的最初目的就是让患者能做点什么。最好的行为疗法就是到外面走一走，活动起来。这不需要你有什么缜密计划。它使你不会整天想着消极的事情。由于此前你无法主动让自己动起来，所以你一旦开始某种身体活动，它就迅即产生强化作用。”

假如你的前额叶皮质出现了一段时间的短路，你需要重新规划它，那么运动就是最好的工具。它使你开始用不一样的眼光看待这个世界，你看到的是森林而不是一片贫瘠的荒漠。若你看到自己前进的步伐，仅凭这一点，你就已经成功了：这证明你完全可以自我拯救。

由上而下建立自信，由下而上涌现活力

自从开始寻找抑郁症的罪魁祸首，科学界已经走在一条漫漫长路上。几十年对单胺假说的研究成果已经让我们学到大量情绪生物学方面的知识。我们离抑郁症的成因越近，情况就显得越复杂。开始时，我们每个人都相当肯定，问题就出在突触内神经递质的失衡上。然而，现在我们很清楚事情并不是那么简单。

具有讽刺意味的是，我认为这恰恰就是运动还没有被认可为医学疗法的原因。运动并不是简单地增加血清素、多巴胺或去甲肾上腺素的量，而是把所有这些物质调节到适当的水平，我们只能推测，那是人类进化过程中就已设定好的最佳水平。运动同样对 BDNF、IGF-1、VEGF 和 FGF-2 有作用，而这些因子为新神经网络和新神经元的构成提供了原材料并起监督作用。总之，运动对大脑内那么多的可变因素均有影响，因此在自然科学的名义下，按照我们的想法把运动的效应逐一分类挑选出来，这几乎是不可能的事。不过从极小的分子运动到多年来十几万人的大规模调查研究，证据随处可见。**没错，运动就是一种抗抑郁药。**

参加运动与抑郁症研究的患者有大约 1/2 会中途退出。然而关于这一点我们并不感到惊讶。或许因为大多数退出的患者最初对运动就不感兴趣，何况一开始他们就要面临如此多的挑战。这是医生在推荐运动时要记住的关键点。对那些已经出现绝望情绪的患者，给预期赋予合理性对他们很重要，这样就不会增加消极影响。另一方面，研究表明，即使是那些觉得运动本身就令其不舒适的患者，锻炼结束后，也立即能出现一种积极的情绪。如果了解抑郁症患者的情况，那么就更容易帮助他们渡过难关。

人类是社会化动物，所以一旦你感到情绪低落，那么选择一种运动是最理想的方式，它能激励你建立神经连接。这种运动可以在户外或某种能激发感觉能力的环境中进行。在运动过程中邀请别人加入，并把自己置于一种全新的背景下，

可以给那些刚诞生的神经元提供了一种生存下去的强大动力，而组成新神经连接的需要是感觉刺激的结果。摆脱那种一直禁锢大脑的空虚感，会让人有目标感和自尊感，从而产生积极的情绪。一旦有积极的情绪，你就会把这份热情投入某些事情中。你把这种自下而上的动机和充沛精力与自上而下的重新自我评价结合在一起。**激励身体运动的同时，你也在激发大脑对生活的热爱。**

处方：多运动并没错

运动实验室

THE REVOLUTIONARY NEW SCIENCE OF EXERCISE AND THE BRAIN

每当我建议把运动作为治疗手段时，人们问的第一句话就是“我的运动量应该是多少”，其实这并没有固定的答案，特别是考虑到抑郁症的症状和轻重程度时。不过麦哈卡尔·特里维迪已经对可达到有效性所需的运动量得出了结论。特里维迪希望通过确定每一次的运动量，创造出让医学专家可接受的运动疗法。这是极为关键的，因为医生必须和患者共同花时间来考虑哪种锻炼方案能让患者不断进步。

在一项研究中，特里维迪和安德烈亚·邓恩（Andrea Dunn）合作，把 80 名抑郁症患者分成 5 个小组，其中 4 个小组执行不同强度和频率的运动实验方案，而另外 1 组对照组则只是在监督下进行放松式的散步（观察在有人监督情况下，社交活动是否有效）。研究人员把每 0.5 千克体重消耗的能量大卡数作为“剂量”尺度。两个高强度组每周分别运动 3 次和 5 次，在此期间平均消耗 1 400 大卡（1 大卡≈ 4.19 千焦）能量。三个月结束后，不管频率如何，两个高强度组的抑郁症得分下降了一半。实际上，他们的抑郁症状明显减轻。低强度组平均消耗 560 大卡的能量，抑郁症得分下降 1/3，大致上与散步组相同，和对照组的效果一样。我们从中所得到的结果就是我一直对患者说的：**做些运动有好处，运动越多益处越多**（某种程度上）。

特里维迪和邓恩的高剂量标准来自公共卫生领域对运动的建议。这些建议提议：人们每天应该进行大约 30 分钟中等强度的有氧运动。如果你的体重是 68 千克，那就等于每周需要约 3 小时的中等强度运动。低剂量的运动则是每周做 80 分钟左右的运动。

只要把你的体重[①]乘以 8，就可以算出高剂量运动时，你应该燃烧多少大卡的能量。然后去健身房，你可以在某种运动项目上知道自己消耗了多少大卡的能量。（大部分有氧健身器材都有监控记录。）如果你的体重为 68 千克，而你在跑步机上锻炼 30 分钟消耗的能量是 200 大卡，那么你需要每周锻炼 6 次，才能达到高剂量运动。

我会向同比尔一样患有影子综合征的人推荐这种剂量的运动。有些人虽然没有临床诊断的抑郁症，但他们更易于采用悲观消极的态度对待生活，或者在他们的印象中，包括自己在内，这个世界上没有一个人符合他们的高标准。对比尔来说，当他每天早晨在健身房跑步和举重时，都会和一群在那里锻炼、喝咖啡的老客户不期而遇。比尔在工作中的表现以及他与同事的关系都有了改善，而且他觉得自己不会再带着下意识的反感情绪看待每一个新计划。他开始喜欢新挑战。他的这些举动完全改变了妻子对他的看法。

接着，我还会把这个方法推荐给那些只是有点儿情绪低落的人。他们更容易产生自卑感。部分原因在于他们对自己每天的情绪毫无把握，不知道自己是牢骚满腹还是心情愉快。我的患者吉莉恩就是这个样子。她与自己的“白马王子”订婚后，就开始变得抑郁起来，而且常常发脾气。我们开始探讨这个问题。我自然

① 此处计算体重单位为磅，1磅≈0.45千克，68千克等于150磅。——编者注

不断鼓励她进行锻炼，最后她在办公室附近的一家健身房办了张健身卡。她很明智地与一位老会员结为搭档，他们相互鼓励并每天在午餐时间进行锻炼。几个月后，她对自己感觉很满意，而且她还表示自己每天的活动很有规律，而这有助于她保持一种生活的节奏，同时也增加了她的安定感。

有些情绪变化不定的人可能把自己说成是躁郁症或双相情感障碍[①]患者，但这其实是另一层面的问题。我主要探讨的不是双相情感障碍，因为关于运动对双相情感障碍影响的研究实在太少了。虽然近年来有初步研究清楚表明，因双向情感障碍而住院治疗的患者中，与那些不愿参加或未能参加的患者相比，参加行走计划的人抑郁症状和焦虑感均有减少。另外已经证实，为双相情感障碍患者提供一个稳定的社交程序，可达到改善他们症状的长期效果。实际上，运动才刚刚开始进入双相情感障碍的治疗实验方案中。

沉睡的大脑，将从冬眠中醒来

从某些方面来说，运动的预防作用比治疗作用还要重要。抑郁症最初的症状之一就是睡眠障碍，甚至在你的情绪跌落至最低谷之前，它就出现了。你不是难以起床，就是难以入睡，抑或两者兼有。我认为这是一种睡眠惯性，既难以开始也难以停止。你首先丧失了活力，接着失去了对事物的兴趣，而解药就是立刻运动起来，并且不要放弃。设计一张每天行走、跑步、慢跑、骑自行车或者跳舞的日程表。如果你无法入睡，那么不如每天都坚持在晨曦中散散步，出去遛遛狗，改变你的日程表便能摆脱抑郁的烦恼。燃烧掉你恋恋不舍的 1 400 大卡的能量，它可以把抑郁症消灭在萌芽中。

① 双相情感障碍，又称躁郁症，是一种游走于抑郁、躁狂两种极端情绪状态的心理障碍。想了解更多信息，请阅读由湛庐引进的国际躁郁症研究权威凯·雷德菲尔德·杰米森的著作《躁郁之心：我与躁郁症共处的30年》（上、下）、《天才向左，疯子向右：躁郁症与伟大的艺术巨匠》（上、下）。——编者注

如果你患有严重的抑郁症，那么你也许会感到自己处于深渊底部，你正在慢慢消亡之中，不要说什么成功地走出去或者去健身房，哪怕是考虑活动一下，都几乎是不可能的事。首先，你应该去医生那里寻求药物治疗，让自己服用一些欧米伽 -3 脂肪酸补充剂。这种补充剂被证实有抗抑郁的效果。我希望，这会让你的大脑闸门至少打开一条让你散散步的门缝。去寻求帮助，让你的朋友或家人每天来看你，有可能的话，让他们每天按时陪同你外出闲逛。在英国和澳大利亚，为抑郁症患者建立的散步小组已经流行了许多年，现在这种方式开始进入美国。如果不选择这种方案，你的钱又充裕，那么去找一个私人教练吧。假如你觉得自己无法从沙发上站起来的话，这也许听起来有点疯狂，但如果你真的变成那样了，活动一下就更是十万火急的事了。

运动不是瞬间疗法，你需要让你的大脑重新运行，而且如果你活动身体的话，你的大脑肯定不会有任何意见。这是一个过程，最佳策略就是：每次先迈开一小步，然后是一大步。慢慢开始，逐步积累。其核心是，抑郁症被定义为一种行动步骤的缺失，而运动则是转移消极信号和诱导大脑从冬眠中苏醒过来的好方法。

SPARK

专注力 05
远离分心障碍

"早在3岁的时候我就第一次意识到自己和同龄人不一样，我发现家里和附近邻居中没有任何人像我这样被迫背着儿童牵引带。"萨姆写道。36岁的萨姆是一位风险投资家，他到我这里是想弄明白伴随他一生的这种疾病。现在这种疾病又出现在他小儿子的身上。"我一直被家人看成是麻烦制造者，而且我童年大部分时候都招人讨厌，并被认为是'笨学生'。老师们认为我有成为好学生的潜质，只是从来不专心学习。我的表达能力以及思考能力都很强，但总是做事拖沓。"

萨姆不是笨，只是像许多患有注意缺陷多动障碍（ADHD）的人一样，因为变化无常的行为举止被周围人贴上了愚蠢、顽劣或无可救药的标签。萨姆不希望自己的儿子也受到同样的羞辱，于是他在妻子以及合伙人的鼓励下来这里寻求帮助。"我不是很明白，为什么如此混乱的生活却能使我正常发挥？"他对我说。

运动关键词

- **注意缺陷多动障碍**（ADHD）是一种神经性行为发育障碍，常见于全世界3%~7%的19岁以下人群中。该症状多见于青少年时期，其集中表现为注意力不集中、行为多动、记忆力不佳以及自身行为控制能力较差等。

混乱、激烈的场面，时间期限的压力，对萨姆的大脑而言，这些急性压力的作用就像毒品一样。在写给我的那份病史概述中，他承认曾经因为反感权威人物而有过违纪问题，14 岁便迷恋上毒品。然而他并不是个少年犯。16 岁的时候，他的父母规定在他的表现转好之前不许申领驾照。结果几乎是一夜之间，他的平均积点从 1.5 提高到了 3.5。许多人可能会认为，这验证了他老师说过的话："他只是需要努力。"

萨姆的问题并非出在他的态度上。ADHD 是由大脑注意力系统的功能障碍造成的。注意力系统是一种散布的神经元连接系统，它将控制觉醒、动机、奖励、执行功能和运动的各个区域连接在一起。让我们具体来看看注意力系统的一个成员：动机。的确，患有 ADHD 的人需要被激励，但就像我们心理学的每个主题一样，动机也的确与生物学有关。为什么一个在课堂上无法集中注意力的学生，却可以一直坐着玩几小时的视频游戏呢？或者一位在听丈夫讲话时心不在焉的女士，却能目不转睛地盯着杂志上皮特和朱莉的八卦新闻呢？显而易见，当他们需要时，就能集中注意力，不是吗？其实并非完全如此。要是我们查看 ADHD 患者大脑的功能性磁共振成像结果，就会发现奖励中枢在每种情况下的活动有明显不同。实际上，科学家已经做了这样的观察。奖励中枢就是一束被称为"伏核"的多巴胺神经元，它负责向前额叶皮质发出愉快和满足的信号，因此提供了注意力所必需的驱动力和动机。

根据个人的差异，可激活奖励中枢以吸引大脑注意力的刺激类型也有所不同。最终对萨姆起作用的是，大学体育课严格的日程安排和剧烈的运动，以及他要向每个人证明自己并不笨的愿望。在大学期间，他参加了橄榄球和长曲棍球的业余联赛，并多次出现在教练的出场名单上。他写道："我相信加入一个需要从早晨 5 点开始训练的运动课是我人生的一个转折点，它让我发现自己全力以赴就可以发挥得很出色。"

现在萨姆每天早晨都坚持跑上数千米。他是一家风险投资公司的合伙人，为大型投资客户寻找合适的投资项目。按照这个精英云集王国的行话，萨姆以"呼风唤雨大师”而著称。精力充沛、良好的社交技能及商业才智，使他总是能达成交易。进行大宗交易谈判时，萨姆的注意力毫无问题。强大的压力让他专注并沉迷于交易的每个方面，并经常达到废寝忘食的地步。

这似乎有些自相矛盾，过度专注也是ADHD一个常见的特征，而有此症状的人往往被漏诊，因为这似乎没有什么不正常。许多新患者会告诉我，他们绝不可能患ADHD，因为他们会完全投入自己正在看的或正在做的事情中。其实，注意力系统的这个小故障并不是一种严格意义上的缺陷，更多的是指丧失了对注意力的管理或注意力无法集中到指令上。我告诉患者，一种更有助于理解ADHD的办法就是把它当成一种注意力多变性疾病，缺少的只是一种连贯性。

萨姆得的就是这种病。每天他都把重要的工作和会议安排在早晨，因为那时他还能感觉到晨跑带来的镇静作用。他知道那种镇静感会逐渐消失。至于回电话，若不是因为秘书不在，这种事绝不会发生。他仍在与ADHD的一些症状做斗争。上学时，这些症状让他留下“问题儿童”的坏名声。不过他已经知道如何控制自己的ADHD，并掌握了如何在某种程度上利用自己的过度专注，甚至让其对自己有益。认识到自己的问题后，他已经能用这种方法安排自己每天的工作和生活。这就是他得以成功的方法。

集体分心倾向：蔓延的全球资讯网

我与我的同事兼朋友爱德华·哈洛韦尔（Edward Hallowell）合著过三本关于ADHD的书。第一本书《分心不是我的错》（*Driven to Distraction*）[①]于1994年出版，当它逐渐成为一本畅销书后，越来越多的公众开始了解ADHD，当时正值

① 想了解分心症人群及ADHD应对方式的更多内容，可以阅读由湛庐引进的著作《分心不是我的错》《分心也有好人生》《分心的孩子这样教》《分心也有好婚姻》。——编者注

20 世纪最大文化模式的转变——互联网时代。网络上源源不断的娱乐消遣内容挑战着每个人的注意力时限。

如今的世界很容易让人分心。它充满着信息、噪声和干扰，有时候令我们所有人感到不堪重负，更无法集中注意力。每隔几年，全世界的数据量就增多一倍，然而我们的注意力系统和大脑的其他区域一样，在一万年前出现时，就是用来理解周围环境的。在这个以网络为中心的世界里，我们迅速学会了预期马上要发生的事情，如果事情没有发生，我们就很容易产生沮丧感。假如过了一小时，我们的手机还没有响过，或者我们的邮箱空空如也，那我们就会怀疑是不是出了什么故障。谁有时间或耐心来安排事情的先后，策划或全面考虑所有事情，然后来评价它们的效果呢？当我们成功地走向下一步的时候，为什么有不安的感觉呢？难怪运动被推到优先顺序列表的最底端，因为运动需要计划、安排和实施？

专家估计，美国有超过 4% 的成年人，即 1 300 万人患有 ADHD。这并不代表余下 96% 的人没有任何注意力问题。在一定程度上，人人都有注意力涣散的时候。而且就像我之前所说的，人们会有各种不同程度的心理健康疾病，比如影子综合征就是一种人格特质，它不一定符合症状清单上的所有内容，而医生却是依照这个清单来下诊断的。比如，有 ADHD 影子综合征的人可能在两性关系方面存在问题；他们可能在一些高强度快节奏的领域内取得成功；或者兼而有之。他们往往成为企业家、证券交易员、销售员、急诊室医生、消防队员、辩护律师、电影大亨或广告公司经理。这些人往往要采取极度活跃、非线性思维及勇于冒险的方式才能取得巨大成功。在这些疯狂的职位上，间歇性专注可能是一种真正的优点。有 ADHD 影子综合征的人可能还存在条理性、健忘及人际关系方面的问题，但压力来临时，他们能振作精神，专心工作。

依然有一些人的想法与萨姆的老师一致。我们所有人都有注意力不集中的时候，因此很容易有这样的臆断：只需一点努力就能做到专心致志。一些人则认为

ADHD只是懒惰的问题，或是教育方式糟糕的原因，或者与愚蠢、任性和无赖有关。讽刺的是，这种怀疑论在医学界内部也根深蒂固。几十年来，医学界相信孩子进入青春期后，ADHD自然就会神奇消失。《分心不是我的错》最令人骄傲的地方就是挑战了这种传统观念，并用事实证明**成年人中也存在**ADHD。

现在，ADHD是医学界研究最多的障碍性疾病，而且已经认定ADHD并不是一个态度问题，它也不是遗传性疾病。不过根据一个有近2 000对澳大利亚同卵双胞胎参与的研究表明，如果双胞胎中的一个患ADHD，那么另一个患ADHD的概率是91%。

运动实验室

THE REVOLUTIONARY NEW SCIENCE OF EXERCISE AND THE BRAIN

1990年，美国国家心理卫生研究所的艾伦·萨麦特金（Alan Zametkin）及其同事发表了一项具有里程碑意义的研究成果，证明了ADHD源于一种生物学上的异常。这个研究利用PET扫描来评估大脑活动。其结果显示，在注意力测试期间，有ADHD的成年人的大脑运行方式与无ADHD的成年人有所不同。萨麦特金和他的同事发现，与对照组相比，有ADHD的成年人大脑的活跃度下降了10%，而且最大的缺陷出现在前额叶皮质内，那里是严密控制规律性行为的区域。这个研究同时倾向于运动有积极的强化效果。

过度活跃与运动很般配

“注意缺陷多动障碍”这个词一直到1980年《精神障碍诊断与统计手册》第3版问世后才出现。从那时起，我们就一直在争论是否把“注意力缺陷”和“过度活跃”这两种基本症状作为单独的疾病来诊断。ADHD 的特征之一就是注意力缺陷，但也经常会出现过度活跃。与成年人相比，过度活跃更常见于儿童，尤其是男孩——当然这不是绝对的。许多年来，唯一被诊断出来的是那些极度冲动型的 ADHD 患者。没有人把过度活跃型孩子的行为与白日做梦型孩子的行为联系到一起，但两者的治疗方法是相同的。所以现在，无论这种疾病是否伴有过度活跃，我们都把它称为 ADHD。

过度活跃的孩子让你无法忽略，他们就是《小鬼当家》里的那个淘气凯文，要么上蹿下跳，要么在椅子上如坐针毡，一刻不停地动来动去。他们自言自语、晃动双腿、心不在焉地乱涂乱画、东磨西蹭浪费时间。由于缺乏耐心，他们往往不假思索就脱口而出，常常干扰和打断别人的话。他们觉得自己好像一直在赶时间，而打断别人的话是因为他们以为自己知道别人要说什么，或者是因为别人的话会让他们心烦。总而言之，他们很难坚持做某件事。他们无法忍受自娱自乐，常常选择做班级里的小丑，哪怕他们正在给学校制造麻烦。尽管其中有许多人擅长社交，但他们也有可能因为忽略社交信号而做出尴尬的举动。而且，就像萨姆一样，他们很早就听到别人说自己是破坏王。但对许多这样的孩子来说，很显然他们需要的是运动，而且他们都很擅长运动。**作为过度活跃的一部分，冲动性与运动很般配。**儿童和成年人都会有无意识的过度反应，如果积极的反应能使人热情高涨，那么消极的反应则会让人发怒。比如路怒症①，本质上是一种脾气的爆发，同样也是过度活跃型 ADHD 的一种危险信号。对我的一些患者而言，穿过拥挤车流来到我的办公室就是一种考验。“恨不能我的车前灯里射出的全是榴弹炮。”一位女患者对我说，“我真想把堵在我前面的人一扫而光。”瞧，缺乏耐心的人就是这种反应。患有 ADHD 的人只能做那些不需要排队等候的事，因为要是等候时间过长，他们就会大发雷霆。

注意力缺陷，或称注意力分散，是 ADHD 的固有症状。一对夫妇来到我这

① 用以形容在交通阻塞情况下由开车压力与挫折所导致的愤怒情绪。——译者注

里。由于妻子缺乏关注，夫妻关系岌岌可危。虽然她是医院重症监护病房（ICU）的杰出人才，而且事业如日中天，但她就是无法关注自己的家庭。当她的丈夫在我办公室对我讲述这些的时候，突然说道："瞧！"果不其然，他的妻子正凝视着窗外。患 ADHD 的人结束话题后，会忘记目标、目的和事情。他们最爱做的经典动作就是"单足旋转"。比如走出大门以后，ADHD 患者会转身，走回楼上取遗忘在那的东西。当然每个人都这么做过，但对我的一些患者来说这是每天都发生的事。如果哪天一个患 ADHD 的学生正在那里做家庭作业，那他一定是把作业忘在家里了。

对 ADHD 患者的大脑来说，开始一个任务无疑是一个巨大的挑战，不过大脑是一个高明的拖延者。它的主人打算坐下来做件他想做的事，结果却变成了整理书桌。ADHD 患者往往要等到事情迫在眉睫才会完成它。整理东西是他最讨厌的事情，所以他的房间和办公室常常凌乱不堪。他还对计划安排有一种爱恨交织的情感。前面提到的萨姆并非每时每刻都反抗权威，他的这种举动是因为无法应对计划安排的沮丧。

自相矛盾的是，对 ADHD 最好的治疗方案就是**建立极为严格的计划安排。**多年来，我听到不计其数的父母对自家患 ADHD 孩子的相同评论：自从练习跆拳道后，小家伙的表现越来越好。过去他不做作业、爱发脾气、难以管教、让人头痛，而现在他的优点全都展露出来了。

你也可以选择任何一种格斗术或安排极为周密的运动。比如芭蕾、花样滑冰或体操，以及一些非传统体育项目，比如攀岩、山地车、激流独木舟，还有……呃，不好意思……还有滑板运动，这些项目也同样有效，不过它们既需要复杂的运动技能，也需要高强度的体力。同时挑战大脑和身体的积极影响比单独做有氧运动还要显著。霍夫斯特拉大学一位研究生的小型研究证实了这个情况。

他发现与参加有氧运动项目的孩子相比，8~11 岁患 ADHD 的男孩每周参加两次格斗术训练后，行为和表现的评估分数均有提高（与不运动的对照组相比，这两个运动组都有显著改善）。参加格斗训练的孩子能完成更多的作业、能更好地预习课程，他们的学习成绩提高了、违纪情况也减少了，并很少离开座位了。总之，他们更能专注于某件事。

所有这些运动内在的技术动作都激活了大脑内一系列广泛的区域，它们控制着平衡感、时间安排、顺序安排、结果评价、转换、纠错、协调精细动作、抑制作用，当然还有高度集中和全神贯注。进行这类运动完全是一个如何生存的问题：要避免被空手道伤着、避免从平衡木上掉下来摔断脖子或避免溺死在激流的漩涡里，由此启动了“战斗或逃跑”反应的高度关注能力。当思想处于高度警戒状态时，就产生了大量要学习这些运动必备技巧的动机。对大脑来说，这是殊死一搏。当然，大多数时候我们进行的是有氧运动，它提高了我们的认知力，使我们能更容易学会新动作及新策略。

活在当下的囚徒

注意力系统并不处在大脑的中心位置。更确切地说，它是一个相互联通的广泛性神经传导网络。它从脑干内的觉醒中心——蓝斑开始，把信号传遍整个大脑，使大脑开始警觉并提醒我们注意。这个网络需要奖励中枢、边缘系统和皮质等区域的参与。最近，科学家把控制平衡感和流畅性的小脑也归入其中，由此证明了注意力、意识和运动区域之间有大量的重叠。

注意力神经回路由去甲肾上腺素和多巴胺联合调控，这两种神经递质的性质极为相似，它们甚至可以和对方的受体相结合，而且两者都是抗 ADHD 药物的靶向化学物质。ADHD 与许多基因有关，科学家把目标集中在某些调节这两种神经递质的基因上。一般来说，患有 ADHD 的人的问题在于注意力系统的杂乱不均。他们常说自己的注意力不连贯、不完整，而且缺乏一致性。这些问题可能是由这两种神经递质中的一种或注意力系统中任何区域的功能障碍引起的。这有助于我们理解为什么一个疾病能出现这么多迥然不同的症状。比如，蓝斑起到睡眠开关的作用，因此它与生理节奏密切相关。睡眠模式异常是 ADHD 的普遍症状：患者不但常有无法入睡或睡不醒的问题，而且还承受着梦游、说梦话及梦魇的困扰。一些关于过度活跃的早期理论提出，唤醒是首要问题，并且认为那些喜欢“上蹿下跳”的孩子有必要尽量克制其活泼的行为。但是，在脑干深处忙于产生去甲肾上腺素的蓝斑可能首先出现错误。携带去甲肾上腺素的轴突从蓝斑伸展而出，与腹侧被盖区（ventral tegmental area，VTA）延伸出来的多巴胺轴突一起，与杏仁核内的神经元相联通。

就如我在第 3 章提到的，杏仁核的职责是：在我们还未意识到之前，它就已经做出对临近刺激的情绪反应，并将信号快速传出以便进行更高级别的处理。在 ADHD 患者的大脑中，失控的杏仁核判断着事情的“重要性”，因此它是坏脾气或冲动行为的根源，而且患者对刺激因素的过度敏感会导致惊恐发作。有时候，易兴奋的个性也带来积极的一面——患 ADHD 的人对某件事的高涨热情会感染周围的人。（对患 ADHD 的人来说，吸引别人的注意力不是什么难事。）

多巴胺也把信号传递到伏核。伏核也叫奖励中枢，那里是利他林、安非他明（Adderall）和其他一些来自咖啡、巧克力、可卡因等兴奋剂活性成分的最终目的地。奖励中枢必须达到一定的兴奋度才能履行其重要职责：通知前额叶皮质某件事需要得到关注。奖励中枢保证执行功能按优先顺序处理事情，而这是动机的核心要素。

从本质上说，没有奖励中枢的认同反应，大脑是不会那么做的。实验室证明，伏核功能受损的猴子无法维持注意力，因此对那些没有即刻产生奖励的任务，它们缺乏完成的积极性。这一情况同样发生在ADHD患者的身上，他们更喜欢做那些能立刻产生满足感的事情，而不是备考大学这样平淡却有助于他们未来的事。我称他们是“活在当下的囚徒”。这些人的注意力无法集中于远期目标，所以他们看起来像缺乏驱动力。

前额叶皮质也是引发ADHD的原因之一。通常，如果我们无法抑制对无关紧要刺激的兴趣和运动冲动时，我们就会走神。也就是说，我们情不自禁地关注了那些本不该注意的事情。前额叶皮质也是工作记忆的大本营，在奖励迟迟未到之前，它保持着我们的注意力，同时记住多种问题。一旦工作记忆受损，我们就无法进行一个长期目标的任务或工作，因为我们大脑不能长时间专注于某个想法，所以更不能来执行、思考、处理、安排、计划、演练或评估其结果。

工作记忆就像是我们的随机访问内存，我们可以把它当成支撑所有执行功能的基础。工作记忆的失效也是ADHD患者不喜欢遵守时间以及做事拖拉的原因之一。他们根本忘记了对时间流逝的担忧，因此从来不会主动开始手头的任务。一位总是延期完成工作且眼看就要被解雇的ADHD患者，会在早晨拿麦片盒时决定重新整理橱柜，而全然忘记她必须按时出门上班。等她想起来的时候，表现出的则是惊慌失措。

注意力系统与运动紧紧相连

信号是否足以吸引我们注意力并不是唯一的问题，信息传递流畅才是。注意力系统与大脑控制运动的区域相配合而产生运动，所以这里也协调着信息的传递。

小脑是脑部的基本组成部分。几十年来，人们认为它只参与控制和优化我们的动作。无论我们学习的是空手道还是打响指，小脑都会全力工作。虽然小脑只占脑容量的10%，但它容纳了我们1/2的神经元，这意味着它是一个自始至终处于活跃状态的高密度区域。不过小脑不仅仅保持肌肉运动的节律性，它还调节大脑某些区域，使它们顺利运行，以更新、管理信息传递的连贯性。ADHD患者的小脑的部分区域容量比正常人小，而且功能失常，且不能产生连贯的注意力。

小脑发送信号至前额叶皮质和运动皮质——这两处是思考和运动中枢，不过信号是顺着被称为基底核的重要神经纤维束来传递的。基底核具有自动传递的功能，潜意识依照皮质需要来转换注意源。基底核受控于黑质（substantia nigra）产生的多巴胺信号。多巴胺的作用就像传送液：正如ADHD患者那样，一旦多巴胺含量不足，我们就很难集中注意力或者只有在高度兴奋状态下才能完全集中注意力。

运动关键词

- **基底核**（basal ganglia）是大脑深部一系列神经核团组成的功能整体。它与大脑皮质、丘脑和脑干相连。目前认为其主要功能为自主运动的控制。它同时还参与记忆、情感和奖励学习等高级认知功能。

运动实验室

THE REVOLUTIONARY NEW SCIENCE OF EXERCISE AND THE BRAIN

科学家对基底核的了解大部分来源于对帕金森病的研究，这种疾病就是由基底核缺乏多巴胺造成的。这种疾病导致患者不但无法协调肌肉运动，还失去了对复杂认知任务的协调能力。在帕金森病的早期研究中，这些功能障碍被看成是成人期的ADHD。

这种相似性很重要。目前根据许多有说服力的研究，神经学家已经向早期帕金森病患者推荐每日锻炼以延缓病情的恶化。科学家借助杀灭老鼠基底核内的多巴胺细胞，诱导老鼠出现帕金森病。在老鼠的疾病“发作”后，科学家立刻让 1/2 患帕金森病的老鼠连续 10 天、每天在跑步机上跑 2 次。不可思议的是，跑步的老鼠多巴胺水平处于正常范围，而且其运动技能没有退化。针对帕金森病患者的一项研究显示，高强度的运动同时改善了肌肉运动能力和情绪，在患者停止锻炼后，运动带来的有益效果至少能持续 6 周。

我不得不承认运动和注意力之间这种强大的关联。它们共用着一部分重叠的神经传导路径，这可能是患 ADHD 的孩子擅长格斗术这类运动的原因。他们必须在学习新动作的时候集中注意力，因而能运用并锻炼这两大系统。

约有 30% 的 ADHD 患者有阅读障碍。有一种治疗阅读障碍的方法颇具争议，它完全利用运动来训练小脑。阅读障碍、运动障碍及 ADHD 治疗方案（DDAT）由眼球运动障碍成因理论发展而来。这个理论认为，大脑协调运动的功能遭到破坏，引发了眼球运动障碍，由此导致阅读及书写方面的学习困难。研究者还了解到，大多数有阅读障碍的孩子的小脑功能测试结果低于平均水平。DDAT 要求患者每天 2 次、每次 10 分钟进行一组极为简单的动作操练。2003 年，英国研究者评估了 35 名有阅读障碍的孩子接受 DDAT 后的疗效，结果令人“颇感意外”。与没有接受治疗者相比，接受 6 个月 DDAT 治疗后，这些孩子的阅读和书写的流畅度有了显著提高，而且眼球运动、认知技能及灵活度和平衡度等身体评估都有了明显的改善。

我的朋友兼同事爱德华·哈洛韦尔在他的 ADHD 治疗中心采用了这种方法（同时还有其他方法）。这种方法已经在他儿子身上起到了积极效果。而且，哥伦比亚大学许多杰出的内科和外科专家正着手一项大规模研究，以评估用 DDAT 治疗 ADHD 的效果。

运动关键词 

- **阅读障碍**（dyslexia）
  阅读障碍是学龄儿童中常见的一种学习障碍，约占学习障碍的 4/5。

药理学研究已经证明，ADHD 药物有助于小脑和纹状体（Corpus striatum）的功能正常化。所以很显然，这些区域对注意力和运动都同样重要。也许采用训练大脑运动中枢的方式来改善大脑更高级别的功能，我们就能够开创一个不依靠药物的未来。

和分心症共处：让缺点变成优势

我从来没有在 10 月前拿到过退税，年年如此。年初我都会下决心在税务规定的最后期限之前申报退税。每年 1 月初，我会收齐要交给会计师的所有文件。接下来，肯定会照例发生的是，我总是找不到每个月的税收文件。我必须请信用卡公司给我一份复印件，这看似简单的事却扼杀了我的热情。追查丢失的文件或购买那些标注文档的白色小标签等种种琐事会折磨我数月之久。随着这种热情一同消失殆尽的，还有我的动机。

所幸我小的时候，老师全都是严厉的修女。不上课的时候，我就在各种户外场地中跑来跑去。不过，我的房间始终乱成一团，我总是丢三落四的，我的网球教练宣称我是他见过的最反复无常的选手。

显然我患有 ADHD，只是我从来不知道。因为我小时候还没有这个词。从某种程度上说，每个人都曾有过注意力缺陷，实际上是过度活跃。

直到 20 世纪 80 年代，在马萨诸塞州心理健康中心执教时，我才首次遇到这种疾病。我的住院实习医生带来一名因为多次出现暴力行为而不断入院的患者。这名 22 岁的患者提及十几岁时曾因过度活跃而服用利他林，但已经停药很久了。当时的人们认为，孩子长大后自然就不会过度活跃，而且孩子成年后继续服用利他林这类兴奋剂是很危险的，因为有可能导致成瘾。但我建议他重新服用利他林，结果他的暴力发作次数真的减少了。患者轻松了许多，并说早已忘了原来自己还能平静和专注。

与此同时，我埋头于对严重攻击行为的研究中——调查、治疗以及记录患者出现种种暴力行为的原因。当时，我恰好看到弗兰克·艾略特（Frank Elliott）正在进行的研究，他后来担任宾夕法尼亚大学神经学系的主任。在这项对监狱犯人的大规模研究中，他发现80%以上的人小时候有严重的学习问题。

于是，我开始深入调查那些有攻击行为的患者们的学校记录，得到的是相同结果。很显然，他们共同存在的这种长期问题限制了他们的思考、行为和行动。许多患者憎恨权威，长期失败又导致了他们的自卑感，而且他们做事冲动。他们在童年时就知道自己的问题，但从来没有努力挖掘自己个性中的优点。其中大部分人在十几岁时就吸毒成瘾。这些行为秉性在遭受挫折时很容易一触即发，导致暴力事件。我逐渐意识到，这类破坏性行为有可能是注意力系统的问题。

我开始留心观察我的门诊患者。结果发现，那些有抑郁、焦虑、滥用药物和愤怒问题的患者们的注意力系统也同样存在一个根本问题，即不处于过度活跃状态时，注意力很难集中。我开始用ADHD药物治疗这些患者，并且收到了巨大成效。当我与同事们探讨我的观点时，我们逐渐意识到，根本无须到监狱、医院或失业队伍中寻找轻度注意缺陷障碍患者。我和爱德华只要回头看看自己小时候的劣迹，就会发现我们自己就曾有过注意力缺陷。

我的第一篇关于成人ADHD的论文被指责漏诊了潜在抑郁或焦虑的某些症状，被批评妄图提出一种新的疾病，由此遭到了彻底排斥。1989年，在马萨诸塞州坎布里奇市一次为ADHD患儿的父母举办的小型会议上，我和爱德华首次发表了该主题的演讲。这次，我知道我们有了重大进展。我们谈论的题目只是“成人ADD”（ADD即注意缺陷障碍，因为那时候我们还没有把它叫成ADHD）。我们原本计划在 200 人面前发表演讲后，留出大约 15 分钟的即席答疑时间。结果，我们在那待了 4 小时。大家把现场围了个水泄不通，一个接一个讲述自己经历过的某个生活片段，并询问那意味着什么。许多人和他们的孩子有着相同的疾病，而且他们自己也清楚。

还有一位同领域的精神病学教授也是如此。某天晚上，他在一个社交聚会上无意间听到我谈论的一个病例，随后便来找我治疗。“我觉得你说的就是我。”之后他开始滔滔不绝地讲述他的经历。这里我就称他查尔斯吧。他是一位典型的“心不在焉”教授，戴着眼镜，穿着凌乱的粗花呢衣服。那时，他对精神病学的了解远比我多，我还看过好几本他写的书呢！

查尔斯有曲折的经历，他曾经是马拉松选手，后来由于膝盖受伤被迫放弃酷爱的运动，这令他沮丧不已。也就是在那时，他发现自己出现一些后来被我们称为 ADHD 的症状。他解释说，一旦女友打断他的写作，他就会大发雷霆，或者当他正试图集中注意力而恰逢电话铃声响起时，他会猛然把电话机从墙上扯下来。他断绝了与朋友们的联系。查尔斯的症状很典型，于是我们决定给他服用 ADHD 药物，结果起效了。

查尔斯第一次来找我时，已经在服用抗抑郁药物。一旦结束治疗并再次开始锻炼后，他感觉好多了，于是就放弃了那些药。随着身体状态慢慢接近原先的体能水平，他开始觉得 ADHD 药物妨碍了他的表现。查尔斯知道自己跑的时间要精确到秒，而他比过去慢了 10 秒。

查尔斯决定尝试停止服用 ADHD 药物几天，结果他发现，只要保持锻炼，他就能集中注意力。回顾过去，我们发现，在热衷长跑期间他的注意力没有问题。只是在受伤期间他缺乏规律性的锻炼，无法用自己喜欢的方式来控制注意力。显然，运动具有强大的效果，而这一点出乎我的意料。

运动可以提高工作效率

自查尔斯来我这里后，我逐渐发现其他许多天资聪颖、极有影响力的专业人士患有 ADHD，但他们能弥补这方面的不足。他们与文献中描述的典型形象并不一致。在爱德华和我将病例研究写进《分心不是我的错》这本书之前，没有人会把 ADHD 与事业成功的成年人联系到一起。有几位患者自己发现，运动可以作为提高他们工作效率的自我治疗方法。我对一位患者的印象特别深刻，现在他管理着一家拥有 10 亿美元的对冲基金公司：每天早晨他服用一种兴奋剂，午餐时间他会打壁球，并开始慢慢减少兴奋剂的服用量。

多数人都知道运动能消耗精力。任何一位带过多动症孩子的老师都会告诉你，课间休息结束后，孩子们会安静许多。这种镇静与专注力就是我在第 1 章提到的内珀维尔学区“零点体育课”的积极效果之一。

对于患有 ADHD 的孩子来说，学校是一个令人痛苦的地方，在大部分时间里，他们必须安静地脸朝黑板，目不转睛地听老师讲课。有些孩子根本不可能做到，而这就是他们上课捣乱的原因。大约 10 年前，我拜访亚利桑那州圣卡洛斯阿帕切族印第安人保留地，那里给我留下了极为深刻的印象。因为这个部落正致力于解决当地的健康问题，所以邀请我去向那里的全体医务人员、父母和老师介绍 ADHD。保留地的许多孩子都患有 ADHD，且大部分得不到诊断。阿帕切族中 ADHD 的发病率似乎远远高于总人口抽样。一天下午，我给一群中学老师讲述 ADHD 的症状和治疗方法时，有几位老师说这里所有的孩子都无法安安静静地坐着。我询问学校的放假天数，得到的答复是 3 天。“要是下雨的话，孩子们就不能在户外活动，”一位老师高声说道，“我们的校车会把孩子们送回家，否则我们根本对付不了他们。”

运动实验室

THE REVOLUTIONARY NEW SCIENCE OF EXERCISE AND THE BRAIN

难以置信的是，很少有研究能提供令人满意的 ADHD 患病率统计。最好的一项研究来自梅奥诊所。研究人员找出 1976 年和 1982 年在明尼苏达州罗切斯特市出生的孩子，并跟踪随访这些孩子到 5 岁，总共有 5 718 名孩子参加了这次研究。这份研究显示，19 岁年龄组中至少有 7.4% 的孩子患有 ADHD，这表明 ADHD 的患病率可能是 16%。另外一些研究表明，大约有 40% 患 ADHD 的孩子长大后的确没有了这种疾病；而那些成年后还是患有 ADHD 的人的过度活跃症状通常有所缓解。这并非巧合，因为负责抑制冲动的前额叶皮质要到 20 岁左右才发育完全，这是生物学上的成熟年龄。

运动是神经浓汤的最佳食谱

多巴胺和去甲肾上腺素是调节注意力系统的主角，因此用广泛的科学解释来说，运动能改善 ADHD 的原理就在于它能增加这些神经递质，而且效果立竿见影。有规律的运动刺激大脑某些区域内产生新的受体，从而提高多巴胺和去甲肾上腺素的基础水平。

在脑干内，均衡觉醒系统的去甲肾上腺素也有助于改善 ADHD。“长期运动可以改善蓝斑的秉性。”加利福尼亚州立大学的神经学家、精神病学家阿梅莉亚·拉索·诺伊施塔特（Amelia Russo-Neustadt）说。最终，我们不再对任何未发生的事轻易表现出惊慌或不正常的反应，而且我们也不再动辄发脾气。

同样，我认为运动也控制着基底核的信息传递液，而基底核同样负责注意力系统的顺利转换。这个区域是利他林的关键目标，也是大脑扫描显示患有 ADHD 的孩子的基底核会出现异常的地方。在实验中，运动通过产生新多巴胺受体，增加老鼠这个区域的多巴胺水平。

运动实验室

THE REVOLUTIONARY NEW SCIENCE OF EXERCISE AND THE BRAIN

佐治亚大学的罗德尼·迪什曼（Rodney Dishman）和相关研究人员利用运动功能测试来检验运动对患有 ADHD 的儿童的影响。运动功能测试可间接衡量多巴胺的水平。结果出乎迪什曼的意料，因为男孩和女孩的反应截然不同。剧烈运动提升了男孩凝视前方及管住舌头的能力。比如，男孩们表现出更好的运动反射抑制，这一点是过度活跃者所缺失的部分，而女孩没有表现出这方面的提升，这可能是因为女孩中有过度活跃症状的人比较少。对另一项与多巴胺突触敏感度相关的指标显示，男孩和女孩都有所改善，不过男孩需要经过最大量的运动才能得到改善，而女孩则需要次级运动量（相当于最大心率的 65%～75%）就可以得到改善。

过度活跃的小脑也是患有 ADHD 的儿童焦躁不安的因素。一些研究证实，提高多巴胺和去甲肾上腺素的 ADHD 药物可使小脑恢复正常。运动也同样能增加去甲肾上腺素。越是复杂的运动，效果越好。虽然老鼠不会柔道，不过让它们做一段时间接近格斗术效果的有氧运动后，科学家发现老鼠脑内的神经化学物质发生了改变。与跑步机上的老鼠相比，练习复杂运动技能的老鼠大脑内的脑源性神经营养因子的增加更为明显，这一结果表明这种增长发生在小脑内。

就像我之前提到的，运动有助于调节边缘系统内的杏仁核，从而缓解 ADHD

患者常见的一触即发的冲动反应。运动还可以稳定患者对新刺激物的情绪反应，比如我们在公路上不会因一时的气愤而对其他司机做出极端行为。

某种程度上，ADHD 就是丧失对冲动或注意力的控制——关键就是丧失了对前额叶皮质活动的控制。2006 年，伊利诺伊大学的阿瑟·克雷默（Arthur Kramer）进行了一项开创性研究，他利用磁共振成像技术证明了老年人每周只需散步 3 天并且持续 6 个月，就能增加前额叶皮质的容量。不仅如此，当检测这些老人的执行功能时，他们的工作记忆有所改善，他们不但可以在各种任务之间顺利转换，而且还能避免无关刺激的影响。虽然克雷默没有对 ADHD 进行实验，不过他的研究结果阐明了运动对任何病症都有效果。

大家一致公认，运动可提高多巴胺和去甲肾上腺素的水平。另外，根据耶鲁大学神经生物学家埃米·阿仑斯坦（Amy Arnsten）的研究，这些神经递质对神经细胞内的影响之一就是改善前额叶皮质的信噪比（signal-noise ratio）。她发现，去甲肾上腺素提高了突触传递的信号质量，与此同时，多巴胺阻止神经细胞处理无关信号，由此降低信号杂质或神经元断断续续的杂音。

阿仑斯坦还提出，注意力神经递质遵循的是倒 U 形模式，也就是说，增加这些神经递质直至某个水平，都能起到有益作用，而一旦超过这个水平就会产生消极作用。就像大脑的其他各个区域，这碗“神经浓汤”需要调制到最佳浓度。**运动则是最好的配方。**

跑步有助于集中注意力

假如你偶然遇到我以前的患者杰克逊，你会看到一个 21 岁的敦实小伙，他身着牛仔裤，衬衫露在裤子外面。谈到未来的计划，他说得头头是道，即使算不上是一个精明的人，也是一个典型的美国大学生形象。对杰克逊来说最重要的事情并不是今天他去哪里，而是今天他要经过多远的路程到目的地以及如何去。杰克逊几乎每天都跑步，每天跑 9 600 米，如果哪天他只跑了 4 800 米，那么他还会进行举重锻炼。“如果我不这样做，倒也不至于有什么负罪感。”他说，“而是觉得这一天失魂落魄的，满脑子想的就是运动。因为我知道，运动的时候我没有任何注意力问题。”

杰克逊第一次来我这里时只有 15 岁，当时 ADHD 加剧了他的焦虑。一贯做事拖拉的秉性让他处于难堪境地。尽管他对自己用小聪明对付老师和作业最后期限感到很骄傲，但不断的哄骗行为也损伤了他的神经。中学毕业后，他已经深深落入自掘的陷阱里，连他自己都不相信还能依靠自己的力量跳出来。他的未来实际上取决于一场拖到临毕业才进行的数学考试。杰克逊回忆道：“我拖延得实在太迟了，连我都不知道自己是否能毕业。尽管我戴着帽子、穿着毕业长袍站在那儿，但我根本不知道他们是否会叫到我的名字。”说到此处，他停顿了一下，接着说：“我觉得自己真蠢。”

早在三年级的时候，杰克逊的老师就发现他的捣乱行为和无法完成课堂作业的情况，结果他被诊断出患有 ADHD。杰克逊开始服用利他林，而且整个学生时代他一直都在服用兴奋类药物。杰克逊很聪明，但总是给学校惹麻烦。作为一家顶尖私立学校的走读生，杰克逊的功课多得完全超出他的承受范围。他的睡眠时间逐渐变少，而一旦睡着后，他又常常会因胃痛而惊醒，他非常害怕学校的那种压力。尽管杰克逊考试成绩不错，平均分为 B，但在一次惊恐发作之后，他还是从原来的私立学校退学，转到一家公立学校。和其他患有 ADHD 的孩子不同的是，杰克逊非常善于社交，他成立了一家校外俱乐部，为那些受困扰的同龄孩子做顾问。他觉得通过自己的问题已经学到了一切，所以他能很好地处理心理问题。

所有的课外活动与他日益严重的焦虑症和抑郁症形成了对比。曾经有段时间我给杰克逊服用安非他明（Adderall）、帕罗西汀（Paxil）以及一种长效抗焦虑药物氯硝西泮（Klonopin）。理论上讲，家庭作业内容很简单，但这成了压力的根源，他要么不做作业，要么就在课间休息时匆忙完成。杰克逊曾经认为自己这样聪明的人不用做作业也能中学毕业。他觉得自己像一个潜伏在学校的“秘密特工”，破坏考勤制度，千方百计推掉老师要求完成的作业，还佯装出无辜的样子。“我以为那样很酷，”杰克逊说，“我最好的成绩是在历史课上得到的。实际上我真的很喜欢历史课，但我并没有写那篇长篇论文，我只是设法耍了点儿花招，让老师以为我完成了，结果我得了个 A。事实上，我根本没把这份作业交上去。”

毕业典礼上，他们真的叫到了杰克逊的名字。他以平均成绩 1.8 的学分积点勉强过关。尽管有家族关系，但这个分数也实在太低了，所以他根本无法进入他心仪的那所大学。结果一所小型的专科学校录取了他，这已经很不错了。能从中学毕业，再加上下个秋季将有学校可以读书已经让杰克逊十分高兴啦。实际上，那个夏天他感觉非常好，于是决定停止一切药物。（当然，那时候我并未介入其中。）那几天杰克逊都没有服用药物，这是自小学以来，他从未有过的。他说：“我发现许多让我烦恼的琐事都烟消云散了。”另外，还有些不算小的事：他有生以来第一次能够舒舒服服地正常安睡，而且不再感到焦虑。但不久之后，为了能参加大学英语分班考试，他又服用了 ADHD 药物，结果令人烦恼的副作用重新回来了。于是考试结束后，他就把这些药物统统束之高阁。

事实上，杰克逊的转折点发生在西班牙。那年夏天，他同女友去那旅游。杰克逊在海滩上闲逛时，看到周围都是“西班牙猛男”，他猛然间觉得要做些什么来消掉自己弥勒佛般的大肚腩。“我就这样开始了跑步。”他说道，“而且我感觉棒极了。我肯定，其中有一部分动力源于西班牙的那次度假。我生活中的一切都很好，我准备去读的这所大学并不是很难，所以我觉得，我可以做得到！秋季我就要去读大学了，而且我从来没有动摇过这个想法。”

杰克逊的经历很吸引我，部分原因是他起初运动只是为了保持身材，但坚持到后来就有了治疗效果。最初，跑步并没有让他的体格有什么改善（这归功于比萨和啤酒），但他一直坚持着跑步，因为那有助于他集中注意力。杰克逊在学校首个学期的平均分是 3.9 个学分积点。一年后，杰克逊梦寐以求的大学接受他作为一名转校生入学。那是一所新英格兰地区颇有竞争力的小型学院，作为大二学生，杰克逊在那里的成绩是 3.5 个学分积点。知道他的专业是什么吗？是心理学。

他很清楚自己的心理状态。一旦减少运动量，他的注意力就会产生波动。杰克逊说："我可以肯定地说，要是我没有运动，比如在考试期间我没有时间锻炼，你猜我会怎样？我一定会出去跑跑，让脑子清醒一下。我必须这么做。"

他知道运动带给他的感觉，正是那种感觉本身让他坚持不懈。

"我的脑海中每时每刻都有无数种声音。"杰克逊解释说，"当我开始锻炼后，并不意味着我只想着一件事情，因为我也存在注意力过度集中的问题。相反，我会专注于那些对我来说都很重要的事情，然后我还会思考这件事。总的来说，现在我完全没有注意力困难的问题。而且，由于不再服药，我几乎也没有什么睡眠障碍。我从来不曾怀疑运动跟这些事的关系，因为我的人生已经被彻底改变，这点毫无疑问。"

对药物易产生依赖性，而运动会带给人掌控感

没有哪个 ADHD 患者能像杰克逊那样体会到运动带来的全面影响。不过我绝不会建议他骤然停药，尤其是抗抑郁药物。杰克逊的经历让人不由想到，运动是否能够代替利他林、安非他明或安非他酮（商品名叫威博隽，Wellbutrin）。对绝大多数病例来说，我的回答是：不能。至少杜克大学的詹姆斯 · 布鲁曼索和他

同事的运动研究没有证明这一点。他们的研究证实了运动可以代替左洛复来治疗抑郁症。

不过，从杰克逊没有继续服药的动机中，还是能得到某种启示性的东西。我认为，杰克逊感觉自己无法控制局面，尽管他知道聪明才智能够帮助他取得成功，但没有办法实现，不断遭受的挫败导致他丧失信心。而且在杰克逊这个病例中，这种信心的丧失还导致了抑郁和焦虑情绪。对他来说，药物在抑制那种情绪的同时，也让他产生了依赖感。然而不同的是，养成跑步的习惯让杰克逊有一种能控制内在自我的感觉。他可以控制自己的情绪、焦虑感和注意力。杰克逊有生以来第一次感到能够驾驭自己的未来。他把跑步当成解救自己的药物。

我对许多患者的建议是，在服用药物的同时，也把运动当成一种控制症状的辅助工具。最佳方案是：在早晨运动，并在运动后过 1 小时再服用药物。因为通常这个时候，运动迅速集中注意力的作用开始消失。我发现许多患者如果每天运动，他们所需的兴奋剂就会减量。

我所谈论的自我治疗的首要点是：你对 ADHD 病因知道得越多，对自己的缺点了解得越多，那么你就更能胸有成竹地应对它们。我告诉患者们，在制订计划或安排方面需要表现出强烈的敏感性。如果在某个方面建立起自己的规则，你就能主动控制自己的注意力，从而拥有更高的效率。安排一天的事情，从某种程度上能激发注意力并有助于完成计划——带着球前进，而不是眼睁睁看着它弹出墙外。我并不认为有规律地做事和制订计划可以消除症状，不过它能把注意力引向正确的方向。现在，许多人正请 ADHD 训练师帮助他们做到这一点。外部督促是帮助你养成运动等习惯和达成目标的有效方法。

杰克逊为自己制订的每日跑步计划发挥了两方面的作用：有规律的计划表安排好了他的时间，所以他不必再费心考虑怎样消耗时间；运动本身以我提到过的所有方式来调整他的大脑。

真的是这样，许多患有 ADHD 的儿童比他们的同龄人运动得更多。研究表明，他们通常都比较瘦，而且我也看到许多患有 ADHD 的成年人已经开始运动。但他们还需要更多的运动，而且要养成运动的习惯。通常，我会告诉患者要尽一切努力建立每日运动的制度，或者至少在 5 天需要集中注意力上课或工作的日子运动。迪什曼的研究证实，次级运动强度，也就是最大心率 65%~75% 的运动量对女孩更有效果；而更为剧烈的运动（就是仅次于无氧阈值的运动强度，我会在第 10 章中介绍无氧阈值）对男孩的效果更佳。我们还没有成年人的类似数据，但就如我之前所说的，**运动中提升心率很重要，即大概以你最大心率 75% 的强度进行 20 或 30 分钟锻炼。**

特别对 ADHD 患者来说，像格斗术和体操这类复杂的、注意力高度集中的运动是让大脑全情投入工作的最佳方式。运动通过调动起注意力的每个环节，让你全神贯注。这些运动比在跑步机上跑步更有吸引力，一旦参加了很可能让你永远不会放弃，这也更容易让你坚持下去。

我努力把锻炼作为每天早晨的第一件事，这既对身体有益又为一天奠定了良好的基调。很多时候，那是推动我前进的动力。而且一旦我投入紧张的治疗过程中，我的注意力很容易高度集中在每个患者身上。研究人员还没有证实，运动后多巴胺和去甲肾上腺素的激增能持续多久。不过很多真实案例已经表明，平静期和思路清晰期大约为 1 小时或 90 分钟。我告诉那些需要服药的患者，在运动效果消失的时候再服用药物，因为这两种方式的结合可以达到最佳效果。

事实是，每个人注意力缺陷的程度各不相同，所以你要尝试着找到对你有效的运动规律。我希望，了解运动的起效原理能有助于你找到最佳的解决方案，如果你想进行最小运动量，我建议你进行 30 分钟的有氧运动。虽然运动时间并不长，但运动有助于你集中注意力，并能让你充分利用一天的时间。

成瘾 06

拿回自己的主动权

2006年10月，在参加纽约马拉松比赛的35 000人中，有16个人曾经是毒品成瘾者。这群人坦然地笑称，他们生活中的大部分时间都在“为逃离警察而奔跑”。他们最终成功地穿过了终点线。不过对这群人而言，他们的马拉松长度远远不止42.16千米。纽约的奥德赛之家（Odyssey House）是一个成瘾康复项目，在全市有6个分部，可收留800人。许多主动来到奥德赛之家的人都有蹲班房、无家可归，甚至衣食无着的经历。

任何不常见的、最倒霉的事情都有可能发生在他们身上，因为这些人完全失去了自我控制的能力。尽管这些对烈性毒品成瘾的人看起来好像与滥用药物但还未上瘾的人迥然不同，可是他们大脑的问题都可用同样的理论来解释。也就是说，奥德赛之家的经验也同样适用于那些难以自我控制的人，包括那些认为自己有成瘾性格的人。

现在，科学家把赌博、购物狂，甚至过度嗜吃这类行为都冠以相同的生物学名词，而这些名词过去常用于解释滥用药物的行为。这些行为的共同特征是奖励系统失控，有些人先天如此，而有些人是后天形成的。

从瘾君子变成运动家

奥德赛之家建立于20世纪60年代末，它所提供的服务涉及很多内容，从咨询到职业培训，从老年护理到家庭调节。2000年春天，工作人员约翰·塔沃拉奇（John Tavolacci）开始带领奥德赛之家的居民在中央公园跑步，目标是参加每年秋季举行的5千米慈善长跑比赛。

塔沃拉奇如今是奥德赛之家的首席运营官，他回忆说："我们分成几组跑步，并讨论长跑所需的训练方式、计划安排及协作配合。通常吸毒成瘾者会自我孤立起来，但在这里，他们相互鼓励，而且他们明白设定目标并完成它们意味着什么。"

许多被塔沃拉奇帮助过的人从步行锻炼开始，他们遇到的第一个挑战就是要遵守塔沃拉奇的规定：不许抽烟。渐渐地，他们能围着中央公园跑2 500米。大约有100名奥德赛之家的居民参加了这项被称为"为生活而跑"（Run for your life）的锻炼计划。在奥德赛之家，这些逐渐热衷于跑步的人坚持治疗的时间是那些不运动者的两倍。"听起来似乎很简单，"塔沃拉奇说，"不过我们对治疗唯一了解的就是，坚持的时间越长，成功康复的可能性就越大。"

奥德赛之家一直采用整体性治疗方式，同时强调团体的重要性。根据奥德赛负责人彼得·普罗维特（Peter Provet）的介绍，这至关重要，因为成瘾者有全面的机能障碍，这影响生活的每个方面，比如家庭、情绪和工作。普罗维特说："对成瘾者来说，毒品成了一切。"戒掉毒品，就好像身体和大脑的核心处突然出现了一个空洞。

"要填满这个空洞，没有比运动更好的办法了。"普罗维特建议，"我绝对相信运动不只有治疗效果，同时有预防作用。运动给这些人一个途径来体验运动的目标、运动的感觉、运动的挑战、喜悦与痛苦、目标的实现、健康的身体及自尊感。而这正是他们大多数人所缺乏的。现在，你把运动给我们的一切当成一种不可抗拒的备选方案并送给成瘾者。”

另外，鉴于大多数成瘾者都要与毒瘾复发进行一场持久的、有时是终身的战斗，所以预防毒瘾的作用同样重要。普罗维特则把运动当成是最有效的预防针。

“运动与毒品成瘾行为完全水火不容。运动需要肺活量、肌肉力量及敏锐的头脑，而毒品已经让成瘾者失去了诸多能力。如果成瘾者没有食欲、不在乎自己的身体、任意放纵，以及不断麻醉自己来扰乱思维，那么他无法成为一个运动行家。他没有运动的能力。”

神经生物学最近才发现普罗维特在这 20 年经验中所学到的东西。他描述运动对成瘾者起效的方式与我在第 5 章中探讨运动对抑郁症的作用相呼应。**作为一种治疗手段，运动对大脑的作用自上而下，这迫使成瘾者适应新刺激，让他们学会并意识到可以选择另一种健康的生活。**这是活动依赖性训练，虽然它不像吸食可卡因那样立刻会让人产生兴奋感，但会让人体验到越来越多的满足感，而且久而久之，这会成为一种自然而然的需求。

通过吸引大脑内更多的基本要素，运动由下而上地发挥预防作用，从生理上钝化大脑对毒品的渴望。脑中那些陈腐的神经回路已经自动地盼望下次毒品注射，而运动可以绕开它们，转而重新建立起新的突触路线。

“并不是每个人都打算成为马拉松运动员，不过我们打算让越来越多的成瘾者变成运动员。”普罗维特说，“这对每个人都适用吗？可能并非如此。对大部分人来说呢？可能会有效。”

喜欢与想要的区别

运动实验室

THE REVOLUTIONARY NEW SCIENCE OF EXERCISE AND THE BRAIN

同许多发现大脑工作原理的事例一样，科学家也是在很偶然的情况下意外发现成瘾（addiction）的第一条线索。1954 年，加拿大麦吉尔大学的心理学家詹姆斯·奥尔兹（James Olds）和研究生彼得·米尔纳（Peter Milner）将电极插入老鼠脑内，进行行为研究。他们想要确定与学习有关的区域，但其中一只老鼠脑内的电极插错了地方。结果比他们原本想要的更有趣的场面出现了：这只老鼠不停地返回笼内首次受到电流刺激的角落。令研究人员惊讶的是，通过给予一阵阵电流刺激，他们可以像操控远程玩具那样来控制这只老鼠。第二天，这只老鼠寻求着同样的刺激。很显然，这只老鼠非常想要刺激，它一心想要在这个角落里得到电流刺激，甚至忽略了另一个角落里放置的食物。

在奥尔兹和米尔纳这个著名的实验中，他们临时建起一个操作杆，这样老鼠可以自己打开电流，刺激大脑。这只老鼠发现压下操作杆就能产生一次电流刺激，于是它几乎每秒钟就压一下，直到电流被切断后，这只老鼠还用脚爪在操作杆上刨了数次，看到没戏了，它才安心入睡。

奥尔兹和米尔纳那根电极接触到的大脑区域与伏核（或者称为奖励中枢）的关系密切。从那以后，这个区域就是成瘾研究的核心。如我在上一章所述，它是注意力系统的一个关键点，同样，它在成瘾过程中也起重要作用。奖励中枢提供必不可少的动机，让大脑学习某

运动关键词

- **成瘾**（addiction）
患者对药物产生了生理性依赖，与习惯的根本区别在于停药后出现戒断症状。还包括生理成瘾与心理成瘾，许多毒品的生理依赖治愈后，心瘾仍无法去除。

种可以带给我们喜悦、向往或渴望东西的行为。所有让人上瘾的东西，比如酒精、咖啡因、尼古丁、毒品、性、甜食、赌博、电子游戏、购物、疯狂生活，都会增加伏核内的多巴胺。尽管不同的毒品对大脑产生的精神影响各不相同，但它们都提高了奖励中枢的多巴胺水平。一个具体数字可说明毒品的巨大威力，性刺激可以使多巴胺增至正常水平的 50%~100%，而可卡因则能让多巴胺水平飙升到正常水平的 300%~800%。

一个具体数字可说明毒品的巨大威力，性刺激可以使多巴胺增至正常水平的 50%~100%，而可卡因则能让多巴胺水平飙升到正常水平的 300%~800%。

伏核曾被视为快感中枢，它刺激成瘾者时时刻刻想着必须寻找快乐。虽然快感肯定是诱使人们尝试毒品或在赌桌上碰运气的最初因素，但把成瘾者完全当成是享乐主义者的观点并不正确。没有人喜欢上瘾。事实上，通过研究多巴胺在奖励中枢内的关键信使的作用，科学家已经明确界定出喜欢和想要的区别。密歇根州立大学行为神经学专家特里·罗宾逊（Terry Robinson）说："喜欢指的是一种实际的快乐体验，而在动机状态中则是为了得到满足而愿意做某件事。多巴胺参与的是这种想要的过程，而没有参与喜欢的过程。"

ADHD 和成瘾在奖励中枢上是重叠的，因此这两种问题都削弱了积极性、自我控制能力及记忆力。有 1/2 的 ADHD 患者同时也在努力摆脱滥用某种药物的问题，显然这并不是巧合。这些提示改变了科学家对成瘾的描述方式。

关键问题似乎是显著性和动机，而不是快感。这里的显著性是指在生活中占突出地位的某件事，它主导着其他所有的刺激因素。愉快和痛苦这两种信号都能促使多巴胺释放到整个伏核，以吸引我们的注意力，由此我们可以采取有利于生存的行为。对滥用药物者而言，过量的多巴胺诱使大脑把重视药物看成是生死攸关的大事。“药物利用的正是那些为解决生存而形成的核心系统。”罗宾逊说，“药物激活了奖励中枢一些本不该被激活的方面。”

现在，美国国家药物滥用研究所（National Institute on Drug Abuse）把成瘾定义为一种不顾健康和社会消极后果的持续性冲动。有很多人使用与滥用药物，但只有极少部分人会成瘾。这是为什么呢？当奖励中枢的多巴胺引起对某种药物或行为产生兴趣，并触发得到它的动机后，药物或行为会引发大脑结构的改变，这是成瘾变成顽固问题的原因。如今科学家把成瘾当成一种慢性疾病，因为成瘾形成了一种能激活自发行为的记忆。无论成瘾的原因是药物、赌博或嗜吃，大脑都会发生同样的改变。

一旦这种奖励得到大脑的关注，前额叶皮质就会指示海马记住场景和感受的生动细节。如果它是你无法抗拒的油脂食品，大脑就会把香喷喷的肯德基炸鸡翅与山德士上校的胡子和红白相间的纸桶联系到一起。那些信号呈现出显著特性，并且被结合起来形成一个联想网络。每次你开车到肯德基，你脑中那些把每件事串联起来的突触连接不但更牢固，还能收集新信息。习惯就是这样形成的。

通常我们学会某件事后，这些神经连接就会稳定下来，多巴胺的水平也会逐渐下降。而在成瘾状态下，尤其是药物成瘾，每次用药后多巴胺就会充满整个奖励中枢，巩固这种记忆，并进一步推动其他刺激进入这种背景中。动物研究表明，像可卡因和安非他明这类药物可使伏核内的树突大量生长，由此增加了它们的突触连接。药物停用后，这些改变还可能持续数月，甚至数年，这就是成瘾极易复发的原因。对成瘾的一个看法是，大脑过于擅长学习某件事了。这些适应性引发了一个恶性循环，无论何时只要你闻到炸鸡翅的味道，基底核就会开始自动导航，即使你很明白后果是什么，前额叶皮质也会优先考虑你的行为。

相对于奖励中枢而言，前额叶皮质的职责之一就是评估危险性，同时决定是否要阻止那些可能有害的行为。就成瘾者而言，他们有时候会做出错误的选择，但更多时候是无法克制这种自发的行为。我们从动物和人类研究中了解到，可卡因会毁坏前额叶皮质的神经细胞，甚至减少灰质。近年来，脑成像研究证明，前额叶皮质要到我们 20 多岁才能发育成熟，这或许可以解释大多数人尝试毒品并上瘾都是在十几岁或刚成年的时候，因为那时他们的克制力还没有完全成熟。"他们的前额叶皮质最终变成一个渴望毒品的过度敏感系统，而且他们做出了非常错误的决定。"罗宾逊说，"这两种可能性都是最糟糕的事。"

用运动戒断，摆脱成瘾习惯

最能促成一个十几岁孩子拥有抑制力的事，就是面见法官。我的患者拉斯迪差点儿就变成瘾君子，幸好他被三年牢狱之苦的前景吓得戒掉了毒品，在此期间他还养成了规律运动的习惯，生活步入了正常的轨道。

拉斯迪在高一结束后的那个夏天，也就是他企图自杀而入院的数月后，开始在我这里治疗。由于孤独和感到被遗弃，他吞下了自己偷偷藏起的药片。拉斯迪考试成绩很好，但评分等级很低，而且他爱发脾气，连一个朋友都没有。我很清楚他有注意缺陷障碍，同时伴有一种极为严重的疾病症状，我称这种疾病为"社交阅读障碍"，即他不知道如何与人交谈，或者不知道如何轻松灵活地交谈。拉斯迪的社交技巧就是：穿一身黑衣服扮酷，出售自己种的大麻来结交朋友。

我给他服用一种长效兴奋剂以治疗 ADHD，这是一种无法滥用的药物。结果，他的评分等级略有提高，而且高二春季的 SAT 成绩也很好。不过，当他感到困扰或不知所措的时候，他还是会吞下任何能拿到的东西，比如可卡因或止咳糖浆。

高三的时候，有一天下午独自在家的拉斯迪因为服用过量的可卡因而导致惊恐发作，于是他拨打了 911。急救车立即赶到，当然一同到来的还有警察，他们在拉斯迪的房间里发现了毒品。结果，拉斯迪因为持有并试图传播毒品而在监狱里待了一夜。

开庭时间安排在四个月以后。拉斯迪的律师和我为此制订了一套治疗计划，拉斯迪每周必须接受两次药检，并参加一次匿名戒酒会及一次匿名戒毒会。拉斯迪很清楚，至少在出庭之前绝不能再碰毒品，但他还是开始产生想要可卡因的强烈愿望。一听到律师说他很有可能面临三年的最高刑期后，拉斯迪不顾一切想要寻求帮助。解决他吸毒的强烈念头变成头等大事，于是我告诉他，运动可能会产生巨大效果。除了小时候玩过几次足球之外，拉斯迪不喜欢任何形式的运动，他本身就是不喜欢运动的人。当时，正值我第一次参观内珀维尔后回来，也许是拉斯迪的穿着打扮让我想起一个喜欢哥特摇滚乐的女孩雷切尔，她通过《劲舞革命》（*DDR*）的跳舞机游戏彻底改变了自己。除了每一等级的舞步速度递增之外，游戏中复杂的步法令人筋疲力尽，甚至连看看都会让人觉得眼花缭乱，这和橄榄球运动员那种令人疲惫的训练方式别无二致。

拉斯迪同意尝试一下，尽管起初有点儿无所适从，但他很快就喜欢上了那个游戏。他说，那种对毒品的强烈渴望几乎瞬间就减弱了。那个夏天，拉斯迪唯一担忧的就是自己是否会进监狱。他利用这个游戏来打发时间，同时进行自我治疗。避免无聊是关键，因为对正在克服毒品习惯的人来说，无所事事真的很危险。

拉斯迪已经养成了每天早晨和晚上玩几小时跳舞机游戏的习惯。我看到他的活力提升了，乐观情绪变多了。我给法官写了一封信，于是拉斯迪被判了缓刑，不过在此期间他还是要继续接受药检、参加匿名戒毒会及在大学里接受个别辅导。他执行自己的跳舞机计划，每天都坚持一段时间的练习。后来，他还参加了校内足球队，并开始去健身房锻炼。

运动好似一条传送带，它将拉斯迪的注意力转移到更积极的生活中。大多数吸毒者都会产生绝望和无用感，拉斯迪肯定也有，而我认为运动是消除这种情绪的手段。有规律的身体运动能让大脑忙碌起来，并重新指示基底核连接到另一个反射替代行为，转而注意毒品以外的事物。许多人都选择窝在沙发里而放弃运动，但是养成运动的习惯能让人体验到成就感。

杰克·王（Gene-Jack Wang）是美国著名的成瘾研究学者之一，他用哲学术语来解释运动。他说："在中文里，动物是动作的主体，而植物是动作的客体。你不可能让一个植物跳来跳去。如果你不能活动，那你就不再是动物了，而是植物。"

这肯定是影响奥德赛之家马拉松选手的一个因素。不过像拉斯迪这种轻微的病例，跳舞机游戏就可以把绝望的情绪从生活中彻底赶走。虽然与吸食可卡因的极度兴奋相比，多数生活经历都是平淡无趣的，但丰富多彩的生活很有可能有益于保持积极的记忆。

现在，拉斯迪已经上大二了，他不但成绩优秀，而且还有了一位主张生活要有节制的女友。他在宿舍里起着表率作用，不仅参加攀岩，还参加足球运动，甚至还开始潜水。过去他总是逃避家庭度假活动，但最近拉斯迪刚结束一次潜水假期，他告诉我，他惊奇地发现正常生活原来是如此丰富多彩。

成瘾基因

拉斯迪最终发现，没有毒品也能找到快乐，关键是抵制住那种冲动。当谈论到那些铁杆成瘾者的时候，你常常会听到的评价是，他们对大多数事情麻木不仁。在经历过毒品的强烈刺激之后，爱情、食物和社交之类能令人体验到满足感的刺激因素都黯然失色。正常的生活无法令他们体验到满足感。

运动实验室

THE REVOLUTIONARY NEW SCIENCE OF EXERCISE AND THE BRAIN

有些人天生就是这样。比如，1990 年一项开创性的研究发现，大部分酒精成瘾者有一个变异基因（D2R2 等位基因），它损害了奖励中枢内的多巴胺受体，从而减少了这种神经递质的数量。D2R2 等位基因的存在并不意味着你最终一定就是个成瘾者，只是可能性更大罢了。尽管出现这种基因变异的概率是 25%，但一项研究却在 70% 有肝硬化的酗酒者中检测出了这种变异基因，这大概是最严重的成瘾状态，因为冒着生命危险，他们还在继续饮酒。随后一项针对可卡因成瘾者的研究发现，一半的人有 D2R2 等位基因，在同时伴随其他药物滥用的可卡因成瘾者中，有 80% 的成瘾者有此基因。这些结果与赌徒和肥胖症的情况相似：大约一半的人显现出基因变异，不过要是把其他成瘾行为包括在内的话，概率大概是 80% 左右。研究者把这种问题称为“奖励缺陷综合征”，而媒体的说法则是科学家发现了“酗酒基因”。

不幸的是，问题并非那么简单。毫无疑问，假如奖励中枢没有得到充分的信号输入，我们自然就会不断地渴望，毫不犹豫地寻找一种方法来弥补这种不足。奖励缺陷还削弱了注意力和压力系统：当多巴胺失去平衡后，杏仁核就会认为有生存危机而参与其中。之前提到过许多 ADHD 患者被认为有“压力嗜好”，其中的原因也与此有关。因为皮质醇迅速增加多巴胺的量，以改善注意力。从吸毒、狂吃巧克力到一周 40 小时沉迷于电子游戏，你可以看到这种被人们称为“内部空洞”、令人困扰的情绪如何让一个人轻易上瘾。

但是，有奖励缺陷综合征并不代表你最终要去奥德赛之家。就算没有数千种也有数百种因素可以改变成瘾行为。寻找新奇、刺激事物的驱动力可轻易把人们变成勇敢的冒险家、打破世俗的艺术家或标新立异的企业家，将引导你走向通向未来的道路，并在那里冲破传统障碍以及展望全新世界，这些都是极富意义的事情。

与赛艇运动员相比，从事高空跳伞这类高度危险项目的运动员克制力更弱，而且有更多追求刺激的举动。其实，这并不令人感到意外。荷兰的一项研究也证实，像重度成瘾者一样，许多高空跳伞者并不能从日常生活中得到快乐。高空跳伞和成瘾者的兴奋阈值高于正常人。不过，到底是多巴胺增加引发了这种行为，还是这种行为导致多巴胺的增加呢？另一项研究表明，像可卡因这类药物毁坏了多巴胺的D2受体，而多巴胺要与这种受体相结合才能发送出特异性信号。就是说，如果大脑长期忍受过多的多巴胺，那么受体数量就会逐渐减少。所以，不管你的大脑生来是什么样，你服用的毒品越多，下一次你就需要更多的毒品才能达到同样的兴奋状态。这个原理同样适用于那些饮食过度的人，用杰克·王的话来说："你需要越来越多的食物，这样才会让你感到满足。"

减少吸烟和酗酒

2004年，伦敦的一项研究证明，即使是10分钟的运动也能减少酗酒者的成瘾行为。研究人员把40名已经完全戒瘾的住院患者分成两组：一组按照中等强度骑健身单车；另一组则做轻度运动。第二天，两组的运动强度调换后，研究人员发现，剧烈运动显著减少了饮酒的欲望。在第2章中，苏珊的案例也是如此，她用跳绳抑制了由压力引发的每天中午饮酒的欲望。

压力的生物学基础与成瘾有关系。从生物学角度看，戒瘾让身体进入生存模式。比如，你突然放弃饮酒，就好像猛然关上多巴胺的龙头，而下丘脑－垂体－肾上腺轴则会突然失去平衡。戒瘾产生的强烈不适感只会持续几天，但大脑系统的敏感性会持续更长时间。如果你正处于这种脆弱状态，同时承受着进一步的压力，那么大脑会理解成一种紧急状态，并驱使你寻找更多的酒精。所以，工作中遇到问题或与恋人吵架都会引发酒瘾。对那些依赖毒品而且多巴胺系统已经被改变的人来说，解决这种压力状态的唯一最有效的办法就是吸食毒品。不过，还有一种办法，那就是运动。

对吸烟者而言，只要5分钟的高强度运动就能产生有益的效果。在成瘾物质中，尼古丁是一种很奇怪的东西，它既起到兴奋剂的作用，又有弛缓剂的功效。运动之所以能抑制抽烟的欲望，是因为它除了能平稳增加多巴胺的数量之外，还能减少焦虑、紧张和压力感。当吸烟者试图戒掉香烟时，这种生理上的烦躁极易导致发怒。运动能把吸烟的欲望克制50分钟，把吸下一根烟的时间间隔延长一两倍。另外，由于尼古丁的戒断症状之一就是减弱注意力，运动让思维变得敏锐这个事实在这里也开始发挥作用。关于这一点，有一项研究为证。这个研究发现在“全美戒烟日”①当天，工作场所发生的事故要超过一年中的任何一天。我有许多ADHD患者在写作或努力完成一项艰巨任务时，都会借助香烟来集中注意力，要是没有尼古丁，他们就会感到不知所措。

运动实验室

THE REVOLUTIONARY NEW SCIENCE OF EXERCISE AND THE BRAIN

当然，有些毒品最初会使大脑麻木。不久前，伊朗进行了一项不同寻常的研究。研究人员想要检验运动对处于吗啡作用下的老鼠会有怎样的影响。大脑内某些区域与成瘾和学习都有关系，研究人员的假设是，既然运动能影响上述部分区域的适应性和多巴胺水平，那么它或许也能预防伴随麻木而来的记忆丧

① 美国癌症协会发起的全美戒烟推广活动，时间为每年11月第三个星期四。——编者注

失。科学家让老鼠形成某种条件反射：把老鼠放到一个黑暗的盒子里，盒子底部会发出电击刺激老鼠双脚，然后反复进行电击实验，以测算老鼠需要用多久时间才转移到另一个无害但光线充足的盒子里（老鼠喜欢黑暗）。

老鼠被分成四组：第一组在跑步机上跑步，而且每次测试前给它们注射吗啡；第二组同样跑步，但注射的是作为安慰剂的生理盐水；第三组注射吗啡，但不运动；而对照组既不运动也不接受注射。两组参加运动的老鼠记住了黑暗盒子是糟糕之地：它们进入黑暗盒子前，犹豫的时间最长，而且一旦受到电击，它们逃离的速度最快。令人惊讶的是，运动－吗啡组要比对照组的表现更出色。这意味着运动弥补了毒品对大脑产生的钝化作用。

在这项研究中，研究人员还发现，给运动－吗啡组的老鼠停药以后，运动明显减轻了戒断症状。老鼠表现出的戒断症状类似“湿淋淋的狗在甩毛”、扭曲身体及腹泻。单凭这个事实就足以说服一位正在康复中的成瘾者穿上运动鞋，这也给奥德赛的治疗方法增添了科学依据。

对大麻说再见

多年前，我曾遇到过许多有奖励缺陷综合征的人。其中最难忘的要算一位荷兰妇女，我称她为佐伊。她不但有严重的ADHD，而且还有一段混乱的过去：抑郁症、攻击行为以及药物滥用。最值得注意的是，她吸食大麻达20年之久。她相信，这种自我治疗是让她镇静和集中注意力的唯一方式。

实际上，她正竭力消除生活中的失意和愤怒。佐伊告诉我，她小时候就十分好斗，还有严重的学习障碍。如今40岁的佐伊仍然动不动就发怒和感到焦虑。有一次，她乘飞机到波士顿游玩，但突然的惊恐发作让她不得不乘机返回阿姆斯特丹。

佐伊用了 13 年才读完大学，即使对兽医学专业来说，这也算是很长的时间了，这其中的部分原因是她在 27 岁时才被诊断出患有 ADHD。医生给她开出利他林处方，不过她必须先去戒毒所戒掉大麻。佐伊回忆说："我每天要抽 10~20 根大麻。当我在戒毒所的时候，就如笼中困兽。"佐伊大约有一年时间没有抽大麻，但之后毒瘾又复发了，她再次陷入整天极度兴奋的严重恶习中。（她同时还服用利他林和抗抑郁药。）

尽管佐伊找到了一个职位很高的工作，但大学毕业后她就停滞不前，放弃了许多发展机会。因为她时时刻刻都不由自主地寻找唾手可得的奖励，所以她对自己的生活没有什么长远目标和计划。佐伊时常抱怨生活没有意义。她说，抽大麻可以让她忘却自己不快乐和不满足的事实。

佐伊偶尔也会运动，比如骑自行车、驾驶帆船和骑马，但我提议她应定期运动。利用她的医学知识，我向她解释运动如何改变大脑内的化学物质，如何重新建立新的神经传导机制来控制她的情绪、攻击行为、注意力以及她的成瘾性。她看了我在本书中提到的那些研究后，答应尝试每天运动，后来她再次戒掉了大麻。她说："没有选择，我必须那么做。"

佐伊所做的就是买了一套专业自行车选手用来磨炼平衡感和耐力的室内自行车训练装置。很显然，这种想骑多快就有多快的自行车甚至有可能滑出轨道在房间里横冲直撞。我不清楚佐伊怎么会选择这种高难度的运动，不过这种运动产生了极佳的效果。骑在滚轮上所需的平衡性和精确性吸引了整个注意力系统，从小脑的运动中枢、基底核到奖励中枢和前额叶皮质。"起初，我很讨厌这样的锻炼，因为它不能带我去任何地方。"佐伊说，"不过现在，我已经能灵活自如地驾驭它了，而且这产生了有益的效果，它在让我运动的同时，集中了我的注意力。太令人激动了，我再次成瘾了。"

然而，老天似乎嫌给她的挑战不够，就在圣诞节前夕，也就是她正努力让自己保持清醒的时刻，她的丈夫离开了她。我对此很担心，佐伊同样如此。她在给我的电子邮件中说："荷兰的冬天很冷，也很昏暗。我非常担心沮丧再次向我袭来，担心自己又会重新抽上大麻。不过我没有。我感觉自己从一个失败者（抽大麻）变成了一个胜利者（运动），这个变化实在太大了。"

对任何长期吸毒的人来说，佐伊的康复似乎微不足道。不过她绝对走上了正道。她定期给我发电子邮件，不断更新着自己室内自行车里程数的纪录，而且她还爱上了跳绳。这里摘录一段颇能代表她愉快心情的邮件片段："我刚跳了 10 分钟的跳绳，心率达到 140 次 / 分钟，虽然筋疲力尽，但我必须如此。这太棒了，这 10 分钟就像是骑半小时自行车的感觉！也许我该坚持跳绳，这就是快速奖励啊！现在，让我上瘾的就是运动了。"

运动带给人们天然的快感

有人会提出佐伊是否真的对大麻成瘾。这一点毫无疑问，她对大麻有着生理依赖。她表现出对化学物质成瘾的所有征兆，包括生理和心理上的戒断反应。针对老鼠的研究表明，如果让老鼠习惯慢性剂量的四氢大麻酚（THC），即大麻的活性成分，然后再停止注射，那么老鼠大脑中就会充满促肾上腺皮质激素释放因子，这种因子会激活杏仁核，继而激活整个压力系统。老鼠表现出抖动、战栗和痉挛动作，并且在接受最后一剂四氢大麻酚后 48 小时达到最高峰值。实际上，在戒除毒瘾的过程中，佐伊感觉自己就像笼中的老鼠。除了出现生理症状之外，多巴胺系统的关闭还带来了强烈的抑郁和焦虑感。运动通过镇静杏仁核、增加多巴胺的方式，达到缓解戒断症状的作用。

不管是否对大麻成瘾，四氢大麻酚影响大脑的研究给运动消除任何种类的成瘾带来新证据。首先，运动过后通常出现的那种感觉可以作为毒品兴奋感的无害替代物。科研人员阿恩·迪特里希（Arne Dietrich）在《英国运动医学杂志》（*British Journal of Sports Medicine*）上发表的论文中写道："人们描述的跑步带来的欣快感与人们对毒品或恍惚状态的描述相类似——扭曲的感知力、反常的思维模式、对周围事物的认知力降低以及对自我意识和情绪状态的内省力提升。"

我们致力于研究跑步欣快感已有30年。近几年来，我们聚焦到内啡肽以外的领域，着重研究像内源性大麻素（endocannabinoids）这一类的神经递质。内源性大麻素与四氢大麻酚的关系，就像内啡肽和吗啡，前者是我们体内天然的物质，会产生与后者（毒品）一样的效果。同样，两类物质都有麻醉作用。

运动关键词 

- **戒断反应**（withdrawal）
突然失去成瘾物质后，机体发生的一种自然、本能、依赖性的条件反应，又叫"戒断综合征"。
- **四氢大麻酚**（THC）
大麻中的主要精神活性物质，是一种经典的大麻素受体激动剂。

继发现四氢大麻酚能与大脑内特异性受体相结合，科学家们在20世纪90年代初发现了内源性大麻素。对我们而言，这些受体并不是为大麻而存在的，很显然，它们必定是身体内某种天然物质的受体。科学家们发现了两种神经递质：内源性大麻脂（anandamide）和2-AG内源性大麻素（2-arachidonoylglycerol）。结果证明，大麻、运动和酒精都能激活大脑内的这些受体。

当我们运动时，身体和大脑都能产生这些内源性大麻素。它们进入血液到达脊髓，并激活那里的受体，由此阻断痛觉信号到达大脑（这与吗啡的作用机理不同）。与此同时，它们还流经整个奖励中枢和前额叶皮质，在那里直接影响多巴胺。当内源性大麻素受体被强烈激活后，会产生所有大麻样欣快感，而且，它们与内啡肽一同成为身体内具有超强作用的阿司匹林。医生们开始用大麻素来治疗慢性疲劳和纤维肌痛之类的疼痛综合征。同时，许多研究证实，逐渐增加运动量可以缓解与这些综合征有关的疼痛和疲劳。运动与这些"天然疼痛终结者”之间的密切配合产生了完美的感觉：它们的进化形成，是为了帮助我们克服狩猎时拉伤肌肉和关节必然产生的疼痛。

与内啡肽不同的是，内源性大麻素很容易通过血脑屏障。对一些研究者来说，这一点让他们对跑步者的欣快感似乎有了一个更加可信的解释。2003 年，佐治亚理工学院的心理学家菲利普·斯帕林（Philip Sparling）领导的研究小组首次证实，**运动可以激活内源性大麻素系统**。研究采用适当的运动方式，让大学男生按照最大心率 70%~80% 的强度在跑步机上跑步，或在健身单车上运动 40 分钟，研究人员以此来测算这种运动量对血液中大麻素的浓度会产生怎样的影响。结果呢？大麻素的血液含量几乎翻倍。

“跑步者的欣快感”本身是很难研究的，因为它是如此难以预测，即使是马拉松运动员也不是每次训练后都能体验到这种感觉。那么，为什么没有“游泳运动员的欣快感”呢？基于这个相对新奇的发现，有一个很奇特的理论认为，可能只有奔跑的猛烈度和竞争激烈度才能激活皮下的内源性大麻素受体。在这种特殊的轻微癫狂状态下无论跑步者是否有兴奋感，斯帕林的研究都清楚地表明，我们在进行中等强度运动后感到放松和满足的原因之一，就是体内大麻素浓度的增加。

运动关键词

- **内源性大麻素**（endocannabinoids）
  当今西方社会滥用最严重的成瘾性药物大麻的活性成分，目前，已鉴定了 60 多种大麻素类似成分。

实际上，科学家依旧在争论内啡肽是否与此有关，不过看起来在一定程度上整个效果似乎是各种因素的综合作用。

不必担忧对运动上瘾

如果说运动对大脑的作用就像某些毒品，那么你可能会疑惑，运动是否具有成瘾性呢？我也一直在思考这个问题，简短回答：是，但你不必担心。科学家已经对老鼠做过运动成瘾测试，结果发现如果不加限制地让老鼠使用跑轮，并且每天只提供 1 小时的喂食时间，那么老鼠一天大约会跑 9.6 千米，最终会因跑步而死掉。因为老鼠们不知道，它们需要的所有营养只能在这 1 小时的喂食期间得到。它们跑得越多，吃得就越少，而消耗的卡路里却超出了它们的摄入量。它们对此的痴迷程度就好像可卡因成瘾。但令人惊奇的是，如果把跑轮换成跑步机的话，就不会出现上述的实验结果。让老鼠成瘾的原因很可能是无节制地追逐下一个轮辐。

只有极少数的人因为运动成瘾而面临风险，其中最突出的是厌食症女孩和躯体变形障碍（body dysmorphic disorder）患者。躯体变形障碍是一种精神障碍，这种患者始终认为自己外表有明显缺陷。这些患者吃得越来越少，在运动时却变得容光焕发且精神振奋，这种欣快状态只会加重这种循环。患者在短时间内会感觉很棒，他们认为自己正变得越来越好。悲哀的是，他们采取的手段正适得其反。不过对绝大多数人来说，这种困境的威胁极为遥远。就如佐伊那样，即使运动变成了一种嗜好，也没有任何值得担忧的地方。

运动关键词 

- **躯体变形障碍**（body dysmorphic disorder）
躯体变形障碍是指身体外表并不存在缺陷或仅仅轻微缺陷，而患者想象自己有缺陷，或是将轻微的缺陷夸大，并由此出现痛苦的心理病症。

我能想到的运动成瘾者的最佳例子就是超级马拉松选手迪安·卡纳泽斯（Dean Karnazes）。这位 44 岁的加利福尼亚人在 50 天内（分别在美国 50 个州）跑了 50 次马拉松。这种令人难以置信的成就，让他频频出现在《60 分钟》（*60 Minutes*）、《今晚秀》（*The Tonight Show*）等电视节目以及无数的杂志封面上。他还不间断地跑了 563 千米。在过去 15 年的时间里，我对他的印象不那么深刻的时间只有 3 天，这也是他没运动的最长期限。“我患了流感，”卡纳泽斯回忆说，“当时还没好，不过我最后说，去它的吧，我需要放开狂奔。”首先，他的个性显示出他免疫系统内某种不可思议的力量。

30 岁生日那天，卡纳泽斯在酒吧喝醉了，那一刻他决定要改变自己的生活。那天夜里，他跌跌撞撞地回到家，抓起一双旧运动鞋，狂跑了 48 千米。他不是酗酒者，也从未使用过毒品，但我们依旧很疑惑：这个家伙是不是有什么问题啊？“在 10%~20% 的时间里，我真的把跑步当成了一种嗜好。”他说，“我真正渴望的是跑步后得到的那种超级快乐和满足感，这种感觉令我感到完美。要是我不能跑步时，我最能体会这点，如果我整天在旅行或开会，我便能感觉到跑步对我的召唤。我就会想，我为什么要等待内心崩溃呢？我正在这里慢慢耗费自己的生命。于是我意识到自己的身体需要的是奔跑，这就像是上瘾的感觉。”

卡纳泽斯的运动不是按周计算的，但他说他每周平均跑 112~144 千米，每天跑 3~4 小时。换而言之，他每天的运动量超过了大多数美国人一周的运动量。这真令人惊讶。所以，我们很容易用“行为异常”来形容卡纳泽斯，不过许多人都有过这样的行为。实际上，当你同卡纳泽斯交谈的时候，他会发现无论需要训练的时间有多长，他总能在生活中保持各个方面的平衡。他在世界 500 强企业朝九晚五地工作，已经工作十多年了，后来他成为一家休闲食品公司的总裁。此后不久，他又转而成为一名专业运动员和作家。他的著作《超级马拉松跑者》（*Ultramarathon Man*）已成了畅销书。卡纳泽斯有两个孩子，他们分别是 11 岁和 9 岁。几乎每天晚上，他都与孩子们在一起，他还每天接送孩子们上下学。睡 4~5 小时后，他通常会在早晨 3 点醒来，开始他的长跑锻炼，然后再送孩子们上学。

“我养成了跑步的生活方式，这样我可以保持旺盛的精力。”卡纳泽斯说，“也许这就是运动成瘾吧——我不知道，我从来没有做过心理分析。我只是遵从自己与生俱来的习性。幸运的是，我从来没有往静脉里注射过什么东西，也没有在每天晚上下班后泡在酒吧里。运动就是最完美的药物，不是吗？什么样的药物能一直有效且不产生任何危害身体的副作用呢？”

我的患者拉斯迪和佐伊的例子令人鼓舞。许多人正是这样，用运动替代了成瘾，他们建立起有规律的生活方式，而这种有益的生活方式取代了彻底沉迷于毒品的嗜好。就像我解释的那样，为了集中注意，为了获得奖励而付出全部努力，让成瘾者的大脑发生彻底的改变。无论是对酒精、毒品、食物或赌博成瘾，还是任何一种成瘾物质或成瘾行为，大脑的运行方式都是一样的。随着成瘾行为的逐步加剧，生活中越来越容不下其他任何事。

当一个成瘾者戒瘾后，他的生活是空虚的。在这方面，对付成瘾与克服焦虑感和抑郁感相类似：解决这个问题只是迈出了第一步。一旦成瘾或消极情绪消除后，为了巩固成果，这个真空地带需要用积极的行为来充实。几乎没有比体育运动更好的选择了。毕竟，这原本就是我们应该做的事——在这个世界上活动起来。

运动直接对抗抑郁和焦虑的事实，使它能够对任何形式的成瘾产生巨大影响，因为正是这两种情绪减弱了治疗效果。一个处于恢复期的成瘾者感到焦虑和绝望的时候，他放弃毒品的决心和毅力极有可能在不知不觉中受到了影响。人们在非常痛苦的时候，更易失去理智。**对刚戒除酒精和香烟的人来说，力量型锻炼和有氧运动能减少他们的抑郁感。**你的体能越好，迅速康复的能力就越强。如果你善于灵活掌控压力，就不太可能伸手去拿酒瓶、薯片或香烟盒。说实话，要改善戒断症状，安然度过噩梦似的最初几天，那么牢牢控制住压力系统同样非常重要。

运动也能消除成瘾对大脑更为直接的毒性作用。比如，致命性酒精综合征的研究证实，让受孕老鼠暴露在高浓度酒精下，会大大减少老鼠胚胎海马内的大脑新生神经细胞数量。酒精还干扰了长时程增强效应，这是学习和记忆的细胞机理。

那些出生前曾暴露在酒精下的成年老鼠都有学习障碍。

来自科学前沿振奋人心的消息是，戒酒和运动可增加成年老鼠脑内的神经新生，并由此重建海马。所以戒酒和运动不仅能停止还能逆转酒精的损害。如果停止给怀孕母鼠酒精并让其跑步，那么上述作用对于老鼠胚胎同样有效。近年来研究人员已证实，孕妇戒酒可部分逆转饮酒所导致的胎儿神经损伤。而且我们已知，运动可通过增加神经新生来重塑酗酒者的大脑。

我在这里看到了学习和整个脑力之间的一种联系。如果大脑有很好的适应力，那么意识就会更坚定，由此得出一个被称为“自我效能”（self-efficacy）的概念。尽管难以量化，不过它指的是，相信我们有改变自己的能力。对大多数成瘾者来说，要是停下来想想自己可能正在自我毁灭，那么他们突然间就会觉得自己无法处理任何事情，更别提控制自己的成瘾性了。运动在改变成瘾者的自我感觉方面发挥了强大的作用。一旦成瘾者有了运动之类的新嗜好，即使这需要一定的活动量和专注力，他也会完成整个过程并坚持不懈。结果，这种自我控制的感觉就会扩展到生活的其他方面。

运动实验室

THE REVOLUTIONARY NEW SCIENCE OF EXERCISE AND THE BRAIN

澳大利亚一组研究人员把这个观点付诸实验。他们以 24 名学生为被试来评估两个月的运动计划对自我节律（self-regulation）的影响程度。自律是一种与自我效能略有不同的特质。学生们每两周接受一次心理测试，同时把每天的行为记录到日记里。2006 年，这项研究发表在《英国健康心理学杂志》（*British Journal of Health Psychology*）上，研究结果显示运动的效果显著。除了两次用以评估思维抑制（控制）的测试分数有所提升之外，被试还表示与自律有关的一系列行为都有所好转。

学生们表示，他们不仅逐步增加了去健身房的次数，而且也减少了香烟、咖啡因和酒精的摄入量；同时他们摄入更多的健康食品，而不是垃圾食品；他们能抑制住无谓和过分的冲动，并且很少再情绪失控。更多时候他们能按时完成事情而不再拖延。他们不会把脏碗扔在水池里一走了之，至少大多数时候不会。

研究人员把自律描述成一种如同体力般的资源，它有时会耗尽但能修整如新。本质上，这种能力使用得越频繁，它就会变得越强大。运动显然让我们的自律能力达到了最佳状态。

拿回主动权：让大脑开启运动模式

我不会建议你仿效卡纳泽斯那样调整生活规律，但是如果你有成瘾行为的倾向，那么养成某种固定的运动习惯则是至关重要的事。

当然，**需要多少运动量要依照运动习惯的强度而定。**不过我要说，假如你想根除成瘾性的话，那么最起码要进行每周 5 天、每天 30 分钟高强度的有氧运动。实际上，如果你坚持每天锻炼的话，那么一开始就会感觉很棒，因为运动会使你忙碌起来，而且将你的注意力吸引到有益的事情上。我见过许多人在失去工作后因成瘾而毁了自己。所以，如果你失业了，那么你很有必要进行适当的运动。尽管我建议大家在早晨锻炼，不过假如你的目标是根除每晚回到家喝酒这类的恶习，那么我认为晚上运动可能是更好的方法。你可以用有氧运动这杯“酒”达到与以往不同的陶醉感。

同时，**你一定要注意不能运动过度，而且从长远来看，你必须寻找某种你会长期坚持的运动项目**。我提到过的这些患者都清楚有氧运动能提供强烈的满足感，而且他们能够从各种不同的运动中体会到满足感。拉斯迪不能永远玩跳舞机游戏，于是他就重新开始踢足球，并掌握了攀岩技巧。佐伊开始时在健身单车上锻炼，不过春天一来她就迫不及待地走到户外，骑着自行车徜徉在森林中。你选择的运动种类越多，就越有可能与运动相伴一生。

如果你还没有养成运动的习惯，那么参加健身会所或找一个私人教练肯定对你有帮助，因为钱是一种强大的激励手段。如果你对一种食物成瘾，那么尝试绕着街区快走或跳几分钟的跳绳，甚至来一组 30 个跳跃伸展动作，反正任何能迅速让你忘却食物快感的事情都可以做。

建议把运动作为控制饮食习惯的方法，听上去可能太容易了。你摄入卡路里的量要小于消耗的量。不过最终，你的体重是这个简单方程式的关键点。不过记住这一点很重要：运动的益处不仅仅在于消耗身体内的卡路里。运动期间产生的多巴胺会与受体结合，由此钝化成瘾的欲望。久而久之，这种运动会使更多的 D2 受体产生，会使奖励中枢的平衡恢复。运动会让那些认为自己外表不佳的人的注意力从身体转移到大脑，由此他们可以体验全新而极为有效的积极感觉。

- **自我效能**（self-efficacy）
人对自己能否成功进行某一成就行为的主观判断，与自我能力感同义。成功经验会增强自我效能，反复失败则会降低自我效能。

- **自我节律**（self-regulation）
内、外环境发生变化时，机体器官、组织、细胞不依赖于神经和体液调节而产生的适应性反应。

许多人推测成瘾者真正的问题就是缺乏动力。关于这一点，的确如此。但极少有人认识到，动力是由大脑信号产生的，而这些信号依赖于可靠的信使和完好无损的神经通路。我们认为成瘾是一种神经功能障碍而不是道德缺陷。我们蓦然发现，成瘾具有修复的特性。这绝对不是一项容易的任务，不过如果我们把运动作为一种用途极为广泛的修复工具，那么就会容易得多。运动不一定能治愈成瘾，但它是我所知道的唯一同时自上而下和自下而上发挥作用的治疗方式。它重新给大脑设置了绕开成瘾模式的新路线，同时抑制住那种强烈欲望。试试吧，说不定你会对运动上瘾哦！

激素 07

对女性大脑健康的影响

激素不仅有效影响着我们大脑的发展，而且还强有力地控制着我们的情感与行为以及伴随终身的个人特质。进入青春期后，男性保持着相当稳定的激素水平，但女性的激素水平会极有规律地波动着。激素的固定变化对每位女性的影响各不相同。谈到大脑健康，必定要谈到激素。**运动对女性尤为重要，因为运动能减少激素变化带给某些女性的消极影响，对一些女性来说，运动则增强了激素带来的积极影响。**总之，运动不仅每月平衡着激素系统，而且在女性孕期和更年期在内的每个阶段，运动都能调整激素系统。

女性一生中平均要经历 400~500 次经期，每次要历时 4~7 天。如果把它们累计在一起，相当于 9 年左右的时间，对那些患有经前期综合征（PMS）的女性而言，那是相当难熬的时间。“你得克制住，不能抱怨，不能焦虑，也不能暴躁，同时还要优雅地生活，” 38 岁的佩蒂说，“我知道女权主义者会反对我所说的，但我们中有些人简直要发疯了。”

每个月最难受的那几天

我不想用发疯这个词，但当激素控制一切的时候，它的确带来了许多女性常感受到的挫败感。接近75%的女性经历过某种形式的经前期障碍：要么是生理性的要么是心理性的，或两者兼有。而且部分女性的经前期综合征极为严重，甚至干扰了她们的生活（其中有14%的人因为经前期综合征而无法正常上学或工作），佩蒂就是其中一个。从16岁起，每个月经期前几天，只要佩蒂没有运动，她就会变得疲劳、易怒、神经质、焦虑、烦躁，还喜欢争吵。她很难集中注意力，在夜晚辗转反侧，难以入睡，渴望吃那些含糖食物。佩蒂的踝关节和腹部肿胀，脸上出现皮疹，并出现便秘和乳房疼痛的症状。“那段时间我真的是在自我鼓励，”佩蒂说，“月经前的那一周，我必须一周4天、每天做1小时的心肺锻炼，否则我自己无法忍受。”

她早知道有氧运动能明显缓解自己的症状。佩蒂身高约1.78米，有一头浓密的红发和灿烂的笑容。从孩提时代起直到20岁出头，她都在为模特公司工作。佩蒂并不喜欢运动，但从十几岁起，为了使体重保持在50千克以下，她开始了近乎狂热的锻炼，有时一天运动3小时。她的妈妈发现，如果佩蒂不运动的话，几乎什么事都干不了。要保持50千克以下体重的谬论促使她放弃了模特工作，攻读了硕士学位。虽然她偶尔也会疏于运动，甚至好几年都这样，不过她总是能重新开始。“运动缓解情绪波动的效果最好，”佩蒂说，“它能减少甚至消除激素带来的敌意。”

通常情况下，佩蒂是一个宽容而随和的人，但她说自己在经前期综合征期间就会乱发脾气。她的丈夫阿蒙是一位有着黑色短发、戴着无框眼镜的建筑师，他说：“以前综合征发作期间，她的嗅觉、听觉和光感等感觉系统都开始变得过于敏感，而且她还过于注重条理性。她要我陪着她，但我必须非常小心谨慎地陪着她。”

佩蒂说：“我们俩都坐在沙发上，我会听见他的呼吸声，然后我会说‘你是不是得了鼻窦炎啊？’”

“没错！”阿蒙笑着说道，“接下来，她很可能还会问我的父亲是否也有鼻窦炎，随后就彻底变成了一场回顾我家族每个人鼻子的大讨论。”

佩蒂和阿蒙都是行事认真尽责的人，通常他们俩相处融洽、相互支持，这对经历激素变化期的女性极为重要。阿蒙提到，他们俩可以在她不想做运动的那几天里，一起去健身房锻炼。阿蒙说：“佩蒂是那种从外表就可以看出她要发脾气的人。”

20 世纪 70 年代，“经前期综合征”这个术语被披上了政治色彩。因为有些人觉得，这个词把女性自然的生理现象当成了一种医学疾病，令所有女性形成一种每月都有一次精神障碍的观念。那些对《精神障碍诊断与统计手册》的内容和每种疾病命名有决策权的医学专家们热烈讨论着这个课题。在该手册的各种不同版本中，经前期综合征已经被各种命名。在 1994 年的第 2 版中，这个词的名称从“晚黄体期焦虑症”（LLPDD）改成“经前焦虑症”（PMDD）。不过经前焦虑症的医学诊断标准非常严格，因此大部分与我们称为经前期综合征症状做抗争的女性都被排除在外。无论称其为何名，我认为问题的关键是，该手册内描述的 150 个症状中的任何一个都会影响我们的生活质量。

经前期综合征：自然的潮起潮落

虽然科学家并不知道经前期综合征的原因，但激素变化绝对可以提供明确的线索。性激素是功能强大的信使，它流经所有血液，除了监督性别特征的形成之外，还影响着大脑的许多方面。这个循环过程起始于下丘脑发出的信号。下丘脑或垂体分泌促性腺激素，这种激素进入卵巢，触发其分泌大量的雌激素和孕酮。

运动关键词

- **经前期综合征**（PMS）
  女性在月经周期的后期表现出的一系列生理和情感方面的不适症状，症状与精神和内科疾病无关。

就在女性排卵前，体内雌激素浓度达到最高峰值，是基础水平的 5 倍。随后，经前两周内，雌激素水平依照上下起伏的模式变化，直到月经结束后才稳定下来。排卵后，孕酮浓度间歇性地上升（是基础水平的 10 倍左右），就在月经来潮之前达到最高峰值。女性怀孕期间，雌激素水平飙升至基础水平的 50 倍，而孕酮也增至 10 倍。女性到了更年期，这两种激素都会衰减直至几乎消失。

有经前期综合征、产后抑郁症或更年期紊乱的女性与那些没有此类困扰的女性之间的差异似乎并不是这些激素水平的问题，更确切地说，只是身体对此类激素所引发的其他神经化学物质变化的敏感度不同。

比如，谈到情绪，这不仅是整个大脑的职责，激素在调控神经递质方面也起到重要作用。雌激素和孕酮会在整个边缘系统内产生更多的血清素和多巴胺受体，由此增加这些神经递质的效果。就在过去的几年里，科学家已经发现，雌激素可以发出产生脑源性神经营养因子的信号，而这种因子可以使更多的血清素产生。尽管我们对于激素水平变化与大脑功能之间复杂的相互作用了解还不多，但其与神经递质间的联系则显得极为关键。

运动实验室

THE REVOLUTIONARY NEW SCIENCE OF EXERCISE AND THE BRAIN

2004 年，一项研究利用 PET 比较了有经前焦虑症与没有经前焦虑症女性的神经递质活跃度。研究人员发现，有此症状的女性大脑前额叶皮质内“诱捕”色氨酸的能力下降，由此导致血清素产量减少，而血清素可以调节勃然大怒之类的情绪和行为。而在另一项研究中，伦敦国王学院的精神病学专家有意让一组女性在月经期前的这段时间里大量消耗色氨酸，结果发现这导致了更多挑衅行为的发生。参与实验的女性当时都没有经前期综合征的症状或情绪问题。被试被告知，如果她对一台电脑给出信号的反应比另一个房间的女性快，那么她就可以调整一种噪声来惩罚那位女性。不过要是她输了的话，她就会听到噪声。

事实上，根本没有什么竞争对手。所有被试在一半时间里，全都会受到噪声的折磨，而且噪声越来越响。随着音量的增高，色氨酸水平大幅下降的女性会挑衅地调高音量，打击她们想象中的竞争对手。研究结论是，减少健康女性体内的血清素会增强她们的侵略性。主持这次研究的艾莉森·邦德（Alyson Bond）说："与血清素水平正常的女性相比，被试女性更有可能产生报复行为。她们的表现与有习惯性挑衅行为的人相似。"

挑衅行为只是一种症状，而经前期综合征的故事情节与抑郁症相类似，远远不是由单个神经递质造成的。一长串的事件把某个激素的形成与表现情绪和行为的信号联系在一起，中断或毁坏任何一个环节，都会导致一个截然相反的故事结局。这只是经前期综合征、妊娠和围绝经期综合征对每位女性影响各不相同的原因之一。比如，你不可能指出佩蒂大脑内化学物质的问题所在，但毫无疑问，运动可以解决这个问题。佩蒂说："月经来之前的那种感觉就好像自己困在大雾中，就算我服用 ADHD 药物，也根本不管用，而运动则让我的大脑保持清醒。"

动一动，恢复脑内平衡

如果你有经前期综合征，运动绝对不是唯一的解决办法，但它可以明显减少症状，同时助你一臂之力以应对那让你感觉失控的生活。而且，生活方式的改变不一定要借助药物。

许多女性已经了解这点：**一项针对 800 名女性的调查发现，其中至少有一**

半的人利用运动来缓解经前期综合征症状。除了生理疼痛减少之外，调查还报告说，运动的女性在注意力、情绪和无常行为评估上的表现会更好。

相对于运动缓解情绪低落和焦虑不安的作用，多数人更能接受运动缓解经前和经期内症状的观点。坦率地说，没有哪个实验证据专门证实运动可以缓解经前期综合征的心理症状。针对这个课题，前面提到的杜克大学的布鲁曼索也许做过最好的研究。他在运动与抑郁症方面做过许多开创性研究。这项研究要追溯到1992年。

运动实验室

THE REVOLUTIONARY NEW SCIENCE OF EXERCISE AND THE BRAIN

布鲁曼索比较了一小群处在更年期的中年女性进行有氧运动和力量型训练对经前期综合征症状的影响。每组进行每周3次、每次1小时的运动训练。有氧运动组12名女性以70%～85%的最大摄氧量进行30分钟的长跑，并搭配15分钟的热身运动和缓和运动。另一组中的11名女性在指导下用负重器械进行力量训练。结果两组人的生理症状都有了明显改善，不过长跑组在心理状态上的改善更加显著。在23项心理评估中，长跑组有18项表现更佳，改善最显著的是抑郁、发怒和注意力，而最明显的差别是，有氧运动组不是悲观地，而是更积极地看待这个世界。

一个肯定的因素是，**运动提高了血液中色氨酸的浓度，由此提高了大脑内血清素的浓度。**运动同时还平衡了多巴胺、去甲肾上腺素及脑源性神经营养因子这类突触的介质。通过稳定平衡一系列的变量，运动减少了激素变化带来的连锁效应。

同样，运动也走进了正在完善的、更精确的经期综合征理论。雌激素和孕酮都可转换成几十种激素衍生物，其中一些引起了神经学家极大的兴趣。因为这些激素衍生物调节了脑部主要的兴奋型和抑制型神经递质——谷氨酸盐和 γ-氨基丁酸。在经前期的激素波动过程中，这些相互间有关联的衍生物水平出现异常，由此导致大脑情绪回路系统的神经细胞过度兴奋。这时如果产生太多的谷氨酸盐或 γ-氨基丁酸的量不足，就可能发生这种情况，不过无论哪方面失常，神经细胞的过度活跃都会导致心神不定、焦虑发作、挑衅行为，甚至是疾病发作。

一项研究发现，有经前期综合征和没有经前期综合征的女性即使激素水平相同，γ-氨基丁酸的水平也是不同的。运动对 γ-氨基丁酸系统有着广泛的影响，与赞安诺（Xanax）一样，它可以抑制细胞的过度活跃。例如，针对老鼠的研究已经证实，仅仅一次运动就能激活制造 γ-氨基丁酸的基因。对某些女性而言，在她们情绪紊乱的那几天，运动可以平衡大脑内活跃的反作用力。前面几章也提到过，运动调节着下丘脑–垂体–肾上腺轴，提高我们应对压力的能力。我们不能忽略的是，运动提高了体力和活力，这对所有其他症状产生了巨大影响。

孕期：动，还是不动

“在妊娠期应该停止运动”的观念是流传时间最长的关于女性健康的传言。也许这是因为在现代医学诞生之前，生育孩子是生死攸关的大事。人们把妊娠期看成是限制行动的时期，这段时间要待在家中、减少活动并卧床休息。打扰未出世的孩子可能是危险的事。运动？那是绝对不可能的！

医生们在不久之前才开始改变想法。2002 年，美国妇产科医师学会开始建议，孕期和更年期女性每天至少要进行 30 分钟中等强度的有氧运动。鉴于 23% 爱好运动的女性在怀孕期间停止锻炼，这一建议很有可能成为一个极为有效的指导。

不过同样重要的是，学会首次建议，**不爱运动的女性在怀孕期间开始锻炼，可大幅降低怀孕期间发生糖尿病、高血压和先兆子痫的风险，从而避免危及母亲和胎儿的疾病。**

当然，对许多并发症来说，卧床休息是合理的医嘱，所以在开始一个锻炼计划之前与产科医生充分沟通是很重要的事。不过，别想着进行冰上曲棍球、壁球、篮球等任何竞技性运动。同样，骑马、骑山地自行车、练习成套平衡木动作及任何有下落动作的运动项目也是被禁止的，也不要惦记着潜水。

不管怎样都要记住，医生往往很谨慎。美国妇产科医师学会在 2002 年的建议书中提醒那些体重超常、有糖尿病而且烟瘾很大的孕妇或有高血压的孕妇不要运动，但实际上，缺乏运动的正是这些人。在这些病例中，运动并不是完全不可能的事，只是她们应该慢慢开始，并与医生配合得更紧密。

许多孕妇并不清楚自己所能做的事，她们想的更多的是如何避免危险的事而不是可以做些什么。如果她们了解运动不仅能降低孕期风险，还能改善自身和孩子的生理和心理健康状况，那么她们在活动时就会更轻松。事实上，我们没有妊娠期运动效果的全部答案，不过我们的确有一些好的答案。

妊娠期间，雌激素和孕酮在正常水平上呈指数级增加，在某些情况下能稳定情绪、缓解焦虑和抑郁。事实上，怀孕可以改善各种不同的症状。比如，某些患有 ADHD 的女性在怀孕期间可以安静地坐着看书，这真是出人意料。不过，身体对激素的反应因人而异，有些女性在怀孕时就焦虑不安。

运动实验室

THE REVOLUTIONARY NEW SCIENCE OF EXERCISE AND THE BRAIN

无论身体反应如何，在妊娠期，运动减少了压力和焦虑，并改善了情绪和整个心理健康状态。2007 年英国的一项研究把 66 名健康孕妇分成 4 组，来评估单次运动对其情绪的影响。4 组人分别在跑步机上行走、游泳、参加一次艺术手工课及什么也不做。即使原先未必有什么问题，但最终两组运动女性的情绪都得到了进一步改善。

同样证实的是，**孕妇的心理状态可以改变胎儿的发育过程**。压力、焦虑和抑郁对孕妇有极为可怕的影响，而且最严重的会导致流产，新生儿出生体重低、先天畸形或死亡。心情不好的孕妇生出来的婴儿更敏感、反应更慢、难以安抚，而且有着难以预测的睡眠习惯。在一些后续跟进的实验中发现，这些婴儿更有可能表现出过度活跃和认知力缺陷。在老鼠实验中，怀孕期间承受压力（电击双脚）的母鼠产下的鼠崽更顽劣、更愚钝，而不爱冒险。压力调节系统的永远改变让鼠崽更易发生诸多问题。哥伦比亚大学的精神病学家凯瑟林·蒙克（Catherine Monk）证明人体也有这些相关变化。她发现让有焦虑症的孕妇做一件有压力的事情，比如在一群人面前发表短暂演讲，那么她们胎儿的心率会反应过度，而且不会像无焦虑症孕妇胎儿那样迅速平稳下来。这显然是下丘脑–垂体–肾上腺轴没有接收到准确自我调节的信号，表明皮质醇处于失控状态。而且，焦躁不安的下丘脑–垂体–肾上腺轴是引发未来问题的危险因素之一。

尽管运动可以预防大量不必要的并发症，但许多女性对在孕期进行运动仍心存怀疑。调查表明，高达 60% 的孕妇依旧不敢运动。

总之，研究表明运动可以减轻恶心、疲倦、关节与肌肉疼痛及脂肪堆积。

运动使发生血糖水平异常的风险下降了一半。过高的血糖可以引发妊娠糖尿病，而这种疾病会导致婴儿超重以及分娩过程超长。对母亲和婴儿而言，高浓度血糖是引发肥胖和2型糖尿病的危险因素，而且这些生理疾病都会危害大脑。幸运的是，无论怀孕前是否好动，运动对孕妇都有帮助。（研究表明，每周进行5小时的快步行走就能将罹患妊娠糖尿病的风险降低75%。）

每周进行5小时的快步行走就能把罹患妊娠糖尿病的风险降低75%。

几年前，德国一些研究人员决定测试运动对痛苦的分娩过程是否有影响。他们在产房里放置了健身单车，并成功招募了50名孕妇，她们都同意重复骑20分钟自行车、评估疼痛等级、抽血检测内啡肽水平的这个过程，一直到生下孩子。大部分产妇（84%）表示，运动期间的宫缩疼痛比静止时要轻，而且疼痛程度与内啡肽的水平成反比。研究人员得出的结论是："分娩期间在健身自行车上运动对胎儿是安全的，它不仅是促进宫缩的刺激因素，而且还是止痛剂。"

孕期运动是孩子大脑发育的关键

詹姆斯·克拉普（James Clapp）既是产科医生，也是凯斯西储大学的生殖生物学教授，他致力于研究运动对孩子的影响已经有二十多年了。他在2002年发表的著作《怀孕期的运动》（*Exercising Through Your Pregnancy*）在很大程度上源于其对数百名女性的长期研究的确凿证据。他首先纠正了运动有害的传言。他的研究记录表明，运动的产妇和不运动产妇生下的婴儿在体重及颅骨大小方面没有区别。利用运动作为母亲与胎儿生长之间的能源通道，保证了胎儿所需的营养物质和氧气。克拉普以及其他人的研究表明，多运动的产妇生下的孩子更瘦，你可能会为此担忧，不过在一年之内这种现象就完全消失了。

看来运动不仅无害，而且益处颇多。克拉普在一项研究中比较了 34 名运动产妇与 31 名不运动产妇的新生儿出生 5 天后的情况。评估出生早期阶段的方法很有限，不过运动组的新生儿在 6 个评估项目中有两项表现更好：他们对刺激有更多的反应；在声音或光的干扰下自我镇静的能力更强。克拉普认为这个结果意义重大，因为这表明相较于不运动产妇所生的婴儿，运动产妇所生的婴儿神经系统更发达。克拉普提出的理论认为，运动推挤了子宫内的胎儿，这种刺激与我们抚摸和拥抱新生儿的效果异曲同工，促进了大脑的发育。再对照这两组孩子 5 岁时的结果，克拉普发现他们在行为及大多数认知评估中没有差别，但在智商和口语能力方面的差异有显著的统计学意义：**运动的产妇生的孩子表现更出色**。克拉普这些未发表的观察结果表明，随着年龄的增长，**运动产妇所生孩子的学习能力超过了那些不运动产妇所生的孩子**，这个结果着实令人惊讶。

运动实验室

THE REVOLUTIONARY NEW SCIENCE OF EXERCISE AND THE BRAIN

目前还无法找到人类出现这种情况的原因，不过在实验室老鼠身上有一些令人感兴趣的线索。最有意思的是 2003 年的一项研究，研究表明运动老鼠的幼崽在刚出生时、出生第 14 天和 28 天时的脑源性神经营养因子水平都较高。与此同时，它们在学习或执行与海马有关的任务时表现出更好的控制能力。毫无疑问，它们比那些不运动老鼠的幼崽学得更好、更快。有一项研究的结果显示：由于某种原因，运动老鼠的幼崽出生时的神经细胞比对照组少，但在恢复状态后，它们超过了对照组。到出生 6 周后，运动组幼鼠海马内的神经细胞比对照组多 40%。2006 年的一项研究发现，迫使怀孕老鼠每天游泳 10 分钟，结果其新生的鼠崽有更多的脑源性神经营养因子和神经新生，同时短期记忆也有所提高。总之，让怀孕母鼠运动，那么其幼崽大脑内的神经元相互连接的能力就更强。

虽然这些结果不能直接适用于人类，但它们肯定与过去 10 年中我们所了解的运动与大脑的基本原理相吻合。我们不能保证女性在怀孕时跑步，就肯定能使孩子将来上大学；但从另一个角度讲，这些结果表明，**保持一定的身体活动可以增加大脑细胞的神经营养供应**。而且，正如你在之前几章看到的，这样的改变最大程度优化了学习、记忆和整个心理状态。我的观点是，如果你在怀孕期间坚持运动，就有可能对你孩子未来的大脑产生极为有效的影响。

运动实验室

THE REVOLUTIONARY NEW SCIENCE OF EXERCISE AND THE BRAIN

在另一项热门领域的调研中，研究人员分析运动对消除胎儿酒精综合征的作用。胎儿酒精综合征是一种极具毁灭性的障碍，会导致胎儿生长发育迟缓、智力发育延迟以及面部毁容。在美国，这是新生儿缺陷的首要预防病因。许多研究已经证明，即使孕妇适量饮酒，也会给胎儿带来学习、行为和社交方面的问题。给怀孕老鼠喂食酒精，其新生鼠崽大脑内的脑源性神经营养因子、神经新生都相对较少，神经可塑性相对较差。海马发生萎缩，结果导致鼠崽不能很好地学习或记忆。酒精不仅损害了海马，还破坏了谷氨酸盐突触，由此对大脑产生了广泛的影响。

2006 年，英国哥伦比亚大学的神经学家布赖恩 · 克里斯蒂（Brian Christie）实验室的研究人员对出生前受酒精影响的老鼠神经系统产生的变化进行检测，然后评估运动对这些变化的影响。正如研究者所料，怀孕时饮用过酒精的母鼠产下的鼠崽神经新生和神经可塑性的等级明显较低。不过鼠崽出生后能够运动，而运动让受损的大脑恢复到了正常水平。这简直不可思议。

这一结果影响了医生对胎儿酒精综合征的护理建议。过去，医生们常常建议父母要保持安静和昏暗的环境，这样不会过度刺激婴儿。而如今，进行生理刺激和活动似乎是更佳的方法，这样可以减少孩子大脑的神经缺陷。

坚持运动，我们的大脑就能自我修复。关于这一点我从来没有怀疑过，毕竟这是大脑与生俱来的天性。

产后抑郁症：突如其来的低潮

托尼和斯塔西豁出去了。这是一个星期五的下午，外面下着雨。当时，这对夫妇决定立刻买一台跑步机，但专卖店缺货。于是他们不得不到波士顿一家破旧仓库去取货。由于他们那辆 SUV 的后座位无法收起放平，结果，只能让健身器包装的一部分露在车后备箱外面。在瓢泼大雨中，他们开车回家。湿透的箱子可能有 45 千克重，那天晚上托尼的第一件事就是设法把它搬进屋里。

“我们一到家，我就立刻把它组装起来，”托尼说，“尽管这并不是我的专长，但我只想让她感觉好受些。”

他们想找到一种治疗斯塔西产后综合征的方法。生下他们第一个儿子卡特后，斯塔西就莫名其妙地患上了产后综合征。5 个月来她感到极度疲劳，但无法酣睡。

一旦她把孩子单独留下，心里就有种负罪感。她憎恶自己的身体，产生了厌世感，很容易毫无预兆地哭泣。这些症状与大多数女性在分娩后一周内的暂时性抑郁无关，而且这种情况比我们预料的还要普遍。有10%~15%的新妈妈像斯塔西那样，开始时似乎一切都好，接着产后抑郁症就暴发了，而且时间长达一年或更久。我是在写这本书的过程中才了解到有相当多的新妈妈患上产后抑郁症，当我把这个情况告诉从事医学和精神病学的同事时，他们和我同样震惊。

运动关键词

- **产后抑郁症**
（postpartum depression）
产妇在分娩后出现的抑郁障碍。其表现与其他抑郁障碍相同，严重时失去生活自理和照顾婴儿的能力，悲观绝望、自伤、自杀。

服用抗抑郁药是常用的治疗方法，但斯塔西尝试过来士普后，对一切事情产生了麻木的感觉。不过她没敢尝试其他药物，还是服用了数天的来士普。那个雨天，她和托尼坐在我的办公室里，听我介绍有氧运动对某些抑郁症的治疗效果好于药物。我真希望我所有的患者都有这样的迅速反应：离开后，直奔购物中心买健身器材。

直到深夜，托尼才安装完那台跑步机，斯塔西立马跳上去进行了20分钟锻炼。

“刚开始时，还真是挺难的。”她回忆道，“我知道运动起了作用，因为我感觉到了那种肌肉的疼痛。”

托尼说：“我认为最初吸引她的就是肌肉疼痛，以及感觉到运动会改善她的外表。我觉得她并没有立刻意识到运动正在改善她的精神状态和睡眠。”

“是的，我没有。”

“但我注意到了。于是我说，斯塔西，你终于有夜晚和白天了。真是这样。运动改变斯塔西的第一件事就是她的睡眠质量……”

“的确，运动让我白天感觉好多了。”

“运动接着改变的就是她的情绪。”

“我有了更多的精力。我从跑步机上下来时的感觉比上去时要好得多。

> 即使现在与卡特玩一整天后筋疲力尽，我也无论如何都要做锻炼。如今我的心情比以前好很多，我感觉更愉快，也更有活力了。”

斯塔西的故事令人印象深刻。在她生孩子之前，也就是29岁的时候，用兴高采烈来形容她是最为贴切的。斯塔西从来没有抑郁过，而且她是托尼见过的“最快乐的人”。他们是极为恩爱的夫妻，年轻但很传统，而且最重要的是，他们在一起总是有许多乐趣。但自从斯塔西怀孕后，用她的话说：“周围的一切都变了。”

高个子金发的斯塔西有着运动员般的体魄，生完孩子两周后，她的体重只比原先正常时候重了2千克，之所以在此处提到这点，部分原因是斯塔西根本没有从自身体重的角度来考虑。自从卡特出生后，他们仅外出过几次，而每次斯塔西都会试穿一打的套装。“我觉得自己看起来太可怕了，无论别人说什么，我内心深处都不会相信。”

> “她一刻也没闲着，试了几十种不同款式的鞋子、衬衫和裤子。”托尼说，“但她在镜子里看到的是一个陌生的自己。”

作梗的还不仅仅是消极的自我形象评价，在体验了照顾卡特的最初兴奋之后，斯塔西体会到了疲劳感，伴随而来的还有大量的不愉快。她不再谈论任何事，对一切也不感兴趣。她把婴儿床搬进卧室，晚上每过几小时就醒来看看孩子。“我一刻都不想离开卡特，”她说，“否则我就会感到内疚。”

患上抑郁症的新妈妈们开始质疑自己，而且怀疑自己是不是出了什么问题。她们认为如果自己感到心烦，就不是一个好母亲。然而本能又让她们想逃避这个世界，特别是孩子，这就导致了内心的矛盾和自责。这是你自身的生物学意识，你为自己身在福中不知福而感到惭愧，而且你相信，你是全世界唯一有这种感觉的母亲。生孩子本该是极为美妙的人生成就，不料却引来了一片阴云。

数月过后，在斯塔西认识到自己出问题之前，托尼小心翼翼地提起了这个话题。“我对自己不再有任何感觉。”她说，“我不知道怎样才能重新找回那种感觉。”

斯塔西偶尔会练练举重，但正如我向她和托尼解释的那样，有氧运动与举重不同，前者会对情绪起到至关重要的作用。现在，斯塔西几乎每晚都会在跑步机上进行 45 分钟的锻炼。一旦她有几天没有锻炼，她就会睡不好，而且会感到疲惫和情绪不佳。那么，这是否意味着她还会感到抑郁，只是现在用运动掩盖了抑郁症状呢？其实并不尽然。就像在月经期间，要是经期综合征的症状复发了，斯塔西就会跳上跑步机以确保抑郁的情绪不会像滚雪球那样越来越糟。最重要的是，她知道自己有能力应对。“只要锻炼，我就很好，”她说，“我感觉自己又正常了。”

恢复运动习惯

科学家们十分了解有氧运动能减少一般抑郁症的症状，但对新妈妈们，则需要特殊考虑。研究表明，产后抑郁症并不是由激素大量增加导致的，而是由生产后激素水平陡降的消退作用所致。2000 年，美国心理卫生研究所的米奇·布洛赫（Miki Bloch）在《美国精神病学杂志》上发表了一项研究，她的实验室在两组 30 多岁的母亲中重塑了孕期的激素水平：一组人有过产后抑郁症，而另一组则没有（每组 8 位女性，研究期间两组都没有抑郁症状）。所有被试都服用可刺激产生雌激素和孕酮的药物，8 周后，再秘密用安慰剂替换这些激素。实验结果很显著。在雌激素水平消退期间，有产后抑郁症史的那组中，有 5 个人症状复发；而另一组则没有任何症状。

鉴于激素对神经递质的影响如此强大，布洛赫提出，有些女性的大脑只是无法平衡这突如其来的变化，或者脑部改变情绪的正常信号被放大。从这个观点看，运动对那些遭受抑郁症的新妈妈的作用比普通人更为有效，因为它可以使神经递质水平正常化。

运动实验室

THE REVOLUTIONARY NEW SCIENCE OF EXERCISE AND THE BRAIN

几年前，澳大利亚学者对这个问题进行过很出色的研究。参加研究的 20 名女性都在一年前生完孩子后患上了产后抑郁症，其中有一半的人在服用抗抑郁药。研究人员选择了一种对新妈妈来说极为方便的运动方式：推着轻便婴儿车步行。第一组的 10 人进行每周 3 次、每次 40 分钟、以最大心率 60%～75% 的强度推着轻便婴儿车步行，另外还要参加一次社会支持聚会；而作为对照组的 10 个人则做她们惯常的事情。研究首先对两组进行爱丁堡产后抑郁量表（Edinburgh Postnatal Depression Scale，EPDS）的基础性评分，第 6 周重复一次评估，然后在实验结束的第 12 周再次评估。任何评分高于 12 的人被确诊患有临床抑郁症。推轻便婴儿车步行的女性不但增长了体能，而且两次 EPDS 的评分都有显著下降。运动组开始时的平均分为 17.4，第二次评估的平均分是 7.2，第三次则是 4.6；而对照组开始时的平均分为 18.4，第二次降到 13.5，第三次则回升到 14.8。

在统计学上，身体健康的母亲发生抑郁症的概率较低。在英格兰南部进行的另一项调研中，研究者访问了 1 000 名产后 6 周的女性，其中 35% 的人表示每周进行 3 次剧烈运动，她们不仅极少有情绪问题，同时减掉了多余的脂肪，也能保持更多的社交活动，对自己的母亲角色更自信、更满意。有规律的锻炼可以帮助新妈妈重新驾驭自己的生活，避免绝望无助的感觉。运动还给新妈妈提供了一种让自己放松的极佳方式，这能有效避免怨恨情绪。就像斯塔西那样，约 70% 的女性在产后 6 个月时对自己的身材很不满意，显然运动不但能恢复她们的体形，还能增强其对自我形象的好感。

约 70% 的女性在产后 6 个月对自己的身材很不满意，显然运动不但能恢复她们的体形，还能增强其对自我形象的好感。

运动的价值不仅仅在于恢复身材。然而，医生和患者在很久以后才意识到这一点。马萨诸塞州布鲁克莱恩的妇产科医生詹妮弗·肖（Jennifer Shaw）是哈佛大学医学院的临床指导老师，她说："人们只知道运动有利于身体健康，却并未考虑到其对心理健康的作用。作为一名医生，你很难让患者相信运动是一种正规的治疗方式。而事实上，这种疗法除了减肥作用外，还有医学价值。"

妇产科领域并未真正建立起怀孕等相关因素引起的心理健康问题的诊断和治疗方法。肖提议把运动作为一种解决办法，但她也表示，对任何临床医生来说，抽出时间来讨论预防医学方面的事情非常困难。她还指出，向一位忙于承担大量新责任，且无暇关注自己身体的女性推荐运动，同样是冒险的举动。肖说："对女性来说，当生活变得如此繁乱的时候，她首先从计划表上删去的就是运动。我并不是要推崇运动的作用，但我的确认为它有着稳定情绪的效果。"

对那些情绪低落的新妈妈来说，让她们不要做过多的运动无疑是最糟糕的建议。当然，休息固然重要，但运动更加重要。新妈妈们需要从丈夫那里得到支持，以便尽可能挤出时间来做身体和大脑的运动。

停经：巨大的改变

严格意义上讲，更年期是一个短期事件，以女性最后一次月经结束为标志。更具体地说，就是激素处于时刻变化的一段时期。随着年龄的增长，女性卵巢功能衰退，雌激素和孕酮分泌得越来越少且无规律。当这些激素的减少不同步时，大脑内神经化学物质的微妙平衡就受到了影响。

更年期从45岁到55岁（更年期的平均年龄在51岁），在更年期的前几年各种普遍症状就已经出现，而且会持续几年，表现为潮热和夜晚盗汗这类所谓的血管舒缩症状，以及易怒和情绪波动。这和我在前面提到的其他激素变化一样，每个人会受到的影响是无法预测的。有些人在不知不觉中度过了更年期，而有些人则痛苦不堪。大部分女性至少有过部分症状，其中许多运动的女性发现运动很有帮助。对更年期的女性来说，运动有助于中和激素衰退带来的影响，正如你会在下一章中所看到的，运动可预防认知能力的衰退。从具有开创性的观点看，尽管激素提示大脑已经老化，但运动还是会诱使大脑努力保持自我生存的功能。

运动还有预防作用，不仅可使人不受激素自然衰退的影响，还可预防心脏病、乳腺癌和脑卒中等有害健康的问题。除了基因上的易感性或肥胖、糖尿病等疾病的并发症影响之外，女性在更年期前几乎极少出现心脏病发作。长期以来，激素替代疗法（Hormone Replacement Therapy，HRT）的基本原理是：雌激素和孕酮使女性远离慢性疾病，所以更年期后女性身体需要这些激素的替代物。不过近年来，这个假说被推翻了，现在许多医生根本不会开出激素替代疗法的处方。

这场争论爆发于2002年。当时，“女性健康启动计划”（Women's Health Initiative）正进行一系列研究。美国国家卫生研究所的研究人员注意到，参与其中某项研究的一组绝经后女性呈现出一些有警示作用的统计数据。接受过激素替代疗法治疗的女性患乳腺癌的风险增加了26%，发生脑卒中的风险增加了41%，而患心脏病的风险增加了 29%。

这个消息引起一片哗然，结果有数百万女性停止服用激素。此后，《新英格兰医学杂志》发表的一项人口调研显示，2004 年的乳腺癌发生比例下降了 9%。英国一项重要的研究表明，接受激素替代疗法治疗的女性发生痴呆的风险增至两倍，对任何中年以上的人来说，这是一个值得关注的重点。不过也有一些研究支持激素替代疗法作为更年期的短期治疗手段。针对更年期女性，大家的建议就是去看医生。然而无论答案是什么，这些自相矛盾的说法让许多女性痛苦地陷入两难的境地。

用运动控制停经后的不适症状

女性寻求激素替代疗法治疗最普遍的原因，是要减轻更年期的生理症状，尤其是潮热，没有人否定这种疗法在这方面的奇效。另外，尽管对运动缓解潮热和夜晚盗汗的作用尚无定论，但它仍是一种可选的方法。在几项大规模的调查研究中，一项针对意大利 66 000 名更年期女性的研究表明，运动与血管舒缩症状之间有负相关，但另外几项研究则表明它们之间没有相关性。

虽然一些妇产科医生会告诉你，运动会引发潮热症状，但至少你可以放心地尝试运动，因为它不会产生长期的副作用。无论运动是否能缓解更年期的症状，它都不会损害女性的健康，所以不必害怕。当我们执迷于运动能否改善更年期女性潮热症状的问题时，我们忽略了最主要的一点，即运动可以预防心脏病、糖尿病、乳腺癌和认知能力的衰退。

更年期的生理症状会加重心理症状，毫无疑问，运动能改善这些症状。有位女士告诉我，老化最令人沮丧的地方就是，感觉自己的身体失去了控制。她不但体重增加，还出现了潮热和高血压的症状，而且视力也变差了。最糟糕的是，她经常感到焦虑和抑郁。运动不仅可以令人产生一种对生理变化的控制感，还可以对情绪变化产生影响。那位女士说："我知道运动极大地影响了我，它让我尽可能积极主动应对我难以控制的事情。"

运动实验室

THE REVOLUTIONARY NEW SCIENCE OF EXERCISE AND THE BRAIN

就像经前期综合征一样，令更年期女性易焦虑和抑郁的似乎并不是激素的水平，而是激素的波动。精神病科医生李·科恩（Lee Cohen）是马萨诸塞州综合医院的女性健康问题专家。他的一项研究表明，女性最初感到焦虑和抑郁的可能性是男性的两倍，而随着她们进入更年期，其出现焦虑和抑郁的风险也在进一步加大。科恩的研究是一项更大规模的"哈佛大学情绪与周期研究"（Harvard Study of Moods and Cycles）成果的一部分。他对 460 名 36 岁到 45 岁的女性进行了 6 年随访，以比较她们进入更年期时的情绪变化。这些女性都没有抑郁症病史，不过在更年期，她们发生抑郁症的风险增加到更年期前的两倍。

最近一项针对 883 名女性（45 岁到 60 岁）的调研中，澳大利亚昆士兰大学的研究人员发现，运动与更年期症状之间存在相关性。84% 的女性表示每周进行两次或更多次数的运动后，她们出现抑郁症生理和心理症状的比例明显少于不运动的女性。值得一提的是，她们也更少感到紧张、厌烦和疲劳。她们更少有头痛、身体透不过气或生理压迫的感觉。总之，这项研究的结论是，运动对女性的幸福感和生活质量有巨大影响。

运动替代疗法

目前已经明确，患有阿尔茨海默病的女性超过男性，即使依照女性更长寿的事实校正统计数据后，情况依然如此。另一方面，运动避免了女性认知能力衰退的作用似乎被放大了。2001 年，加拿大魁北克拉瓦尔大学的丹妮尔·劳林（Danielle Laurin）在《神经病学年鉴》（*Archive of Neurology*）上发表了一项研究。劳林用 5 年时间对 4 615 名老年男性和女性进行跟踪随访，并分析运动和身体健康的关系。劳林发现，与那些不活动的同龄女性和男性相比，那些 65 岁以上仍坚持更高强度身体活动的女性发生各种痴呆类疾病的可能性减少了 50%。

在“女性健康启动计划”发起之前，科学家一直认为激素替代疗法可以预防认知能力的衰退，但“女性健康启动计划”的研究证据并不支持这个结论。目前，研究人员已开始研究的一个问题是，运动与激素对女性更年期认知能力衰退方面是否有交互作用。加州大学欧文分校的卡尔·科特曼实验室（Carl Cotman's lab）的研究表明，要想提高雌鼠前额叶皮质的脑源性神经营养因子水平，就必须有雌激素的参与。但这项研究的设计不一定能转化到人类的更年期阶段。因为在实验中，老鼠卵巢是在三四个月的月龄时被摘除的，这相当于年轻健康女性的年龄。而首份关于这个问题的人类研究报告则表明，运动预防认知衰退并不一定需要雌激素的参与。如今在北卡罗来纳大学工作的生理学家詹妮弗·艾特尼尔（Jennifer Etnier）曾经做过一项研究，她对 101 名绝经后女性的心理认知速度和执行功能进行了多项测试，安排这些女性定期进行不同程度的有氧运动，并比较其前后的效果。无论是否接受过激素替代疗法，那些参与更多运动的女性的各项评分都较高。

运动实验室

THE REVOLUTIONARY NEW SCIENCE OF EXERCISE AND THE BRAIN

神经学家阿瑟·克雷默的实验室对这个课题进行的研究是最具说服力的。这项研究最具开创性的地方是，把某些认知能力与核磁共振成像技术所确定的大脑结构变化联系在一起。克雷默想知道运动和激素替代疗法在影响执行功能和前额叶皮质容量方面是否有相互协同的作用。实验设计很复杂，他招募了 54 名已绝经的女性，每位被试均同意接受一次磁共振成像、接受执行功能的多次心理测试及在跑步机上进行最大摄氧量（VO_2 max）的测试以评估体能。研究人员根据激素替代疗法的时间长短，把所有被试的资料分成四组。第一组从未接受过激素治疗，其余三组则分别接受过短期（≤ 10 年）、中期（11 年 ~15 年）及长期（≥ 16 年）的激素替代疗法。

2005 年公布的这项研究结果显示，与从未接受过或接受该疗法超过 10 年的女性相比，接受过短期激素替代疗法的治疗组的各项测试表现更好，前额叶皮质的容量更大。这个结果表明，实际上，激素替代疗法有短期保护效果。一旦加入有氧运动这个因素，就能明显提升评估表现和脑容量。更健康的体魄可以抵消这种衰退，而那些从未接受该疗法治疗或接受该疗法超过 10 年的女性则会经历不同程度的衰退。

运动关键词

- **最大摄氧量**（VO_2 max）
  人体进行最大强度的运动且无法继续坚持下去时所能摄入的氧气含量，是反映人体有氧运动能力的重要指标，高水平最大摄氧量是高水平有氧运动能力的基础。

从老鼠实验中得出的一种理论认为，接受长期激素替代疗法治疗后，下丘脑内的雌激素受体开始受损，而这是激活免疫反应的区域。一旦下丘脑不能正常发挥作用，那么女性就更易患上癌症等疾病。同样值得重视的是，让老鼠长期接受雌激素治疗还会引发细胞炎症，而这是阿尔茨海默病的一个危险因素，记忆力的损害也与此有关。

克雷默的研究暗示，运动似乎能增强短期激素替代疗法治疗的效果，而这与我在本书中一直提到的神经保护机理相符。运动促进神经递质和新生神经的产生，并引起大脑一些关键区域产生更多的神经递质受体，激活相关基因以保持这种有益循环的运转。对所有女性而言，生命的原动力至关重要，对绝经后的女性更为关键。毕竟，她们在激素耗尽后还要生活几十年。

努力保持身材的女性，IQ、EQ 都不差

我建议，每周至少有 4 天到户外快步行走、慢跑或打打网球等能让你心率增快到最大心率 60%~65% 的活动，而且必须坚持 1 小时以上。人们总是想知道哪种类型的有氧运动最好，实际上，**任何一种能融入你生活方式的有氧运动就是最好的。**重要的是坚持这种运动，同时确保能达到运动效果的心率强度。与此同时，结合每周两次的力量型锻炼，以预防骨质疏松症。

我会建议那些接受激素替代疗法的年轻女性选择每周进行 5 天同等强度的有氧运动，最好的办法是，用两天时间选择疾跑等更剧烈的短时运动。有研究表明，从事更剧烈的短时运动对易怒、焦虑、抑郁和情绪不稳等症状有更显著的改善作用。如果女性在月经期间的经期综合征特别严重，而且伴有痛经，那么在月经前的那几天，每天进行短时剧烈运动或许是个好主意。

我认为，最让大家感到意外的建议就是：在怀孕期间坚持运动很重要。美国妇产科医师学会最终正式批准了这个建议，并详细介绍了健康女性如何在妊娠期每天进行 30 分钟中等强度的有氧运动。显然，直接得到你的产科医生许可很重要，

不过对大多数孕妇而言，运动是安全的。同样，生完孩子就应该尽快恢复自己的常规运动，要是几周内能恢复是最理想的，我认为关于这一点的重要性怎样强调都不为过。尽管这看来似乎有些矛盾，但实际上运动能减少疲劳。而且对像斯塔西这样的女性来说，运动还能解除焦虑和抑郁。

对年轻女性来说，运动的一大动机就是保持身材和健康。去做任何你能做的运动吧。不过我还要告诉你的是，运动在改变身材的同时，还会锻炼头脑，让它变得坚强而有韧性。在这种健康的心理状态下，你会做好准备以应对每位女性一生中都要经历的激素波动。当然，还有人生的波折。

08 衰老

益智健康之道

我母亲以健步如飞著称。她170厘米的身影只要在我们这个宾夕法尼亚西部小镇一出现，就会吸引街道上人们的目光。人们会问我和我的兄弟姐妹，她走得这么快是要去哪里。除了星期天由父亲开车载着穿戴整齐的全家去教堂以外，母亲每天早晨都要大步流星地走到教堂去做早弥撒。按照她的步速来看，单程距离2.4千米的步行，是一种相当好的锻炼方法。母亲并不是为了保持身材而走路，她走路只是因为她喜欢（而且她还喜欢比较相距1.6千米的几家杂货店里商品的价格）。

科学家已经发现，运动对大脑有不可思议的影响。我可以确定，正是母亲那种高强度的身体运动，她才能长期保持如此好的身材。在母亲80多岁的时候，她还过着丰富多彩、精力充沛的生活。这正与她的个性有关：她总是忙个不停。我记得我们家的沙发是母亲花了数周时间对比颜色和尺寸，并反复斟酌、考虑再三之后才买回来的。沙发买回来的那天，我放学回家，发现母亲正忙着锯掉沙发的两个软包扶手，这样这件新家具才符合母亲的要求。

母亲做任何事都有着朴实无华的热情，无论是在屋子旁边一小块乱石地里种植西红柿还是铲雪。父亲没有让母亲工作，所以她是一位专业的志愿者。我们家地下室堆满了她为教堂旧物义卖而募捐来的衣服，这意味着我们可以第一时间挑选。作为从捷克斯洛伐克移民到美国的第二代工人，她无疑是大萧条时代的产物：节俭而苛刻，强硬但充满爱心。

我父亲史蒂芬比母亲大 4 岁。母亲 29 岁的时候，父亲去世了。母亲用了几年时间才走出丧夫之痛。她是一个很乐观的女人，拥有很多朋友。最终，她遇到了另一个男人，并且在 65 岁的时候再结良缘。他们两个人去佛罗里达的弗隆滩度过冬季。在那里，她的第二任丈夫教她打高尔夫，而且她还学会了游泳。夏天，母亲起床后会先穿上泳衣，再穿上外套，然后去泳池。她唯一的游泳姿势就是狗刨式，每次她都会在深水区游 1 小时。无论是去教堂、去食品杂货店、去舞会或去打保龄球，还是每周 3 次去老年中心打桥牌，她都坚持步行到目的地。

除了有骨质疏松症之外，她的身体非常健康，而且思维敏捷。无论我何时打电话给她，我们都会详细谈论她赢得了多少桥牌大师分或如何管理她的钱。母亲 70 多岁的时候，她的第二任丈夫去世了，之后母亲依旧忙忙碌碌。

母亲 86 岁的时候摔了一跤，导致髋部骨折。要知道，每年美国仅髋部骨折就能把 180 万老年人送进急诊室。尽管心脏病、癌症、脑卒中和糖尿病是美国 65 岁以上老人主要的死因，但多数老年人仍很担心摔倒导致他们脆弱的骨头断裂。髋部骨折特别严重，因为患者需要花费数月的时间才能康复，而且行动能力也会因为这样一个支撑身体的重要关节受损而大幅降低。大约 20% 髋部骨折的老年人会在一年内去世。

至于我母亲，大约 6 个月后，她就依靠拐杖重新站了起来，所以我们雇佣一位看护与她同住，而不用把她送到疗养院。但她的行动能力还是慢慢减退了，她只能挪动步伐慢慢走路，而骨质疏松症更加迅速地恶化，日益弯曲的脊柱迫使她只能弓着背。母亲不但身体活动逐渐减少，头脑也是如此：她不再打桥牌，转而开始看肥皂剧。每周日会有一位朋友送她去教堂，除此之外，她很少出门。母亲的心智已不如从前，但还没有痴呆。她很清楚我是谁，只是我们交谈时，她的话越来越少。

摔倒后的第二年，她又摔倒了，这导致她另一边的髋部骨折。她被夹板固定的样子真的让我很难过，从那时起她完全变了。她无法区分现实和虚幻，肥皂剧里的人物成为她生活的一部分，她会和他们交谈，就好像他们真在房间里似的。母亲在 88 岁时寿终正寝。

运动可以预防大脑退化

在本书里，我一直在谈论身体和大脑的生物学关联，而讨论老化这个话题时，最能体现出这种关联的重要性。毕竟，如果身体停止运作了，一个健康的头脑对你又有什么用处呢？

1900 年，美国人的平均预期寿命是 47 岁，而进入 20 世纪，美国人的平均预期寿命已超过 76 岁。老年人的死因更有可能是慢性病而不是急症。那些超过平均预期寿命的人面对的是另一组可怕的数据：根据美国疾病控制与预防中心的统计，在 75 岁的老人中，几乎每个人平均都患有 3 种慢性疾病，且正在服用 5 种处方药物。在超过 65 岁的老人中，大部分有高血压，2/3 的老人体重超常，近 20% 的老人有糖尿病（这增加了患心脏病的风险）。在这个年龄组中，心脏病、癌症、脑卒中是首要杀手，它们加起来占到全部死因的 61%。

根据美国疾病控制与预防中心的统计，在 75 岁的老人中，几乎平均每个人都患有 3 种慢性疾病，且正在服用 5 种处方药物。在超过 65 岁的老人中，大部分有高血压，2/3 的老人体重超常，近 20% 的老人有糖尿病（这增加了患心脏病的风险）。

我们已经知道，吸烟、不活动以及不健康饮食是导致这些疾病的根本原因。另外，最新的研究清楚表明生活方式如何影响老化所引发的心理危害。那些毁坏身体的东西也同样毁坏着大脑，美国国家老化研究所的神经学家马克·麦特森认为这是一个有益的发现。他说："如果我们认真考虑，就会发现好消息是，许多降低心血管疾病发病风险的因素，同样也降低与老化有关的神经退行性疾病的发病风险。"比如，我们用来预防糖尿病的措施，也可以用来平衡大脑内的胰岛素水平，同时防止神经元产生代谢压力。跑步在降低血压、强健心脏的同时，也预防脑内毛细血管的塌陷或破裂，以及由此引发的脑卒中。举重在预防骨质疏松症的同时，还能使营养树突的生长因子释放出来。反之，服用能促进思维敏捷度的Ω-3脂肪酸，也能同时强健骨骼。

步入老年后，我们面对的心理和生理疾病相互关联，共同影响着心血管系统和代谢系统。这种本质关联的失常解释了为什么肥胖的人发生痴呆的可能性是正常人的两倍，有心脏病的人患阿尔茨海默病的风险更大。阿尔茨海默病是最常见的老年痴呆疾病。从统计学角度说，有糖尿病的人发生痴呆的风险增加了65%，而患胆固醇类疾病的风险增加了43%。几十年前，我们就有医学证据表明运动可以预防这些疾病，然而根据美国疾病控制与预防中心的统计，约1/3的65岁以上老年人表示，他们在闲暇时间不做运动。我想，要是了解运动还能保护你的心智，那么你就会把它放在心上了。

运动关键词

- **阿尔茨海默病**（Alzheimer's disease）
一种起因隐匿的进行性发展的神经系统退行性疾病。65岁以前发病者，称早老性痴呆患者；65岁以后发病者称老年痴呆患者。

运动实验室

THE REVOLUTIONARY NEW SCIENCE OF EXERCISE AND THE BRAIN

"护士健康研究"（Nurse's Health Study）计划为运动影响老化大脑提供了

最有说服力的证据之一。这个项目从 20 世纪 70 年代中期开始，每两年就会针对 122 000 名护士的健康习惯做一次调查。1995 年，研究人员开始对其中部分护士进行认知测试，随后哈佛大学流行病学家珍妮弗·沃伊弗（Jennifer Weuve）分析了 18 766 名 70 岁到 81 岁女性的运动强度与认知能力之间的关系。沃伊弗利用收集到的这些宝贵数据做分析：成年后一直保持有规律的运动，是否能让我们老年时的思维能力更敏锐？这份研究结果发表在《美国医学会杂志》上，它有效地证明了沃伊弗的猜测：在记忆力和普通智力测试中，消耗能量最高的女性认知力受损的可能性下降了 20%。在这一组女性中，活动强度的平均数是每周行走 12 小时或跑步近 4 小时。相比之下，活动量最少的每周行走不到 1 小时。沃伊弗表示，并非要做一个“超级运动员”才能产生效果。她说：“最好的办法是，中等强度活动就可见效，就像我们所说的每周行走 1.5 小时。即使这是相当低的活动强度，你收到的效果也优于并远远超出那些活动最少的女性。”

我们如何变老

慢慢变老是不可避免的事，但我们未必会精神崩溃。为什么有些人活到 100 岁都没有什么健康问题，而另一些人却被慢性疾病夺走了正常的心理和生理功能？为了弄清老化为什么会产生如此截然不同的后果，我们有必要来看看细胞的生存和死亡。

随着我们慢慢变老，细胞逐渐失去了适应压力的能力。尽管科学家还没有找到其确切的原因，不过已经清楚的是：老化的细胞在对抗自由基、过度能量需求及过度兴奋的各种分子压力上有较低的阈值。而且原本负责编码蛋白质以清除有害废物的基因停止了工作，由此导致一个细胞的死亡，神经学家把这种情况称为

"细胞凋亡"（apoptosis）。随着毁坏程度越来越严重，免疫系统会被激活，释放出白细胞和其他因子来清除死亡的细胞，由此出现炎症；如果炎症逐渐转为慢性，那么会产生更多有害的蛋白质，而这些都与阿尔茨海默病有直接关系。

运动关键词 

- **细胞凋亡**（apoptosis）
即为维持内环境稳定，由基因控制的细胞自主而有序的死亡过程。

当神经元由于分子压力而逐渐损耗后，大脑内突触会被毁坏，最终神经元的相互连接会被切断。由于活动的减弱，树突会生理性萎缩和枯竭。起初，失去一个信号并不要紧，因为大脑本来就有代偿机制，它不但可以绕过死亡线路重新规划信号网络，而且还能开辟其他区域帮助信号通畅。这是大脑系统建立的某种备份。记住，我们谈论的是 1 000 亿个神经元，而每个神经元都可能有多达 10 万个输入信号。这是一个非常爱好社交的神经网络，它忙于建立各种新的联系。同时，就如我曾提到的，它还不断地自我更新和调整，以便在有足够的刺激时，就能促进新神经回路的扩展。当我们变老时，大脑内越来越多的区域被要求履行任一指定的职能。我认为，智慧反映的就是大脑在补偿这种效能损失方面的熟练程度。

如果损毁的突触数量超过新生的突触，那么我们就到了要重视阿尔茨海默病、帕金森病等（这取决于神经退化发生的部位）心理和生理功能障碍的时候了。基本上，认知衰退和所有神经退行性疾病都是由神经元机能障碍和濒死而引发的，这是一种联系的中断。麦特森指出："老化的研究主要围绕如何努力恢复神经细胞的连接功能和存活能力进行。如果能做到这点，就能预防神经退化和由此产生的疾病。"

随着轴突活动的减少和树突的退化，滋养大脑的毛细血管同时萎缩，这限制了脑内的血流量。这是一个互为因果的过程：如果大脑内经常性供血不足，那么毛细血管就会发生萎缩，树突也会步其后尘。无论从哪方面看，这都是一个致命的结果，如果没有血液所携带的氧气、能量、营养物质和具有修复功能的分子，那么神经细胞很快就会死亡。随着我们逐渐变老，脑源性神经营养因子和血管内皮生长因子等有滋养作用的神经营养因子越来越少，而且神经递质多巴胺的产量也随之减少，并逐渐损害了运动机能和动机系统。与此同时，海马内新的神经元也越来越少。老鼠研究表明，随着年龄的增长，神经新生明显减少。这并不是因为产生的干细胞数量减少，而是因为只有少量干细胞能分化并转变成功能健全的神经细胞（这很可能是血管内皮生长因子减少的缘故）。不管怎样，中年老鼠（近似于人类 55 岁）大脑内的多数神经干细胞已死亡，同时可利用的神经干细胞比例从 25% 下降到 8%，到了老鼠老年时（等于人类 65 岁），该比例进一步下降，降到 4%。也就是说，大脑没有从神经新生中获得益处，大脑内呈现的是细胞衰亡后的一片荒芜景象。在 40~70 岁时，平均每 10 年我们就会损失平均 5% 的脑容量；从 70 岁开始，任何疾病都会加速这个过程。

在 40~70 岁时，平均每 10 年我们就会损失平均 5% 的脑容量；从 70 岁开始，任何疾病都会加速这个过程。

像我母亲那样保持忙碌和活动的老年人，其大脑内的这种变性可以得到减缓。一项针对新近退休者的研究发现，运动组大脑内的血流量在 4 年后几乎保持相同水平，而不运动组则明显减少。如果大脑不是在活跃地生长，那么它就是在衰退。运动能减缓压力阈值自然下降的速度，所以它是少数几种对抗老化过程的方法之一。麦特森说："与此矛盾的是，让细胞周期性地承受轻度压力是有好处的，那样可提高它们应对更严重压力的能力。"

另外，我在前面几章介绍过运动如何激活脑内各神经细胞网络间的联系和扩展：它增加血容量、调节能量、促进神经活动和神经新生。由于老化的大脑更容易受到损害，任何能强健大脑的事情对老年人大脑产生的作用都要比年轻人更为显著。年轻时开始锻炼同样很重要，如果年老时能拥有一个更健康、更强壮、有更多神经网络的大脑，那么它肯定有更强的适应力，而且抵御神经损害的时间更长。运动不仅是预防药，而且是解毒药。我们总会变老。无论做什么，你都无法阻挡它的发生，但肯定有办法改变老化到来的时间和程度。

认知衰退：别让你的心智字典萎缩

老化首先表现在很小的事情上。当大脑内的神经连接损坏后，你越来越难想起曾经耳熟能详的人和事物。每个人都有过这样的时刻：某些词到了嘴边，却无论如何说不出来。这是因为我们记忆的搜索引擎——前额叶皮质无法想起它。海马提供了其他的联想来努力唤起你的记忆，但令人沮丧的是，你很难回忆起潜意识里曾经发生的事情。当我们年老时，大部分人都会遇到这种情况，不过这种所谓“轻度认知障碍”对每个人影响的程度各有不同。

这种轻度认知障碍并不一定会加重，但如果继续不受控制的话，它很可能恶化。你开始忘记那些形成你个人特征的行为，这是一种极其危险的感觉，它正逐渐吞噬你的自我意识感。很多知道自己处于这个境地的人更易选择逃避，这在不知不觉中反映出大脑树突的状态。他们因害怕自己会不知所措而不敢外出去建立新的人际关系；为避免沮丧或仅仅因为离开熟悉的环境而有不适应感，回避这个世界。不管怎样，其结果是他们逐渐断绝那些有意义的人际关系。对大脑来说，人际交往是一种很重要的刺激形式。**孤立和不运动会助长细胞的死亡，并由此导致大脑萎缩。**

损毁大多发生在额叶和颞叶。额叶包括前额叶皮质灰质和轴突白质。而颞叶通过与海马的紧密连接，记录词汇和正确的名称，同时帮助人们形成长时记忆。一旦前额叶皮质消失，随之而去的还有更高级的认知功能。这时，每天的日常生活开始变得艰难。出人意料的是，像系鞋带、开门锁或开车去杂货店这些我们以为理所应当具备的能力，实际上就如记忆、任务转换和不去想无关信息一样，全都是依靠大脑发出的最高指令来完成的。所以，即使一只受过专门训练的猴子也很难正确扣好一件衬衫。我的一位患者总是忘记拉上裤子拉链，这很可能就是大脑出现了问题。即使妻子很生气地数落他，这位 78 岁的患者却依然重复犯着这个错误，因为他的记忆空间已无法保存刚上过厕所这件事。

颞叶是我们大脑的词典库。阿尔茨海默病导致萎缩的区域之一就是颞叶。检测这种疾病的一个简单实验就是：让某个人看一组单词，半小时后看他能回忆起多少个单词。

正如我在第 1 章中所提到的，伊利诺伊大学的研究人员进行的大量研究已经证明，体能水平和针对这些脑部区域测试的成绩之间存在密切关联。一项研究表明，那些表示曾长期进行有氧运动的老年人的磁共振成像结果显示，其大脑受到的保护效果更好。实验室人员对这种关联感到好奇，他们想知道运动是否会引起这些区域的结构性变化。

THE REVOLUTIONARY NEW SCIENCE OF EXERCISE AND THE BRAIN

由神经学家阿瑟·克雷默领导的一个小组把 59 名年龄在 60 岁到 79 岁、几乎不运动的人分成两组。在 6 个月里，研究者让他们每周进行 3 次、每次 1 小时的健身。对照组的人做一套伸展操，而另一组的人则在跑步机上行走，强度从最大心率的 40% 增加到最大心率的 60%～70%。唯一的变量是体能。的确，在 6 个月后，走路组的最大耗氧量平均提高了 16%。最大耗氧量可衡量肺部消耗氧气的能力。

通过比较运动前后的磁共振成像结果，研究人员有了突破性的发现：**那些体能提高的人大脑额叶和颞叶的容量有所增加**。这种现象在海马也曾出现过，但大脑皮质容量会增加的事实远远超出了首先发现运动跟脑源性神经营养因子有关联的科学家卡尔·科特曼的理解范围。科特曼说："我相信他是对的。他是一个非常诚实、做事精准的人。但这些结果肯定不会被同行接受。我的意思是，我认为还没有人用动物研究来证实，短时间的运动可以增加老年动物大脑区域的容量。"

克雷默的研究结果是否能被复制，我们暂且留到以后再看，但只需运动 6 个月就能重塑这些脑部关键区域的想法实在令人振奋。在磁共振成像结果中，运动者的大脑看起来似乎比他们的实际年龄要小两三岁。磁共振成像结果并不能具体表明是什么促进了大脑区域的容量增长，但考虑到已知的动物研究结果，克雷默提出了自己的推测。"可能是新的血管结构、新的神经元、新的神经连接，"他说，"我认为很可能以上皆是。"

这个结果的重要意义在于，运动不仅能预防大脑的损坏，还能逆转与老化有关的细胞退化。克雷默的研究更有可能表明运动如何提高大脑的平衡能力。克雷默解释道："如果前额叶皮质的功能确实不如从前，那么你或许可以重新开发皮质的其他区域，以另一种方式完成任务。对增加脑容量的一种看法是，或许它让时光倒流回神经系统可以正常运行处理各种事情的时期。"

我们的大脑又多出两到三年的时间来做大量的事情。

情绪的衰退：别让生命热情退却

有些人上了年纪后脾气会变坏，这并不奇怪。通常当人们失去工作、爱情、发展前途、目标、适应力、勇气和生活动力的时候，就会这样。这时，抑郁症不知从哪里冒了出来，它增加了老年人发生痴呆的风险，所以这是一个严重的问题。女性的雌激素和男性的睾丸激素随着年龄的增长而衰减，继而引发情绪的改变，或者让人失去活力和兴趣。抑郁症是引发痴呆的危险因素，其理由之一是，它对海马有破坏作用。如果我们一直处于压力中，持续增加的皮质醇激素就会毁坏我们的神经元突触。我们变老后，神经元抵抗压力影响的能力开始逐渐减弱，这时特别需要的是防范，或者更好的做法是主动出击。

由于逐渐变老，我们的身体在衰弱，我们的精力在减退。当我们面对徒步旅行去尼泊尔或参加本地扑克牌比赛等挑战时，可能会犹豫再三。挑战可以提升我们的适应力，所以它很重要。

我又想起我的母亲，她在髋部骨折前是如此充满活力，如此富有参与精神。似乎年纪越大，她就变得越勇敢。而且她不会拒绝新奇的体验，相反她的回答是："为什么不呢？"举个小例子，有天晚上母亲来我家，我们在讨论去一家新开的高档泰国餐厅吃饭。我猜母亲不会喜欢，所以刚提出这个建议就即刻否定了它。那时，她已年过八旬，我无法想象她在一家异域风格的餐厅里用餐。可她却说："走！我倒很想试试。"想起母亲尝了我那份咖喱菜后的表情，至今我还忍俊不禁——那是她有生以来吃过最辣的食物。不过，她很喜欢椰子汤。我们全家在欢声笑语中结束了晚餐。

很显然，**运动是挑战自我和大脑极为有效的方式**，如果你能和其他人一起运动或到户外活动，收效会更大。最近美国老年痴呆研究中心的一项研究表明，那些用"我很想有人在我身边""我有一种全身空虚的感觉"等表达孤独的人，患阿尔茨海默病的可能性是正常人的两倍。杜克大学的研究显示，运动可以减少抑郁症的发生，而且运动在预防抑郁症复发方面的效果甚至超过了药物左洛复。

运动对老年人尤为重要的影响是，它可以重新恢复因老化而减少的多巴胺。在老化的大脑皮质内，多巴胺是一种重要的神经递质，它是奖励系统和动机系统主要的信号传递者。对老年人来说，无动于衷会变成一个特征化的特点。当老年人搬入退休社区或疗养院后，留意他们的这种情绪是特别重要的事。即使有最好、最舒适的配备，如果人们有在等死的感觉，那么抑郁及缺乏生活动力的行为就会出现。

我了解到一个退休之家对付这个问题的办法：尝试让居民参与运动，并使他们对运动产生兴趣。密歇根州安阿伯市的老年生活大学有一个配备有氧型和力量型健身器材的体能中心，用来帮助那些头脑不再灵敏，甚至拄着拐杖才能走路的人。这个健身中心被称为“保护站”。中心聘请了一位专业的老年运动生理专家来上课，同时他还为70岁身体强健的老人提供私人培训。不过作为体能主管，琼·斯梅德利（June Smedley）的大部分工作是，逐门逐户请人们出来锻炼。“哦，有时候，他们对我大为恼火。”琼说，“还会把我赶到门外。”那些有可能成为她学生的人大多已80多岁，他们还没有形成运动本身有益于健康的观念。而且琼表示，老人们参与锻炼的积极性很低。她说：“大部分老人情绪低落，这种消极情绪完全驾驭了他们的整体心态。他们最喜欢的就是坐在那里。”

跟随琼进行锻炼的模范学员之一是那位80岁的退休工程师，我们就称他哈罗德先生吧。因为他的妻子患有老年痴呆，需要每日护理，所以他们住在这个社区里。他每周锻炼5天，执行一套完整的锻炼方案：先是在10分钟热身时间里进行重力器械锻炼、在理疗球上进行平衡练习；然后在健身器上进行30分钟有氧锻炼，这是一种用手臂来操控的斜卧式阶梯踩踏器。

哈罗德说："我不想以此出名。我最初的动机是，要有能力做我喜欢的事情。"他最喜欢的就是冬天去滑雪、夏天打高尔夫。夏天时，哈罗德每周打两次18洞高尔夫。过完80岁生日之后6个月，他和朋友们一同去犹他州滑雪一周。那是他保持了15年的习惯。他认为，与琼一起进行的力量型锻炼有助于保持他的耐力和体形。他可以从阿尔塔雪场3 215米的最高处滑下，一气呵成到达山脚。挑战这个落差达609米的斜坡对任何一个平原地带的人来说都是极为困难的事。锻炼方案除了让他能保持滑雪运动之外，还帮助他很好地解决了因照顾妻子而出现的紧张压力。"即便这里有非常好的医疗护理，我依旧有许多做丈夫应尽的职责。"哈罗德说，"我想是运动帮我缓解了日常的压力。运动时，我总是大汗淋漓，而且运动让我每天都有期盼。那是属于我自己的时刻。我有一种成就感。毫无疑问，运动对我的头脑、情绪和身体健康都有帮助。"

运动可以延缓痴呆

痴呆（dementia）是一种功能的丧失，它严重降低了我们日常生活的自理能力。当大脑某个特定区域受损或停止工作时就会发生痴呆。这可不像我们家中电路保险丝烧断后，厨房的电器依然还能正常工作，而只有卧室的电灯不亮那么简单。

根据神经回路发生故障的部位以及引起跳闸的原因，痴呆分为许多不同的类型。目前最常见的是阿尔茨海默病，其特点是炎症、淀粉样蛋白斑积累，以及被称为神经纤维缠结的细胞内废物。最初，淀粉样蛋白斑出现在海马上，随后扩展到额叶和颞叶。根据2000年美国的人口普查，大约有50万美国人患有阿尔茨海默病，再过50年，婴儿潮[①]期间出生的孩子进入老年后，患阿尔茨海默病的人数

① 这里指的是2007年，美国人口出生率再度达到自1950年以来的最高峰。——译者注

可能会翻3倍，即超过132万人。

脑卒中是由脑部任一区域的毛细血管塌陷、破裂或阻塞引起的。如果流入大脑的词典——颞叶的血流被中断，那么尽管你可以说话但不知所云；如果前额叶皮质发生脑卒中，那么尽管你可以听懂别人的话，但丧失了说话的能力。

接下来我们谈谈最常见的痴呆——帕金森病。在这种疾病中，黑质内的多巴胺神经元被消耗殆尽，从而切断了通向基底核的多巴胺神经递质流。而基底核是大脑的自动传递装置。心理任务和生理任务之间、运动开始和结束之间的顺利转换必须有基底核的参与。多巴胺被耗尽，就好像用完了传送液，由此出现了帕金森病典型的颤抖症状。这种疾病多发于老年人。60岁以上的人中，大约有1%患此病[像迈克尔·福克斯（Michael J.Fox）①那样的年轻病例实属罕见]。此病首先表现出运动神经损伤，继而是精神受损，出现抑郁、注意力等问题，最终导致痴呆。

运动关键词 

- **β淀粉样蛋白**（amyloid β protein，Aβ）
由β淀粉样前体蛋白(APP)水解而来，由细胞分泌，在细胞基质沉淀聚积后具有很强的神经毒性作用，Aβ的沉积是阿尔茨海默病患者脑内老年斑周边神经元变性和死亡的主要原因。

- **帕金森病**（Parkinson's disease）
一种常见的神经系统退行性疾病，其临床表现主要包括静止性震颤、运动迟缓、肌强直和姿势步态障碍，同时患者可伴有抑郁、便秘和睡眠障碍等非运动症状。

患痴呆的最主要危险因素是我们出生时的那组基因。有许多基因和阿尔茨海默病有关，比如被称为载脂蛋白E4（ApoE4）的变异基因。但请记住：有这类基因并不意味着你的命运被提前决定了。比如，近40%的阿尔茨海默病患者携带ApoE4变异基因，但有30%的正常人也携带这种基因（而没有患此病），而且还有许多阿尔茨海默病患者并没有ApoE4变异基因。虽然基因可以决定我们患某种疾病的风险，但生活方式和环

① 美国著名演员，其代表作有《回到未来》系列。1991年，30岁的福克斯被诊断出患上帕金森病。目前仍在与病魔做斗争。——译者注

境同样能引发或降低这些风险。有一项研究表明，中学毕业后，每多受一年教育，患阿尔茨海默病的风险就降低 17%。

运动实验室

THE REVOLUTIONARY NEW SCIENCE OF EXERCISE AND THE BRAIN

除了统计资料外，我们还可以从运动重新规划大脑生物特性的动物研究中得到证据。实验室培育出一个老鼠品种，其带有易于使老鼠发生斑块（淀粉样蛋白斑）蓄积的基因。卡尔·科特曼测试了运动对这种老鼠的影响。结果发现，与不运动的老鼠相比，运动老鼠斑块蓄积的速度减缓了。运动还预防炎症的发生。科特曼认为，正是炎症引发了斑块的聚集。在认知能力衰退和阿尔茨海默病之间的过渡阶段，炎症会不断出现。

麦特森在老鼠研究中得到了类似的结果。实验去除了老鼠的多巴胺神经元，以此模仿帕金森病的生物学特性。随后，研究人员让这些老鼠在转轮上跑步。结果这些老鼠的大脑基底核表现出更好的适应力，并有更多的神经元连接。这表明老鼠大脑有了适应力，它们建立起神经回路以抵消多巴胺的衰退。

我们所掌握的关于运动对帕金森病作用的信息，远远超出实验室的老鼠研究。近 5~10 年，越来越多的人把运动作为一种治疗方式，特别将它用于疾病的早期治疗。运动使帕金森病患者大脑内退化的运动区域重新发挥作用；运动通过增加神经元连接、刺激产生更多脑源性神经营养因子和其他神经保护因子，激活基底核。研究人员开始检测运动的效果。左旋多巴（L-dopa）是常见的治疗帕金森病药物，也是多巴胺的前体，它可以增加多巴胺的数量。有一项研究观察了运动与左旋多巴联合治疗的效果。左旋多巴的不足之处在于，用久了会失去药效（而且它还有很多副作用）。在健身单车上进行 40 分钟简单运动后立即服用左旋多巴，就能增强药物对运动机能的作用。

尽管研究人员还在努力探索阿尔茨海默病的病因，但他们还无法确切解释运动是如何对抗阿尔茨海默病的危害的，不过科特曼认为可能的原因是，运动减少了炎症并增加了神经保护因子。

人口学研究提供了运动可延缓痴呆的证据。20 世纪 70 年代早期，有一项涉及 1 500 名芬兰人的调研。21 年后，研究人员再次联络这些已经 65 岁到 79 岁的老人。那些每周至少运动两次的人患痴呆的可能性下降了 50%。特别有趣的是，在那些携带 ApoE4 基因的人中，有规律运动和患痴呆之间有更为明显的联系。研究人员提出一个可能的原因是，变异基因使大脑的神经保护系统天生就处于危险之中，所以个人生活方式就显得尤为重要。就如麦特森所言，关键在于“我们目前所能做的就是改善环境因素，最大限度避免基因带给我们的危险”。

益寿延年之道

一些关于老化的公众话题聚焦在那些生育高峰期出生的未来老年公民，同时有观点认为，这批数量庞大的群体会因为痴呆和其他严重健康问题，而给美国医疗保健系统带来史无前例的费用负担。但我认为，我们不会陷入这样命运惨淡的境地中。尽管我们这代人熟悉速食品和付费电视，但我们也是伴随肯尼斯·库珀有氧运动的观念长大的。与我们的前辈不同，我们深知健康的心肺可以抵御疾病，而且我们熟悉健身房。我母亲只是碰巧有走路的好习惯，甚至那位密歇根 80 岁高龄的滑雪爱好者哈罗德，都并非完全精通健康和强健体能带来的好处。有一次，哈罗德问训练师琼·斯梅德利肌肉为什么会抽筋。当斯梅德利表示那可能是脱水的缘故时，哈罗德有些不屑一顾地开玩笑道：“我可是喝了很多液体，咖啡、牛奶和酒。”

我坚信，当人们逐渐认识到正确的生活方式能够延长他们的寿命，运动不仅能使他们长寿，更能让他们的生活富有质量时，他们更有可能会选择运动。当人们逐渐了解到运动对大脑和心脏同样重要时，他们就会投入运动中。运动是如何保持身体健康长寿的？以下几点可供说明。

1. 运动可以强健心血管系统功能。健康的心肺可以降低静止时的血压，因此降低了身体和大脑内的血管压力。有许多机制参与其中。首先，运动期间的肌肉收缩可以使血管内皮生长因子和成纤维细胞生长因子等释放出来。除了促进神经元连接和神经新生之外，这些因子还能激活内皮细胞，使其发生分子连锁反应。内皮细胞是血管内壁的组成部分，因此对建立新的血管至关重要。这些作用扩大了血管网络，让生命补给线渗透到脑部每个区域，同时产生备份的血液循环路线以预防未来的血管阻塞。其次，运动带来更多的氧化氮。这种气体可扩张血管以增加血容量。再次，中等强度至剧烈活动期间，血液的增加可以减少大脑动脉硬化的发生。最后，运动在一定程度上可以阻止血管的损坏。脑卒中患者，甚至是阿尔茨海默病患者参与有氧运动后，其认知能力评分都有所改善。年轻时就开始运动取得的效果会更好，不过任何时候开始运动都不晚。

2. 运动可以调节能量。瑞典著名的卡罗林斯卡医学院的研究人员对 1 173 名 75 岁以上的老人进行了为期 9 年的研究。所有被试都没有糖尿病，但那些有高血糖的人患阿尔茨海默病的可能性增加了 77%。

随着我们慢慢变老，体内胰岛素水平下降，葡萄糖更难进入细胞内提供能量。因此葡萄糖会迅速增加，由此导致细胞内产生自由基之类的废物，同时还破坏了血管，使我们处于患脑卒中和阿尔茨海默病的危险中。当一切处于平衡的情况下，胰岛素可以抑制淀粉样蛋白斑的增加。但就像炎症一样，过多的血糖会促进这种淀粉样蛋白斑的蓄积，从而破坏周围的神经元。

运动增加了胰岛素样生长因子 -1（IGF-1）。IGF-1 可调节体内的胰岛素水平，改善大脑内突触的可塑性。通过减少过剩的血糖，运动还能提高被血糖降低的脑源性神经营养因子的水平。

3. 运动有助于减肥。除了损坏心血管系统和代谢系统之外，身体肥胖本身还严重威胁到大脑。美国疾病控制与预防中心估计，美国 65 岁以上的老人中，73% 的人体重超重。而且考虑到肥胖带来心脏病和糖尿病等潜在健康问题，美国疾病控制与预防中心适时宣布肥胖成为一种流行病。仅仅体重超标就使发生痴呆的风险增加了一倍，要是我们把伴随肥胖而出现的高血压和高胆固醇的因素考虑在内，那么这个风险将增加至 6 倍。退休后，人们会觉得忙碌一辈子后应该好好休息，于是开始暴饮暴食。然而他们没有意识到，每餐餐后吃甜食并不是什么好事。运动无疑从两个方面来消除肥胖：燃烧卡路里和减少食欲。

4. 运动可以提高压力阈值。慢性压力可导致皮质醇过多，由此引发抑郁症和痴呆，而运动可以抵消过多皮质醇带来的破坏作用。不但如此，运动还能强化神经元对抗过剩葡萄糖、自由基和兴奋型神经递质谷氨酸盐的能力。尽管这些都是必需物质，但在失控时，它们会破坏细胞。若废物蓄积堆满细胞，就会开始制造危险产品——破碎的蛋白质和 DNA 碎片，这些会触发潜在而最终难以避免的细胞死亡过程，这就是老化。而运动可以产生修复损坏和推迟这一过程的蛋白质。

5. 运动可以改善情绪。更多数量的神经递质、神经营养物质和神经连接可以避免海马发生和抑郁及焦虑有关的萎缩。大量研究表明，保持愉快情绪能降低我们患痴呆的可能性。这个证据不仅适用于临床抑郁症，而且还适用于一般的沮丧心态。坚持运动不仅让我们参与其中、保持人际联络，还能结识新朋友，这样的社交对改善并稳定情绪起到了重要作用。

6. 运动可以增强免疫力。压力和老化削弱了免疫力，而运动可以从两个途径直接增强免疫力。首先，即使是中等强度的活动也能恢复免疫系统的抗体和通常被称为 T 细胞的淋巴细胞。抗体可以对抗细菌和病毒感染，同时免疫系统会产生更多的 T 细胞，让身体对癌症之类疾病的发生保持更高的警觉性。人口学研究证实了这一点：那些经常运动的人患结肠癌的风险降低了 50%。

其次，免疫系统的部分职责是激活细胞、修复受损组织。一旦免疫系统出问题，受伤的地方就会溃烂，慢慢地就留下了慢性炎症。所以当你过了 50 岁后，作为标准体检的一部分，医生会检查你血液中是否有 C 反应蛋白。这类蛋白是慢性炎症的一个指标，也是心血管疾病和阿尔茨海默病的一个危险因素。运动让免疫系统恢复正常，让它能终结炎症和对抗疾病。

7. 运动可以强健骨骼。骨质疏松症并不会对大脑有很大影响，但这里有必要提到它。因为当你年老时，需要有强健的骨骼来坚持锻炼，而且它在很大程度上可以预防疾病。

美国有 2 000 万女性和 200 万男性患骨质疏松症。髋部是最容易骨折的部位，每年因髋部骨折而死亡的女性数量超过了乳腺癌。女性大约在 30 岁时，骨量达到顶峰，此后一直到更年期，每年都会流失 1% 的骨钙。而更年期时，流失速度增加了一倍。因此，女性到 60 岁时，大约已经失去了 30% 的骨钙。除非她服用钙片和维生素 D（每天早晨晒 10 分钟太阳就可以免费得到维生素 D），同时做某种形式的运动或力量型锻炼来给骨骼加压。谈到为老年生活而储备骨量，行走在这方面并不是很奏效。不过对年轻人来说，力量训练或者任何需要跑步或弹跳的运动都可以抵消骨钙的自然流失。你能抵御这种流失的程度相当可观。研究表明，经过数月的力量型训练，女性腿部力量可以增加一倍。即使是 90 多岁的女性，也是能提高骨骼力量的，并能预防骨质疏松症这种让人极为痛苦的疾病。

8. 运动可以提高动机。幸福的老年生活是从渴望开始的，如果不想保持积极、活跃和旺盛的状态，人们很快就会陷入久坐而孤独的死亡陷阱中。老化带来的一个问题是，缺乏挑战。而通过运动，我们可以不断地自我提升和自我鞭策。

多巴胺是动机系统和运动系统最重要的神经递质，而运动可以抵消多巴胺的自然衰减。运动本身就是通过巩固多巴胺神经元之间的连接来增加积极性和预防帕金森病。这完全体现了一种观点：如果你不是在忙于生活，你的身体就会忙于死亡。在人的一生中，有计划、目标和约会是很重要的事。像高尔夫球和网球这类项目是很棒的运动，因为它们需要靠不断自我监控来改进技能。

9. 运动可以促进神经可塑性。预防神经退行性疾病最佳的办法就是，塑造一个健康的大脑。有氧运动实现了这一点：它巩固大脑细胞间的连接、产生更多突触来扩大神经网络、刺激海马新生的干细胞分化形成功能性神经元。身体运动使神经新生和神经可塑性所必需的神经营养因子的数量增加，从而维持大脑的生长。否则随着老化，神经新生和神经可塑性会逐渐衰减。肌肉收缩时释放的血管内皮生长因子、成纤维细胞生长因子以及 IGF-1 等因子从身体进入大脑，并参与了这个过程。所有结构上的变化都提高了大脑学习、记忆、执行更高级思维和控制情绪的能力。神经连接越牢固，大脑修复能力就越强。

闲散的大脑是魔鬼的工坊

我 8 岁的时候，家里有了第一台电视机，但是我们从来没有长时间看过电视。

因为那样做是被禁止的。我母亲会说："别总坐在那儿，快出去玩吧。"我们家每周都会吃鱼，不仅仅因为我们是天主教徒，还因为那时候大家就已经知道鱼能"补脑子"。另外，学校里的修女们时常用"一个懒惰的头脑是罪恶的滋生地"这句话来告诉我们保持思想活跃的重要性。在有利的科学证据出现之前，我童年时期那些严厉的女性们一直强调健康生活的三大法宝是：节食、运动和保持活跃思维。从这个观点来看，长寿而多彩生活的处方并没有改变。现在，在知道更多的理由和结果后，我们更加难以漠视这个建议。

饮食：吃得对，吃得轻

至少老鼠的实验已经证实，**保持长寿的一个办法是减少摄入的热量**。在实验中，那些摄入热量减少30%的老鼠的寿命比那些随心所欲吃东西的老鼠延长了40%。"我们让对照组的老鼠吃饱喝足而缺乏运动。"神经学家马克·麦特森说，这个对照组"实在太像大多数美国人的生活状态了"。美国国家老化研究所老年医学实验室在18年前开始了一项猴子研究。其结果表明，节食这个方法同样适用于灵长类动物。同样，一个关于人类的实验也表明，严格限制哮喘患者两个月的摄入热量：一日三餐只摄入500大卡的热量。结果，这些患者血液中的氧化压力和炎症特征减少了（而且哮喘症状也有所改善）。这个结果支持了这个理论：给细胞施加轻微的压力，比如取消能量补给，可以使细胞更能适应未来的挑战，而且还能减少自由基。"这有点儿像每天进行1小时的锻炼，"麦特森说，"这是一种轻微的压力，不过既然有一个恢复期，那就是有益的。"

麦特森不会随便建议人们少吃一顿，不过他自己倒是这样做的：不吃早餐；午餐是一份沙拉；晚餐正常，总共摄入的热量是2 000卡路里。一个体重正常的人可能无法从中受益，而且任何50岁以上的人都应该注意营养不良，因为不管怎样，他们的肌肉和骨骼都在流失营养物质。但是，如果你体重超常，那就是在破坏自己的大脑。

谈到该吃什么，就像我在第 3 章中提到的，某些食物能激活你的细胞修复机制。比如孜然、大蒜、洋葱、花椰菜，所有这些食物都含有预防有害物质的毒素。这些食物中的毒素含量相当低，可引发一次有益的应激反应。对付自由基也同样如此，比如蓝莓、石榴、菠菜和甜菜等这些能对抗自由基的食物既是毒素，也是解毒药，它们最终激活了细胞修复。绿茶和红酒也以同样的方式发挥作用。

为了保持膳食平衡，你的餐盘里还应该有全谷类食品、蛋白质和膳食脂肪。虽然低碳水化合物饮食可以帮助你减肥，但它们对大脑没有好处。全谷类食品含有复合碳水化合物（多糖），源源不断地提供能源，而不像单糖那种骤升骤降地供能。而且它们是色氨酸之类的氨基酸进大脑所必须依赖的运输工具。在第 4 章中你已知道，色氨酸是形成血清素所必需的前提，而色氨酸和其他重要的氨基酸都是由蛋白质分解而成的。

大脑 50% 以上是由脂肪组成的，所以有益的脂肪同样很重要。反式脂肪酸、动物脂肪和氢化油是有害的，但从鱼类里获得的 Ω-3 脂肪酸是非常有益的。人口学研究表明，那些大量食用鱼类的国家双相情感障碍的发病率比较低。另外，有些人把 Ω-3 脂肪酸作为一种独立治疗情绪障碍和 ADHD 的方法。研究表明，每周吃一次鱼的人每年的认知衰退速度下降 10%。弗雷明汉心脏研究（Framingham Heart Study）持续了 9 年，随访了 900 人，发现那些每周食用 3 次鱼油的人发生痴呆的可能性降低了一半。Ω-3 脂肪酸不但可以降低血压、胆固醇，减少神经元炎症，还能增加免疫反应，提升脑源性神经营养因子的水平。你可以从鲑鱼、鳕鱼和金枪鱼等深海鱼类中获得 Ω-3 脂肪酸，或者你可以每天服用一粒含有 1 200 毫克二十碳五烯酸（EPA）和 200 毫克二十二碳六烯酸（DHA）的补充剂——它们是 Ω-3 脂肪酸的主要成分。

我们知道，维生素 D 的重要性不仅在于强健骨骼，它还是一种预防癌症和帕金森病的手段。我建议大家每天服用 1 000 IU（国际单位）的维生素 D，女性同时再服用 1 500 毫克的钙。我还推荐大家服用至少含 800 毫克叶酸的 B 族维生素。叶酸能改善记忆，提升记忆速度。

运动：持之以恒就对了

我建议 60 岁以上的人每天都要运动。反正已经退休了，何乐而不为呢？要是每周能运动 6 天，那是最理想的，但是要让运动成为一种乐趣而不是任务。使用心率监测仪是一个好主意。它们的可贵之处在于能持续监测你的运动过程，这既是一种激励，又能帮你树立信心。在这种正确的强度下，你无须怀疑自己的运动量是否足够。监测仪会依照指令开始，但首先，你要用 220 减去你的年龄，计算出你理论上的最大心率，然后用这个数字来计算你应该做多大的运动量。

你应该从四个方面来制订一个整体计划：有氧能力、力量、平衡能力以及柔韧性。你应该咨询医生或了解你锻炼史的健身教练，不过我也可以给你提供一些常规建议。

有氧能力。每周锻炼 4 天，时间在 30 分钟到 1 小时之间，心率保持在最大心率的 60%~65%。在这个强度下，你不但能够消耗体内的脂肪，而且还能产生我之前提到的彻底改变大脑结构所必需的要素。走路就可完全达到这个强度，不过尽可能和某个朋友一起在户外行走。无论你选择怎样的运动，尽量找一种你会长久喜欢的项目。尝试每周进行两次 20 分钟至 30 分钟速度更快的行走，让心率达到最大心率的 70%~75%。如果你从未锻炼过，那么你可以慢慢提升到这个速度。持之以恒比运动强度更为重要。克雷默建议：“你没必要拼命锻炼。要是你能做更剧烈的运动，用跑步代替走路，那当然很棒。但如果你不能，那么科学已经证实，走路就可以产生相当显著的效果。”

力量。每周进行两次举重或阻力器械锻炼。做 3 组举重器械练习，每组重复 10 到 15 次。这对预防和改善骨质疏松症非常关键：即使你做遍世界上所有的有氧训练，你的肌肉和骨骼还是会随着年龄而退化。美国塔夫茨大学一项针对 50 岁至 70 岁女性的研究表明，那些参加力量型锻炼一年的女性，其髋部和脊柱的骨密度增加了 1%，而久坐不动的那组女性，其相同部位的骨密度流失了 2.5%。如果你从未进行过力量型锻炼，那么最好的办法是，在锻炼的第一个月聘请一位教练或者征求专业的指导意见，因为正确的锻炼方式在避免受伤方面起到关键作用。网球、跳舞、有氧操、跳绳、篮球，当然还有跑步，像这些需要弹跳或跳跃的运动也有助于你强健骨骼。

平衡能力和柔韧性。每周进行两次 30 分钟左右的平衡和柔韧性锻炼。瑜伽、普拉提、太极拳、格斗术和跳舞，所有这些需要技巧的运动对保持身体的灵活性都很重要。如果缺乏平衡能力和柔韧性，那么你将失去持续执行有氧及力量型锻炼计划的能力。除了身体上的活动，你可以在健身球、平衡木或波苏球（bosu）上锻炼。波苏球是一个半圆形的橡皮球，你可以站在上面锻炼你的核心肌群①。还记得哈罗德吗？那位爱好滑雪的八旬老人，为备战最近一次的滑雪旅行，他正在波苏球上锻炼呢。

心智运动：不断学习

我的建议是，不断挑战你的头脑。现在你已经知道，运动让你的神经元做好

① 腹部前后环绕着身躯、具有保护脊柱稳定性的重要肌肉群，包括腹横肌、骨盆底肌群以及下背肌区域。——译者注

相互连接的准备，而智力方面的刺激则让大脑利用这种准备就绪的优势。这并非巧合，许多研究都表明，你所受到的教育越多，就更有可能保持你的认知能力，以预防阿尔茨海默病。不过这也不一定和学历有关。那些花大量时间求学的人，更有可能只是喜欢学习。从统计资料可以看出，很多没有进入大学的人依然保持着对周围世界的浓厚兴趣。

运动实验室

THE REVOLUTIONARY NEW SCIENCE OF EXERCISE AND THE BRAIN

美国约翰·霍普金斯大学的流行病学专家们进行了一项被称为“体验团”（Experience Corps）的城市健康研究。这个研究提供了最令人鼓舞的证据。研究人员招募了 128 名 60 岁到 86 岁的非洲裔美国女性，其中多数女性的文化水平和社会经济地位都较低。研究人员培训这些女性教小学生阅读技巧、使用图书馆技巧等。结果，不仅孩子们的标准化考试分数有了提高，这些女性的健康状况也获得了改善：那些拄着拐杖的女性 50% 不再使用拐杖；44% 的人感觉自己更健康；她们花在电视上的时间减少了 4%；这些女性表示，她们可以求助的人明显增多了。

当志愿者是很有益的事，因为它需要进行人际接触，而这对大脑是天然的挑战。任何需要你与其他人联系的事情都有助于你活得更健康、更长寿。统计资料表明，社交能力与死亡率之间有密切的反比关系。新奇的体验向大脑提出了更多的要求，而且提升了大脑的平衡能力。你得到了更多的优质营养肥料、更多的神经连接、更多的神经元和更多的机会。

20 世纪 90 年代中期，一位名叫伯纳黛特的修女（Sister Bernadette）因突发心脏病而与世长辞，享年 85 岁。与其他 600 多名修女一样，她把自己的大脑捐献给流行病学家戴维·斯诺登（David Snowdon）进行一项长期的科学研究。斯诺登在《优雅地变老》（*Aging with Grace*）那本鼓舞人心的书中，追忆了明尼苏达州圣母学校修女会（School Sister of Notre Dame）。修女们总是不停地挑战着自己的智慧，她们常常猜字谜、做智力测验，还辩论公共问题，许多修女活到 100 岁，甚至更久。有趣的是，伯纳黛特修女在去世之前，她的认知能力测试一直是 90 分（满分 100）。而她去世后，对其大脑的解剖结果显示，阿尔茨海默病毁坏了她脑内大部分区域。从海马到大脑皮质的脑组织中到处是淀粉样蛋白斑，而且神经纤维缠结达到最严重的程度。另外，她还携带有 ApoE4 变异基因。换而言之，她本应该完全遭到阿尔茨海默病的重创。尽管她的大脑受到了损坏，但她仍然有着敏锐的心智。

斯诺登认为，认知储备（cognitive reserve）可能是原因之一。这是大脑对损害的一种适应和平衡的能力，即开辟其他区域来协助完成任务。学习到老并始终保持活跃的头脑，伯纳黛特修女很有可能通过训练自己的大脑，努力控制她天生就有的致病基因。就像我的母亲一样，她是我们的榜样。

大脑训练计划 09

塑造你的大脑

我已经在不遗余力地宣传有氧运动对大脑的惊人影响力。我希望，一旦了解了跑步，你就会产生一种真正的动力，它促使你每天穿上运动鞋锻炼。你会去游泳、骑自行车或者做任何你喜欢的运动，出一身汗。我希望你完全迷恋上运动。

我一直竭力要证明的观点是，对优化大脑功能来说，运动是唯一最有效的工具。这个观点是根据我收集的数百篇研究论文而得出的，其中大部分论文就是在最近十年内发表的。我们关于大脑如何运行的知识就是在这个相当短的时期内大量增加的。对任何关注人类处境的人来说，这是一个极其振奋人心的时代。就个人而言，为本书所做的调研已让我对运动的益处倍感兴趣，并且强有力的科学事实也验证了我的直觉。

运动实验室

THE REVOLUTIONARY NEW SCIENCE OF EXERCISE AND THE BRAIN

我们不妨回忆一下神经发生的故事，它证实了这是一个相当崭新的领域。曾被视为异端邪说的神经发生理论认为，大脑在人的一生中不断生成新的神经细胞。“10 年前，人们甚至都不会相信有这种事情。”神经学家斯科特·斯莫尔说。2007 年，就在他哥伦比亚大学的实验室里，研究者首次目睹了在活体大脑内神经发生的清晰证据。斯莫尔说：“要是在 5 年前，人们会说，好吧，就算它可能会发生，不过这真的有意义吗？而现在，每过一周就会有一个证明神经发生对大脑有某种影响的研究出现。”

在斯莫尔的研究中，他让一组志愿者执行一个为期三个月的锻炼方案，然后拍摄他们的大脑影像。变焦和扳动快门是控制一台标准磁共振成像仪器的基本功。通过熟练操控磁共振成像仪器，斯莫尔捕捉到了新神经元赖以生存的新生毛细血管影像。他看到海马记忆区域的毛细血管容量增加了 30%，这确实是一个非同寻常的变化。不过这个研究真正的突破是，它证明了可以不用切开大脑就能描绘出神经发生的过程，这一结果让研究人员把注意力从实验室的老鼠转移到人类身上。新的技术理应让科学家有机会检验任何特定的变量对神经发生的影响，比如需要达到多少运动量才适合。“是每周一小时？每天早晨？是不是只有令人筋疲力尽的马拉松方案才能使神经发生达到顶峰？”斯莫尔说道，“我们对此一无所知。没有人知道。现在借助这个可以间接测定神经发生的工具，我们真的可以尝试着完善一个运动方案。”

实际上，那是几年后的事。在当时，斯莫尔和他的同事主要把运动看成是一个必然能增加新生细胞生长的诱因。运动是他们用来观察另一个过程的工具。大部分人还没有考虑要研究运动本身。

体能越好，大脑越有复原力

这与我提到过的运动的其他积极作用很相似：从增加神经递质和神经营养因

子、促使肌肉释放那些组成大脑内新毛细血管的因子，到增强突触的可塑性。神经学家威廉·格里诺在20世纪70年代初，就通过电子显微镜看到运动促使神经元迅速生长出新的侧支。他会告诉你，有氧运动对大脑的重要作用毋庸置疑。而且他坚信，在常规运动中加入一些复杂的运动动作（比如有氧舞蹈或格斗术）是很重要的。不过他还不能给出具体的建议。

没关系。我们不必全都依赖神经学家才能开始计划。首先，我们从那些已取得的研究中可以总结出几个结论。其次，有一些来自其他领域的有力证据。从人体运动学专家到流行病学专家都已反复证实了，**你的体能越好，大脑的功能就越好**。查尔斯·希尔曼证明，体能好的孩子在执行能力认知测试中的得分要优于体能差的孩子；阿瑟·克雷默证明，健身可以增加老年人的脑容量；一项对各个年龄段数万人的人口学研究表明，体能水平提升与积极的情绪直接相关，而且还能缓解焦虑和压力水平。

当人们问我，应该做多少运动才对大脑有效，我给出的最好建议是：先健身，然后不断自我挑战。运动的处方因人而异。不过研究一致表明，你的体能越好，你大脑的适应力就越强，而且它在认知和心理方面的能力也就更好。如果你的体能得到了增强，大脑也会随之改善。

那么这是否意味着，你的身材必须看上去像一个内衣模特儿，才能享受到运动给大脑带来的好处呢？当然不是。许多最有说服力的研究都把行走作为锻炼方式。不过我重点突出健身，这是因为我们很清楚，正常的体重指数和强健的心血管系统可以让大脑发挥出最大作用。当然，任何强度的运动都是有益的，不过从实用观点来看，如果你打算全力做些对大脑有益的事情，那么你的努力也会让你避免身体患上心脏病、糖尿病、癌症等疾病。身体和大脑是相通的，为什么两者不能兼顾呢？

天生的奔跑者

生物学家伯恩德·海因里希（Bernd Heinrich）在《与羚羊赛跑：动物教我们奔跑和生存》（*Racing the Antelope: What Animals Teach Us about Running and Life*）这本书中，讲述了人类是一种有耐力的动物。远古的时候，我们总是在不停地奔波，为了寻找食物或追踪羚羊而在平原上穿行数小时，甚至数天。数十万年前就进化而成的基因今天依然控制着我们的身体。海因里希说，即使羚羊是跑得最快的哺乳动物之一，我们的祖先依然能捕获它们，办法就是，让它们筋疲力尽。我们的祖先一直追踪羚羊，直到它们耗尽体能而放弃逃跑。羚羊是短跑能手，但它们的代谢系统无法维持长时间的持续奔跑；而我们人类却可以。我们的快收缩肌纤维和慢收缩肌纤维分布均匀，所以即使在野外奔跑数千米之后，我们依然具备短时加速奔跑和击倒动物的代谢能力。

当然，现在我们无须依靠寻找食物和狩猎而生存。不过你的基因是为这种活动而编码的，而且你的大脑也被预先设定来管理这些基因，所以放弃这种活动，你就打破了 50 万年来一直稳定存在且微妙的生物平衡关系。很简单，我们需要运用我们的耐力代谢系统来保持大脑始终处于最佳状态。已在我们 DNA 中根深蒂固的那些远古时期的活动节奏，大致转变成了各种不同程度的行走、慢跑、快跑和短跑。所以粗略地概括起来，我认为最佳建议是：遵循我们祖先的惯例，每天行走和慢跑、每周长跑几次，然后时不时地进行追逐猎物似的疾速奔跑。

实际上，你的选择并不仅限于这些有氧运动模式，不过我认为，区分低强度（行走）、中等强度（慢跑）以及高强度（跑步）是有益的。如果你想充分利用你的时间和精力，那么就需要根据这些分类方法来准确判断你的体能水平。当谈到行走或低强度运动时，我具体指的是保持心率在最大心率的 55%~65%。根据我的定义，中等强度指的是心率在最大心率的 65%~75%，而高强度则是心率在最大心率的 75%~90%。高强度运动的上限有时让人很痛苦，但始终是一个很有效的地带，近年来更是吸引了科学界的大量关注。

关于运动：你应该知道的事

要是你不愿意在装有内置脉搏传感器的运动器械上长时间运动，唯一能精确测量你运动强度的就是心率监测仪。这些小配件是内珀维尔学区开创性体育教育计划的奠基石，它们简单得连那里的小学生都知道怎么使用。心率监测仪是由测算心率的胸带感应器和一个接收并显示每分钟心跳的电子表组成。比如，若你采用的是高强度运动方案，45 岁，那么根据一个通用的公式，用 220 减去你的年龄，理论上就能得出你的最大心率是 175 次 / 分钟。如果计算最大心率的 75%~90%，你的高强度运动的心率下限和上限分别应是 131 次 / 分钟和 158 次 / 分钟。131~158 次 / 分钟就是你运动时的目标心率范围。你必须做的就是，把手表上的数字控制在这个范围内，这和调整时间一样容易，而且你可以根据监测仪告诉你的数字来调整你的步速。一旦你的心率偏离了这个范围，手表就会发出嘀嘀的声音，这是一个监测你身体的相当精确的方法。

心率监测仪既便宜又简便，对任何竭力想要开发运动潜能的人来说都是不可缺少的。它还能使你很清楚地知道自己是否运动充足。不过问题又来了，多少运动量才够呢？美国疾病控制与预防中心和美国运动医学会建议，**每周至少 5 天进行 30 分钟中等强度的有氧运动**。不过我认为，他们的建议比较中立。美国人的活动量实在太少了，专家们避免推荐要求过高的运动建议，因为他们担心全美国人民会因此放弃。“每个人都想知道事半功倍的最小运动量是多少。”杜克大学的运动生理学家布赖恩·杜沙（Brian Duscha）说道。自从发表了一篇《每周只需行走 3 小时就有益心血管》的研究文章之后，媒体采访让他应接不暇。“我尽量不去打击那些放弃运动的人。”他同时对那些愿意相信的人说，“增加运动持续时间和强度对增强体能的作用更大。”

杜沙是心血管健康方面的专家，和本书里每位神经学家所引用的话一样，他也认为：**少量运动有好处，运动越多则效果更佳**。实际上，根据我读到和看到的一切，**最大运动量应是每周 6 天进行 45 分钟至 1 小时某种形式的有氧运动**。其中有 4 天应该进行 1 小时左右的中等强度运动，而另外两天应该进行 45 分钟左右的高强度运动。进行高强度运动时，身体会被迫进入无氧代谢状态。尽管对于高强度运动是否影响思维和情绪的证据是相互矛盾的，但高强度运动确实把某些强健大脑的重要生长因子从身体内释放出来。所以进行高强度运动那几天，45 分钟的运动包括某种强度或耐力训练，但这类锻炼不应连续几天进行。因为过高强度运动后，你的身体和大脑需要一段恢复期。总之，我建议每周用 6 小时的时间健脑，那只需占用你清醒时间的 5%。

总之，我建议每周用 6 小时的时间健脑。那只需占用你清醒时间的 5%。

如前所述，我完全同意杜沙等专家的看法，最关键之处是行动起来，另外就是从现在开始。后面这点听起来可能很简单，但对那些久坐不动，特别是因抑郁症而不活动的人来说，似乎很难迈出这第一步。有些人陷入了窘境：**他们无法开始运动是因为没有精力，而他们没有精力是因为他们缺乏运动**。有些患者就是这样，这是一个非常现实的问题，而不是纸上谈兵的事。关键是，要把“开始”这个问题本身当成一种挑战来应对。

研究已证实，无论是和朋友一起跑步、集体骑自行车或者与邻居一同散步，与其他人一起锻炼都要更容易些。不仅如此，一些新研究也表明，与其他人一起锻炼带给神经系统的益处比我前面提到的益处还要多。我建议那些完全不运动的患者考虑聘请一段时间的私人教练，这样他们就更不太可能缺席健身课（不管是否按计划去上课，都要付费，所以钱是个巨大的外部动力）。就像记下和牙医的约诊时间那样，把运动写进你的日程表里。不久之后，你的大脑就会把运动与刷牙等日常行为一起归入你的常规事情中。

如果你从未运动过，我觉得最好从行走开始。用走楼梯代替乘电梯，把车停在停车场最里面，午餐时间绕着写字楼散散步。这是几十年前一项被称为“日行万步”的健康行动，它鼓励人们用计步数的简单方法来计算每天的行走量。这种帮助人们养成运动习惯的方式并没有考虑走了多少距离。以平均 0.7 米的步幅计算，走 10 000 步差不多等于走 8 千米。这是开始锻炼身体的一个聪明办法，甚至你都不用留出专门的走路时间，而且它很有效。就像用体重秤和心率监测仪指导你努力锻炼身体那样，计算步数有助于保持你的专注力和积极性，尤其当你知道你的身体和大脑在各种强度运动下会发生变化时。

步行：从轻度运动开始，养成运动习惯

健身的过程就是逐步提高基础有氧能力的过程。你越是常锻炼心肺功能，它们向身体和大脑输送氧气的效率就越高。血流量的增加必定带来化学连锁反应，由此产生血清素、脑源性神经营养因子以及其他有营养作用的分子。

如果你以最大心率 55%~65% 的强度开始每天步行 1 小时，那么你在这个时限内的行走距离自然而然就会增加，你的体形也能逐渐得到改善。在这个运动强度下，你消耗的脂肪转化成了能量，由此开始促进你的新陈代谢。如果

身体有太多的脂肪，那么肌肉的胰岛素耐受性就会逐渐增强，而这更加剧了脂肪蓄积，同时减少了 IGF-1 的产生。2007 年，密歇根大学发表的一项研究表明，仅仅做一次有氧运动就能彻底扭转人们第二天的胰岛素耐受性。比较这次锻炼前后的肌肉活组织检查数据，研究人员还发现运动后的肌纤维产生了脂肪合成所需的重要蛋白质。研究人员不知道这种效果会持续多久，但这个研究结果强调，即使是极小量的活动，也能产生积极的多米诺骨牌效应。

当你给身体施加压力时，你的肌肉组织意识到需要更多能量，于是各种各样的好事发生了。低强度燃烧脂肪的运动还增加了血液中游离色氨酸的量。你应该记得，色氨酸是合成有稳定情绪作用的血清素的必需成分。这一强度的运动还改变了去甲肾上腺素和多巴胺的分布。在海因里希对有耐力食肉动物的创新描述中，你可以体验到低强度运动带来的美妙感觉：在追踪猎物的时候，我们的祖先需要耐心、乐观、专注和坚持不懈的动力。所有这些特性都受控于血清素、多巴胺和去甲肾上腺素。

行走会让你产生更想要投入周围世界中的感觉。不久之后，你甚至会越走越远。医生评估患者体能的简单方法是，看其在 6 分钟内能够走多远。不过阿拉巴马大学医学院的研究人员发现，人们进步得太快了，所以要得到一个精准体能数字的最佳办法就是，让他们先走两圈熟悉一下。也就是说，你会惊喜地发现，你如此之快就走完了更长的距离。

若按以上步速锻炼 1 小时后，你还有力气聊会儿天，那么你就要准备提升到中等强度的运动。当你挑战这个运动强度后，不仅运动能力提升了，而且生活其他方面的能力都提升了。你不但会充满更多的活力和精力，还会有更强的控制感。总之，如果有积极的心态，你就不会死气沉沉地孤坐在家中。

慢跑：中等强度的运动，让大脑更强壮

如果你的运动强度提升到中等强度，即运动心率保持在最大心率的 65%~75%，那么你的身体会由单纯燃烧脂肪转变成燃烧脂肪和葡萄糖，同时这种压力会导致肌肉组织出现微小损伤。你身体和大脑内的所有细胞将处于不断的损伤和修复中。不过在这种运动强度下，新陈代谢的需要会逐渐促进这种反应。你的身体知道它需要一个更加强健的氧气输送系统，所以肌肉会释放出血管内皮生长因子和成纤维细胞生长因子，这些因子开始让细胞分化，形成更多组织以制造新血管，即斯科特·斯莫尔在照片上捕捉到的那些毛细血管所需的组织。在实验室培养皿中，研究人员已发现，只需把细胞放在含血管内皮生长因子和成纤维细胞生长因子的液体中 2 小时，这些因子就能激活细胞生成更多的血管。除了在大脑内制造更多血管之外，这两种因子还能促进神经细胞连接和神经产生。

大脑细胞内的自由基、DNA 碎片和炎症因子一旦失控，会导致细胞破裂。中等强度的运动能激活大脑细胞内代谢清理小组的行动，它们会产生清除自由基、DNA 碎片、炎症因子的蛋白质和酶。越来越多的研究表明，服用抗氧化药片可能没有效果，而且还可能有害。大多数人并没有意识到有氧运动是让细胞自身产生抗氧化剂的一种方式，而抗氧化剂只是其中的一部分。假如有足够长的恢复期，那么运动引发的修复反应会让你的神经元更强健。

中等强度的运动还能使肾上腺素释放到血液中。一个没有经过训练的人的下丘脑 - 垂体 - 肾上腺轴很活跃。我在第 3 章中介绍过的“战斗或逃跑”应激反应，此时身体处于高度戒备状态，皮质醇开始弥漫整个大脑。在中等强度的运动中，皮质醇让细胞学习机制准备就绪，并随时记忆身体所假设的与生存有关的重要情况。但如果皮质醇长期持续增加，就会毒害神经细胞。脑源性神经营养因子是神经细胞最好的防御措施。中等强度的锻炼增加了有修复作用的化学物质，所以你不仅强化了大脑内的神经回路，还调整了下丘脑 - 垂体 - 肾上腺轴，这样它就不

会对未来的微小压力产生过激反应。此外，免疫系统变得更加强大，具备更好的能力来处理对身体遭受的危害，抵御从感冒到癌症之类的一切疾病。

另一个在此处发挥作用的体内因子是心钠素。心钠素是由心肌在剧烈跳动时产生的，它通过血液流入大脑，有助于减少大脑内的应激反应和无关信号。心钠素是缓解情绪压力、减少焦虑的一连串化学反应中作用较强大的一个因素。心钠素和具有镇痛作用的内啡肽以及内源性阿片类物质的增加，有助于解释为什么在中等强度的运动后你会感到轻松和平静。当你说压力消失的时候，实际上是这些因素在起作用。

在这个强度的运动中，你拆除某些东西后又把它们重新组装起来，使它们比以前更牢固。所以，建立固定的恢复期很重要，它让你的身体和头脑有机会重新修复。

快跑：强烈运动间隔训练，大幅提升 HGH 浓度

心率保持在最大心率的 75%~90% 的高强度运动，让身体进入一种全面展开的应急状态，而且这是一种可以承受的强大反应。通常在这个范围的上限，身体的代谢方式从有氧转变成无氧。因为此时身体无法从血液中摄取足够的氧气，所以肌肉进入一种缺氧状态。氧气是葡萄糖有效代谢的必需物质，所以在无氧条件下，肌肉开始利用那些直接储存于肌肉组织内的肌酸和葡萄糖，这是一个乳酸逐渐增加的复杂化学反应过程（你会感到自己的大腿和胸部有刺痛感）。这个通常叫“无氧阈值”（anaerobic threshold）。不同的人达到无氧阈值所需的运动强度也各不相同。在高强度跑步运动期间（经过热身之后），你无须太关注大腿的刺痛感，只要稍稍留意即可。尽管心理学家无法指出身体从有氧状态过渡到无氧状态时的关键心率是多少，但近年来，艾奥瓦州立大学的人体运动学专家潘泰莱蒙·埃

克卡齐斯（Panteleimon Ekkekakis）的研究表明，关于这种代谢变化最可靠的迹象是，被试报告他们发挥体力的水平开始变得“有点儿困难”。这听起来有点儿笼统，不过，埃克卡齐斯已经发现这种关联相当可靠。另一种判断这一变化的方式是，要记住接近无氧阈值的感觉是“有点儿困难”，那它应该还不至于困难到让你无法以同样的步速坚持 30 分钟到 1 小时。

如果你想经常性地挑战自我，那么在一次高强度运动的中间，要用多次短时疾跑才可以越过无氧阈值。

中等强度运动和高强度运动的一个不同点是，当你的心率接近最大心率时，尤其是在你进入无氧状态时，垂体就会分泌出人体生长激素（human growth hormone，HGH）。

人体生长激素被长寿人群称为“青春之泉”。人体生长激素的分泌量会随着年龄的增长而减少，所以无论男性还是女性，中年时这种激素的水平只是儿童时期的 1/10。久坐不动的生活方式更会加速这种衰减：高水平的皮质醇、胰岛素抗性和血液中过多的脂肪酸都会进一步抑制激素的释放。

人体生长激素是身体精湛的工匠大师，它燃烧腹部脂肪，让肌肉纤维有序层叠，同时增加大脑容量。研究人员相信，它还可以逆转老化引起的脑容量流失。短跑运动员和足球运动员的间歇训练法（interval training）本质上就是提高人体生长激素水平，即使用自然兴奋剂。其结果就是，不断积累的快收缩肌纤维增加了动作时的力量。而且，新的肌纤维还促进了运动员的整体新陈代谢，提高了其燃烧脂肪和碳水化合物的能力。因此，在

- **无氧阈值**（anaerobic threshold）
  二氧化碳呼出量曲线的拐点，有氧阈值出现的时间要早于无氧阈值出现的时间。
- **人体生长激素**（human growth hormone，HGH）
  由垂体前叶中含有嗜酸性颗粒的生长激素分泌细胞分泌，分泌量随着年龄的增长而减少。
- **间歇训练法**（interval training）
  对多次练习的间歇时间做出严格规定，使机体处于不完全恢复状态并反复进行练习的一种训练方法。

训练结束后，大脑会保留住这种被增强的能力。

通常，人体生长激素在血液里只停留几分钟，而一次急速短跑可以使血液中增加的人体生长激素维持 4 小时之久。它能平衡大脑内的神经递质水平，同时促进所有生长因子的产生。不过，人体生长激素对 IGF-1 的影响似乎最为显著。IGF-1 是进化中的关键物质，它致力于把活动、能量和学习协调一致。人体生长激素进入细胞核内，激活基因开启神经细胞生长机制。

用我的同事、精神病学专家及马拉松选手罗伯特·派尔斯的话说，从心理学角度看那里就是你“对抗本性”的地方。超越你自己认为的能力极限，即使在这种痛苦中也努力坚持停留一两分钟，你就能超越自我而进入一种纯净的精神状态中，你会感觉到自己可以战胜所有挑战。如果你从未体验过跑步者的欣快感，那么它很可能会在你进行最大强度运动时出现。内啡肽、心钠素、内源性大麻素和整个系统中流动着的多种神经递质，在这种强度运动下达到极高水平，而这些因素的综合可能是这种幸福愉快感产生的原因。这是大脑忘却其他一切事情的方法，因此你才能忍住痛苦，获得成功。

高强度运动会让你的身体变得强壮，心理都变得强大，所以我们会去爬山、参加体能强化训练营及拓展之旅。不过并非要达到这样的运动强度才能获得我所说的这种奖励。英国巴斯大学的一项研究表明，在健身单车上锻炼，再增加一次 30 秒钟的加速短跑，就能使人体生长激素的水平提高到原来的 6 倍，并且在短跑后 2 小时，它会达到最高峰值。

运动实验室

THE REVOLUTIONARY NEW SCIENCE OF EXERCISE AND THE BRAIN

德国明斯特大学神经学家的一项研究显示，间歇训练法可以提高学习能力。

在跑步机上进行 40 分钟锻炼，再进行两次 3 分钟的快速跑（两次快速跑期间有一次 2 分钟的低强度运动）。相对于低强度运动的被试，快速跑的被试的脑源性神经营养因子以及去甲肾上腺素都有明显增加。因此，在紧随跑步之后的认知能力测试中，快速跑的被试学习词汇的速度快了 20%。所以，即使推动自己超过那个极限一点点，也能对大脑产生明显作用。

所有这些听起来很不错，但间歇训练并不是你跳下沙发说干就干的事。实际上，你必须要有牢固的有氧运动基础，因此需要与专业人士讨论你的锻炼计划。如果你的心脏从未经历过这种训练，那么让它承受这种压力可不是什么好主意。根据你个人的体能，我会建议你至少在 6 个月内，每周进行 6 天有氧运动，随后再增加间歇训练。当然，你还是要得到专业人士的认可才能开始。

瑜伽、太极拳、重量训练：让大脑重拾年轻活力

我没有用很多篇幅来讨论无氧运动。坦率地说，这是因为很少有研究分析过无氧运动对大脑在学习、抑郁、焦虑、专注和其他方面的影响。你很难让老鼠举重或做瑜伽，所以科学家只局限于研究人类，不过这意味着在实验后不能对脑组织做切片检查。研究人员必须借助血液样本和行为测试，因此留下了更多有待解答的问题，我们得到的无氧运动数据的结果不如有氧运动那样具有说服力。

前面提到过，力量型训练对塑造肌肉和保护关节显然很重要，还有像瑜伽和太极这类运动可以提高平衡力及灵活性，所有这些运动都有助于你养成坚持终身运动的习惯。一项针对老年人的研究发现，6 个月内每周做两次举重锻炼的被试

的体格更强壮，而且举重锻炼居然能逆转基因水平的老化过程。负责产生 3 种关键因子（血管内皮生长因子、成纤维细胞生长因子和 IGF-1）的基因表现得就像 30 岁，而不是 65 岁。

运动实验室

THE REVOLUTIONARY NEW SCIENCE OF EXERCISE AND THE BRAIN

大部分健体训练（resistance training）对大脑影响的研究并不在学习和记忆方面，而着眼于抑郁和焦虑。10 年前，波士顿大学进行过一项研究。他们让一组老年人进行为期 12 周的力量型训练计划（每周 3 次），评估这组被试各方面的心理功能和认知功能。研究人员得出的结论是，除了肌肉力量增加了 40% 之外，这项运动计划在减少焦虑感的同时还改善了情绪，增强了自信心，但对思考能力没有显著影响。大约在同一时期，瑞士伯尔尼大学心理研究所的一项研究对 8 周力量型训练的效果进行了测试。在每周一次的锻炼中，被试先进行 10 分钟热身，然后做 8 次重力器械练习。这样的训练在增加了被试心理愉快感的同时，对他们的记忆力也有轻微的作用。根据此后的追踪测试，无论继续锻炼的强度如何，运动的影响可维持 1 年。不过有太多的变量让研究人员没有得出力量型锻炼对记忆有重大效用的结论。

力量型训练的强度似乎影响了这个结果。实际上，中度力量练习比重度力量练习更有效的结论至少已经在一小组老年女性的研究中得到了证实。另一项研究也表明，高强度力量训练反而会增加男性和女性的焦虑感。在这个研究中，高强度指的是，举起最大极限 85% 的重量，但许多研究并没有对这个关键的变量做出定义。几年前，发表在《美国运动医学杂志》上的一项研究显示，交叉进行

30 分钟重力练习和 30 分钟健身单车练习，会增加人们的焦虑感，不过依照这种方式的实验设计，几乎不可能找到引起变化的原因。所有关于这个主题的研究几乎都用老年人作为被试，而这些人开始实验的时候，肌肉已经在自然减损，所以他们会有更明显的改善效果。

力量型训练明显影响了人体生长激素。近年来的一项研究比较了训练有素的男性进行力量型运动和有氧运动对这种激素水平的影响。结果，相对于 30 分钟高强度跑步，蹲举可以显著提升人体生长激素水平。我认为，这将成为重要的运动参考依据。

关于以节奏、平衡及技巧为基础的运动对大脑的作用的研究更少。斯莫尔的研究证实，瑜伽式的呼吸动作会减少压力和焦虑水平，而太极拳减少了交感神经系统的活动（通过心率和血压来判断）。有一项研究对 8 位瑜伽教练进行了磁共振成像检查，结果发现瑜伽课后 6 分钟，他们的神经递质 γ- 氨基丁酸水平就提高了 27%。γ- 氨基丁酸是赞安诺这类药物的目标，而且与焦虑有密切关联。所以这可能是瑜伽有助于某些人放松的原因。这个领域的许多证据来自个人经历，不过我相信，随着对大脑更深入的研究，科学家会找到把这些线索联系起来的方法。

迈出第一步，让自己动起来

统计资料表明，大约有 1/2 的人开始一个新锻炼计划后，会在 6 个月到 1 年之内放弃。这并不令人惊讶，最可能的一个原因是，人们常常一开始就进行高强度运动，结果他们生理和心理上都感到很难受，所以就放弃了。人体运动学专家埃克卡齐斯的许多研究项目的重点就是运动强度与不适感之间的关联。人们从有氧代谢转变成无氧代谢的过程中的感觉各有不同，但埃克卡齐斯发现，一旦超越这个极限，几乎每个人都在接受心理测试时会有消极的感觉，而且自感努力度的评分等级提高了。这是你的大脑在警告你有应急情况。关键是，如果较低强度的运动让你感到不舒服，那么你就不应该在新锻炼计划开始阶段进行间歇训练。（话又说回来，做总比不做好）

运动关键词

- **有氧代谢**（aerobic metabolism）一种长时间能量转换的模式，在氧气充足的条件下，机体分解能源：首先分解脂肪和储备的葡萄糖——向活跃的肌细胞提供能量。有氧代谢模式发生在低强度到中等强度的运动中，并可以持续相当长的时间。
- **无氧代谢**（anaerobic metabolism）一种能量转换模式，在供氧不足的情况下，机体把脂肪和葡萄糖转换成可以利用的能源。当身体进行快速而剧烈运动时，参与运动的肌肉所需的新鲜氧气量超过了血液的输氧能力，肌肉分解能源的效率开始降低。

不过，要是你不喜欢运动，就不要勉强自己，有可能你的基因天生就不喜欢运动。2006 年，欧洲科学家比较了 13 670 对同卵双胞胎的运动水平以及 23 375 对有 1/2 相同基因的异卵双胞胎的运动水平。研究人员发现，双胞胎在是否更愿意运动方面存在 62% 的差异，这是由不同基因造成的。另一项研究则发现，基因变异影响你是否喜欢运动的感觉、开始运动后你是否能坚持下去，甚至影响你是否能注意到情绪上的明显改善。在众多相关的基因中，研究人员重点关注一个与奖励及动机神经递质多巴胺有关的基因，以及另一个控制脑源性神经营养因子表达的基因。多巴胺基因变异的人可能缺乏奖励突触，这让他们无法体会到运动时的欣快感，因此只能想象其他人在运动中的那种感觉。另外，要是脑源性神经营养因子信号被关闭，那么运动改善情绪的效应就会变得迟缓。我提供这个信息并不是要你把它当成借口，而是作为一种提醒，我们所有人都能用行动来重新规划我们的大脑。尽管不像我们儿童时期那么容易，但这的确有可能。

双胞胎在是否更愿意运动方面存在 62% 的差异，这是由不同基因造成的。

运动可以立刻提高多巴胺的水平，而且如果你坚持某种锻炼计划，大脑动机中枢的脑细胞会迅速产生出更多巴胺受体，让你变得更积极。你正在建立新的神经通路，或者可能正在把废弃生锈的通路整修一新，而且只需一个星期的时间你就能形成一个习惯。运动可以成为一种自我强化的行为，它帮助你战胜你的基因。实际上，基因只是一个极为复杂的方程式的一部分，而你已经控制了这个方程式中的许多变量。

运动实验室

THE REVOLUTIONARY NEW SCIENCE OF EXERCISE AND THE BRAIN

这与脑源性神经营养因子的情况相似：你可能要用更长、更艰难的时间才能形成一种习惯，才能在运动时有良好的感觉。不过一旦你做到了，那么大脑产生优质营养肥料的效率就会越来越高。神经学家卡尔·科特曼是加州大学欧文分校脑部衰老与老年痴呆研究所的负责人。他发现海马有某种被他称为能生产脑源性神经营养因子的“分子记忆”。在一个为期三个月的实验中，他测定了实验室老鼠在各种不同运动习惯下的脑源性神经营养因子水平。他比较了老鼠每天和隔天做跑轮运动，并观察老鼠放弃运动数周后的结果。这个研究源于那个他感觉很可笑的观察结果：大多数的实验室研究都采用每日运动的方法，但对人类而言，通常没有那么剧烈的运动模式，而且几乎不可能遵循日复一日连续运动的模式。

他得出了许多有力的结论。首先，每日运动增加脑源性神经营养因子的速度要快于隔天的运动模式——两周后，这两种模式增加脑源性神经营养因子的量分别是 150% 和 124%。令人惊奇的是，一个月以后，隔天运动组与每日运动组的效果并驾齐驱。当老鼠停止运动后，无论运动习惯怎样，只需两周就使脑源性神经营养因子水平降到基线水平。不过最有趣的发现是，让老鼠重新回到跑轮上后仅两天，脑源性神经营养因子又重新开始飙升（每日运动组是 137%，隔天运动组是 129%）。这就是他所说的分子记忆：如果你进行过有规律的锻炼，你的海马很快就能重振雄风。

科特曼的结论是，每天锻炼当然最好，但即使是间歇性的锻炼，效果也是惊人的。另外，我认为较重要的是，人们要认识到运动不是有或无的问题。如果你有几天没锻炼，哪怕是一两个星期，想象一下只要第二天你一锻炼，海马就会快速产生大量的脑源性神经营养因子。

加入运动小组，养成运动习惯

养成运动习惯的最好方法之一，就是加入运动小组。社交互动的刺激会让你的神经元产生前所未有的冲动，既难以捉摸又具有挑战性，不但能令人满足还让人感到愉快。当你把这种心理活动和运动的准备作用融为一体时，那么你正在充分发挥大脑的生长潜能。运动把构建学习所需的材料准备就绪，而社交互动则把这些材料整合并固定到位。

运动实验室

THE REVOLUTIONARY NEW SCIENCE OF EXERCISE AND THE BRAIN

普林斯顿大学的神经学家伊丽莎白·古尔德是神经发生研究领域的开拓者。她主要研究运动和环境对大脑的影响。古尔德已研究了动物独自运动和集体运动的不同效果。她发现社交互动对神经发生产生了重要影响。有个实验显示，让共同居住的老鼠跑步 12 天后，它们脑部神经发生的数量明显超过那些运动量相同但独自跑步的老鼠。实际上，独自跑步老鼠的细胞增生水平与共同居住但未锻炼的对照组一样低。这与压力激素皮质醇有关。2006 年，古尔德在《自然神经科学》(*Nature Neuroscience*) 发表了这项研究。结果显示，尽管所有参与跑步的老鼠在运动期间的皮质醇都有所增加，但独自跑步的老鼠在一天中不运动的时候皮质醇水平依然很高。换言之，在独自运动状态下，皮质醇抑制了神经发生；而社会支持则钝化了下丘脑－垂体－肾上腺轴的反应，同时避免压力激素干扰神经发生。难道这意味着独自跑步是个坏主意吗?当然不是!

别忘了运动本身就是一个压力因素，它激活了下丘脑－垂体－肾上腺轴，由此可增加皮质醇的量。独处也同样如此。看来似乎跑步和独处的结合大大增加了皮质醇的量，以至于它能阻止神经发生——也许这是因为老鼠没有足够的恢复时间。更糟的是，老鼠最初几乎不运动，从不运动变成每天跑几千米，这给机体带来了一种全新的、巨大的压力。

运动实验室

THE REVOLUTIONARY NEW SCIENCE OF EXERCISE AND THE BRAIN

当古尔德把实验时间从最初的 12 天延长后，则出现了完全不同的情况。她发现，如果让所有老鼠处于同等环境下，经过较长时间训练，原本独自跑步组老鼠的功能就赶了上来。跑了 24 天到 48 天后，独自运动组和共同运动组的神经发生速度持平。古尔德推测这个结果可能与血清素有关。社交互动增加了血清素的量，由此增强了神经发生。独处以及长时间暴露在皮质醇下，都会减少海马内血清素受体的数量。所以，有可能会出现这种情况：即使运动增加了血清素的水平，但要是不能与神经元内足够数量的受体相结合，血清素就无法发挥它的作用。

古尔德正试图弄清压力、环境和运动之间极为复杂的关系，而且研究中要排除几个关键问题。首先，如果你从未运动过，而且生活中还有许多其他压力，那么循序渐进地开始锻炼至关重要。其次，社会支持对大脑极为有益，它既可以预防压力所带来的消极影响，又为运动强化神经生长系统清除障碍，所以保持人际交往可以维护神经元的连接。最后，如果你能坚持按时锻炼，你的整个系统会自我调整以充分利用运动。

当然，古尔德强调从动物研究得出的结论有许多局限性。“啮齿类动物与人类完全不同。”她说，“如果你把一只大鼠或老鼠放进跑轮，每一只都会独自跑起来。而人类并非如此，许多人买回去的跑步机都成了衣帽架。”

不过我们的确天生就会跑，而且我们同样天生会为了长途采集食物及狩猎花费大量时间和储存能量，这些需求一定还潜伏在基因里。这不是因为过去几百年里，我们 DNA 里突然出现那种睡倒在沙发里的本能，而是因为现代环境已经与我们的基因格格不入。食物绝不再是遥不可及的东西，你不必穿越辽阔的大草原去寻找食物，在几步远的冰箱里就能找到吃的。所以，用有氧运动来代替寻找食物的需求以发挥人类的本能，就变得极为重要。

但是我们无须像实验室老鼠那样。你可以在雨天进行跑步机上的运动，或者偶尔当你无法找到其他人与你共同锻炼时，利用跑步机运动。加入一个长跑小组或设定一个 10 千米慈善长跑的目标，然后与你的朋友们共同训练，这可以增强责任感，而且是一种很有效的推动力。内珀维尔学区的保罗老师就倡导团队合作而不是竞争。不过对某些加入团队的成年人来说，无论是三人城市篮球赛、成人足球队或者是成人游泳赛，这些活动都能让他们着迷。

也许与爱人一同跑步会是关键因素，或者你一直想学跆拳道，又或者像内珀维尔中央高中毕业生杰西那样，你发现自己酷爱攀岩类极限挑战（这需要一个同伴）。作为一个高中学生，杰西很幸运，因为有十几种不同的运动项目可供她选择。而从另一个角度看，你也很幸运，因为你可以选择任何一种你想得到的运动项目。运动的魅力在于，你做得越多，你就相信自己会做得越多。

身体的弹性与大脑的灵活性同样重要

毫无疑问，身体的弹性很重要，但保持头脑的灵活性同样重要。当然，任何墨守成规都是违反自然的。我们的世界瞬息万变，你很难反复坚持做同样的事。我并不要求你那样做。最好的策略是，**每天要做些什么，让大脑保持灵活性，给它适度的压力，这样它就不易损坏。**尝试在你的计划中增添新的运动项目，然后不断适应以挑战自我。我的运动经历就是一个很好的例子，其间既顺利又有挫折。

我是在宾夕法尼亚州西部长大的，当时那个地区诞生了像乔·纳玛斯（Joe Namath）、迈克·迪特卡（Mike Ditka）以及托尼·多赛特（Tony Dorsett）这样的橄榄球明星。我喜欢橄榄球、篮球和足球这些主流运动，但我只是一个勤奋的替补队员，而不是主力队员。我发现我的运动天赋在网球场上，于是整个高中时期我一直和我最好的朋友兼搭档一起打网球。我本打算去科尔盖特大学（Colgate University）打网球，但就在进入大学前夕，我在一次交通事故中摔断了手臂和腿。我的手臂需要接受两次外科手术，因此我有好几年时间无法打球。我放弃了网球比赛，而且至少有 10 年时间没有继续其他运动。

在做实习医生期间，我又恢复了运动。当时比尔·罗杰斯的成功和波士顿马拉松赛的声望掀起了长跑热潮。跑步让我重燃起了打网球的欲望，于是我和几位同事一起打壁球，其中包括我的好朋友、长久以来的工作伙伴爱德华·哈洛韦尔。我们每周打3次壁球，并坚持了将近25年，大家不但彼此竞争，还相互鼓励和安慰。尽管大家都非常忙，但对于我们的壁球聚会从未失约。这是一段奇妙的时光。

大约7年前，我右臂的旋转环带撕裂且无法修复，因此我再也不能挥动球拍。为了康复，我开始练习举重，这是我第一次养成去健身房锻炼的习惯。开始的时候，我每周去三四次，每次在阶梯式跑步机或走步机上锻炼40分钟左右。另外，每周我会连续两天进行举重锻炼。接下来，我提高了强度，每天锻炼1小时，但我很怀念壁球场上的那段友谊。在爱德华的强烈要求之下，我聘用了他的私人健身教练西蒙·扎尔兹曼（Simon Zaltzman）。西蒙是一个老派人士，面对一位带着浓重俄国口音的前拳击教练，你无法想象这对我是多么大的挑战。

我养成了每周两次举重练习、仰卧起坐和平衡锻炼的习惯。在完全调整好自己之后，我又增加到每周三次。其他的日子里，当我想进行额外锻炼时，就在走步机或跑步机上跑40分钟。

在为这本书搜集资料的时候，我知道了神奇的人体生长激素，更了解到全速短跑如何把我带入真正的向往之地。我开始每周两次在跑步机上锻炼，其间还进行几次疾跑。不过我要告诉你的是，那样让我很痛苦。仅仅提到它都让我有点儿畏惧，但它完全值得我付出额外的努力。这样努力了一个月后，我减去了多年来一直困扰我的赘肉，它们终于和我的上腹分道扬镳了。如若不然，我的体重依旧超标。现在，进行每周两天的有氧运动时（每周并非只有两天进行有氧运动），我只进行20分钟的慢跑，其间穿插5次疾跑，每次我都竭尽全力地奔跑20秒到30秒。每当人们想知道如果他们没有时间的话该怎么做时，我就把这个故事告诉他们。

虽然我已年近六旬，但我依然感觉年轻，要是能让阿瑟·克雷默扫描一下我的大脑，我敢肯定它看起来也很年轻。我正竭尽全力做任何能保留我前额叶皮质的事，任何需要前额叶皮质参与的事情，以及任何能让前额叶皮质兴奋的事。我当然也会偶尔几天不锻炼，但我尽量不超过连续两天。要是我正好不能去健身房，我会和妻子一起带着两条狗进行 30 分钟的快走，而不是平时 10 分钟的散步。对我那两条精力旺盛、不知疲倦的狗杰克和萨姆来说，我这样消磨时间，实在是它们的福音。不过它们对此毫不知情。

让灵光持续绽放

写这本书的时候，我对美国的未来和美国未来的孩子仍然充满希望。希望的火花无疑从他们开始，正如我在内珀维尔看到的运动点燃激情的奇迹。1.9 万名孩子中只有 3% 超重，而且他们都变得更聪明。尽管事实上，我们正处于营养过剩导致的死亡和大脑逐步被毁坏的危险中，但事情总在变化。体育活动和锻炼再次成功进入美国人的生活中。2007 年，佛罗里达州新州长查理 · 克里斯特（Charlie Crist）上任的首个举措，就是促成通过了小学生每天至少运动 30 分钟的法规。他与 NBA 球星沙奎尔 · 奥尼尔（Shaquille O'Neal）一起合作宣传这项法规。密苏里州堪萨斯市内城区的教育局局长决定在他的整个辖区内推行每日体育课。因为他目睹了内城区一所小学在推行每日体育课之后，几乎在一夜之间学生的暴力行为减少了，同时考试成绩提高了。在全美国其他地区，立法者正在就如何遏制不运动趋势而举行听证会，努力减少那些难看的统计数据。

即使在医学领域，我们也逐渐看到人们正渐渐开始认真看待运动。2007 年，美国医学协会会长罗纳德 · 戴维斯（Ronald Davis）在他的就职演讲中，竭力推荐所有协会成员都去读一本名为《运动即良药》的小册子，这样他们就能帮助自己及每位患者制订运动计划。精神病学领域也在发生着这样的事。2007 年 5 月的《临床精神医学杂志》(*Journal of Clinical Psychiatry*)上，协会首次提供与运动有关的医学继续教育课程：运动、抑郁症与焦虑症。该课程是医生随时掌握最新医学动态的重要途径，所以关于新课程的制定必然经过了充分的讨论。每天都有越来越多的研究去评估运动是否可以作为一种治疗心理健康问题的方式。许多生活援助中心和护理院都配备了运动生理学家，而且在一些健身俱乐部，私人教练已供不应求。

神经科学为我们提供了证据，那些已感受到运动强健大脑的人给了我们鼓舞。我希望，我在书中所谈到的一切，能激励你背起运动包，而不是将它弃于墙角；能让你在体育场上度过光阴，而不是在看台上旁观。从你的基因到你的情绪，从你的身体到你的头脑，无一不渴望过上活跃的生活。你生来就是要运动的，当你动起来后，就会充满激情。

译者后记

这本书真的是一个里程碑。它为我们打开了运动健脑的科学新天地。过去我们都知道运动可以健身，但这本书告诉我们运动的最大益处是健脑。这真是醍醐灌顶，让我们眼前一亮。

本书中，约翰·瑞迪博士用大量强有力的研究成果和案例分析告诉我们，运动不仅是一种完美的治疗药，而且是一种预防针。运动通过改善大脑内所有重要的化学物质来强健大脑，让大脑发挥最大潜能，提高学习力和记忆力；运动还能改善情绪和注意力，减少压力和焦虑，预防成瘾，控制并调节激素改变带给女性的影响，防止甚至逆转一些大脑老化引起的衰退。

现代生活带来了诸多的心理问题：压力、焦虑以及抑郁等。而科学已经证明，这些心理问题都是由大脑内某些区域的故障造成的。本书还明确指出了，运动在治疗抑郁症方面和抗抑郁药有着同等的效果，而且没有任何副作用。运动就是一种神奇的药丸。这无疑是振奋人心的事。

本书带给我们的不仅是震撼，还有反思。作为人类——一种肉食动物，奔跑和运动是我们与生俱来的本能，长途跋涉采集食物和狩猎是我们的生存技能。然而现代社会的进步，让越来越多的人久坐不动或者疏于运动，因为采集食物和狩猎已不再是生存的需求。现代环境与我们在生物学上进化了数十万年的基因格格不入。我们的脂肪很容易堆积在上腹部，那是基因为了保证应对下次饥荒而设定的能量储备库。可是如果我们从不运动，如果我们贪恋美食，那么肥胖就会悄然而至，随之会出现一系列的心理和生理问题。瑞迪博士对美国人的过度肥胖深感担忧，但这恐怕不仅仅是美国人的问题，经济条件越来越好的中国人也该对此提高警惕。

在本书中，除了详述运动如何对身体和大脑的各个方面起效之外，瑞迪博士还分析了该如何运动，该选择何种运动强度、运动项目，以及如何循序渐进地运动。瑞迪博士在最后一章中教我们如何制订运动计划，他一一分析了该如何行走、慢跑、长跑及无氧运动，该如何把有氧运动和无氧运动相结合，该如何把跑步和力量型锻炼相结合，同时他还列举了他自己的运动经历。他告诉我们适当运动有好处。运动得越多，你得到的益处就越多，但最关键的是要持之以恒。这真的非常重要，瑞迪博士列举了许多科学研究证明，只有养成运动的习惯，大脑才会不断地从中受益，运动才会像你生活中的一部分，像刷牙洗脸那样平常。千万记住，运动是我们与生俱来的本能，我们的头脑和身体就是为此而设计的，它们生来爱运动。还要记住的是，不管你是 30 岁还是 60 岁，运动从来都不晚。还等什么，赶快穿上你的跑鞋吧！

本书的翻译得到了胡巍、张依依和赵曼华的支持，谨此表示感谢。

浦溶

未来，属于终身学习者

我们正在亲历前所未有的变革——互联网改变了信息传递的方式，指数级技术快速发展并颠覆商业世界，人工智能正在侵占越来越多的人类领地。

面对这些变化，我们需要问自己：未来需要什么样的人才？

答案是，成为终身学习者。终身学习意味着具备全面的知识结构、强大的逻辑思考能力和敏锐的感知力。这是一套能够在不断变化中随时重建、更新认知体系的能力。阅读，无疑是帮助我们整合这些能力的最佳途径。

在充满不确定性的时代，答案并不总是简单地出现在书本之中。“读万卷书”不仅要亲自阅读、广泛阅读，也需要我们深入探索好书的内部世界，让知识不再局限于书本之中。

湛庐阅读 App：与最聪明的人共同进化

我们现在推出全新的湛庐阅读 App，它将成为您在书本之外，践行终身学习的场所。

- 不用考虑“读什么”。这里汇集了湛庐所有纸质书、电子书、有声书和各种阅读服务。
- 可以学习“怎么读”。我们提供包括课程、精读班和讲书在内的全方位阅读解决方案。
- 谁来领读？您能最先了解到作者、译者、专家等大咖的前沿洞见，他们是高质量思想的源泉。
- 与谁共读？您将加入到优秀的读者和终身学习者的行列，他们对阅读和学习具有持久的热情和源源不断的动力。

在湛庐阅读App首页，编辑为您精选了经典书目和优质音视频内容，每天早、中、晚更新，满足您不间断的阅读需求。

【特别专题】【主题书单】【人物特写】等原创专栏，提供专业、深度的解读和选书参考，回应社会议题，是您了解湛庐近千位重要作者思想的独家渠道。

在每本图书的详情页，您将通过深度导读栏目【专家视点】【深度访谈】和【书评】读懂、读透一本好书。

通过这个不设限的学习平台，您在任何时间、任何地点都能获得有价值的思想，并通过阅读实现终身学习。我们邀您共建一个与最聪明的人共同进化的社区，使其成为先进思想交汇的聚集地，这正是我们的使命和价值所在。

著作权合同登记号　图字：11-2023-147

图书在版编目（CIP）数据

运动改造大脑 /（美）约翰·瑞迪，（美）埃里克·哈格曼著；浦溶译．-- 杭州：浙江科学技术出版社，2023.5

ISBN 978-7-5739-0610-6

Ⅰ．①运…　Ⅱ．①约…②埃…③浦…　Ⅲ．①健身运动－研究　Ⅳ．①G883

中国国家版本馆 CIP 数据核字（2023）第 075680 号

书　　名	**运动改造大脑**
著　　者	[美] 约翰·瑞迪　[美] 埃里克·哈格曼
译　　者	浦　溶

出版发行	**浙江科学技术出版社**
	地址：杭州市体育场路 347 号　邮政编码：310006
	办公室电话：0571-85176593
	销售部电话：0571-85062597
	网址：www.zkpress.com
	E-mail:zkpress@zkpress.com
印　　刷	唐山富达印务有限公司

开　　本	710×965　1/16	**印　　张**	17.5
字　　数	239 千字	**插　　页**	3
版　　次	2023 年 5 月第 1 版	**印　　次**	2023 年 5 月第 1 次印刷
书　　号	ISBN 978-7-5739-0610-6	**定　　价**	99.90 元

责任编辑	唐　玲　陈淑阳	**责任美编**	金　晖
责任校对	陈宇珊	**责任印务**	田　文